Hendrik Blomberg

Abend der O

und andere SM-Geschichten

Schweitzerhaus Verlag

Schrift * Wort * Ton

Karin Schweitzer

Frangenberg 21 * 51789 Lindlar * Telefon 02266 47 98 211

eMail: mail@schweitzerhaus.de

Satzlayout und Umschlaggestaltung: Karin Schweitzer, Lindlar

Fotos: ClipDealer

Besuchen Sie uns im Internet: www.schweitzerhaus.de

Auflage 2019

ISBN: 978-3-86332-054-6

Inhalt

Abend der O

Andrea hatte gestern um fünf fluchtartig die Uni in Köln verlassen, ihrem Kommilitonen ein «Ich bin weg. Schönes Wochenende!» hingeworfen und war zu ihrer kleinen Dachwohnung gegangen, die sie als WG mit einer Studienkollegin teilte.

Donnerstagmorgen hatte sie ausgeschlafen, war mit der U-Bahn zum Hauptbahnhof gefahren und saß nun in einem 1. Klasse Abteil des Thalys auf dem direkten Weg nach Paris.

12:42 h war der Zug abgefahren und sollte um 16:05 h, nach drei Stunden, im Gare du Nord in Paris einlaufen.

Die Sitze waren unglaublich bequem und die schicken Tische, die man herunterklappen konnte, hatten Steckdosen zum Laden von Handy oder Notebook und im ganzen Zug gab es WLAN. Eine Servicekraft kam nach der Ausfahrt aus dem Bahnhof, bot erstmals Kaffee und ein Croissant an und erklärte, dass es in einer Stunde ein Mittagessen geben würde..

Andrea lehnte sich entspannt zurück und blickte auf die vorbeifliegende Gegend Richtung Aachen.

Ihr neuer Freund und Geliebter hatte sie zu einem Wochenende nach Paris eingeladen.

«Daniel!», murmelte Andrea vor sich hin und

dachte an ihr erstes Zusammentreffen bei der Vernissage in der Galerie in der Ehrenstraße vor zwei Wochen. Er war der Mann ihrer Träume, Robert Redford, George Clooney und Bratt Pitt, alles zusammen vereint. Anfang vierzig und so unheimlich gutaussehend, dass Andrea hingerissen war.

Ihre ältere Freundin Ellen hatte mal wieder die Kupplerin gespielt, Andrea zu der Veranstaltung mitgenommen und diesen Daniel als einen alten Freund ihres Mannes vorgestellt.

Andrea war vom ersten Moment an gefangen. Sein voller Name war Daniel de Bascourt-Millot, er war gebürtiger Franzose, Gastprofessor an der Universität Köln und musste allem Anschein nach aus einer hoch angesehenen Familie stammen. Sie war ihm schon mal in einer Vorlesung über spanische Geschichte begegnet. Die Unterhaltungen mit ihm, wenn er von seinen Vorlesungen in Paris, von seiner Beratungstätigkeit bei der EU in Brüssel erzählte, verzauberte sie in eine andere Welt. Sie war im siebten Himmel und sie hatte keine Probleme damit, dass sie ihm nach der Vernissage, weit nach Mitternacht in sein Penthouse am Rheinufer auf einen Drink gefolgt war. Zu dem Drink waren sie gar nicht gekommen, sie landeten küssend im Bett und es folgte eine Liebesnacht, in der Andrea alle Engel singen hörte.

«Einfach verrückt!», flüsterte sie. Der Zug passierte gerade den Bahnhof Aachen.

Den Champagner hatte er noch aus dem Kühlschrank genommen und eingeschenkt. Aber als sie anstoßen wollten, hatte er sie gebeten, sie solle ihr Kleid ausziehen. Zu einem Tête-à-tête mit Champagner trägt eine Frau in Frankreich kein Kleid, hatte er ihr ins Ohr geflüstert.

«Verrückt! Ich habe es sofort getan! Verrückt.» Dann hatten sie sich geküsst, endlos lange, immer wieder. Sie hatte seine zärtlich streifenden Hände auf ihren Rücken gespürt und schließlich sein Bemühen, ihren BH zu öffnen.

Wortlos hatte er sie zum Bett geführt, hatte ihren Tanga abgestreift und sachte, aber immer bestimmt, die Beine geöffnet. Seine Zunge war das reinste Höllenspiel mit dem Feuer, was er in ihr entfacht hatte, bis sie beide zu Eins verschmolzen.

Ach, wie viele Hengste habe ich dieses Jahr schon ausprobiert! Teils waren sie ja wirklich nett gewesen, aber irgendwie fehlte immer etwas.

Der Professor war ein Mann, **der** Mann, dessen war sie sich sicher. Einer, der genau weiß, was er will. Der sich nimmt, was ihm geboten wird, der aber auch gibt, das, was eine Frau will, nämlich Geborgenheit und volle Befriedigung.

Eigentlich ist er ganz nett dominant, dachte sie. Hätte sie sich bei den Kerlen früher verbeten. Während er sie so heftig und stürmisch auf allen Vieren von hinten zum Höhepunkt brachte, hatte sie mehrmals seine klatschende Hand auf ihrem Po gespürt. Es hatte sie angemacht und als er sie dann fest hergenommen und noch fester zugeschlagen hatte, war sie gekommen. Wie nie zuvor. Es hatte sie durchgeschüttelt, ihre Bauchdecke muss sichtbar gezittert haben und vollkommen erschöpft, fast besinnungslos, war sie flach auf das Bett gefallen.

Letzteres könnte sie jetzt schon gebrauchen. Bei all diesen Gedanken an Daniel spürte sie ihre wachsende Erregung. Sie griff mit ihrer Hand unter ihren Rock, da niemand gegenüber saß. Ihr Slip war feucht. Am liebsten würde sie nach der Ankunft mit Daniel sofort ins Bett gehen.

Sie stöhnte und schaute aus dem Fenster. Furchtbar, diese endlos langen Schienen und jetzt fing es auch noch an zu regnen.

Die Gedanken an Daniel ließen aber den Ärger über den Regen verfliegen. *Er hat soviel Stil, klar, alter französischer Adel,* dachte sie.

Dabei sah es am Abend nach der Vernissage schon nach einem endgültigen Ende aus.

Nach einer Pizza beim Italiener, saß sie bei ihm in seinem Appartement an der Rheinuferstraße, mit dem traumhaften Blick auf den Rhein mit seinen Schiffen. Bei einem Glas Wein wurde er ernst und überreichte ihr einen Briefumschlag. Sie öffnete ihn und fand den Gutschein eines Reisebüros für eine Woche Madrid mit Flug. Fragend schaute sie ihn an: «Wir fahren nach Madrid?»

«Andrea. Nicht wir. Du! Du studierst zum Master Diplom über spanische Geschichte. Du kannst es gebrauchen. Kannst alle Museen besuchen. Ich bin dir sehr dankbar für gestern Abend. Es war wunderschön. Aber unsere Verbindung müssen wir beenden. Sie ist zu gefährlich.»

«Zu gefährlich? Bist du verheiratet?»

«Nein, ich bin nicht verheiratet. Du bist eine 24 Jahre junge Studentin, die ihre Masterarbeit bei meinem Kollegen Professor Grimme machen will. Du hast auch mehrmals mein Seminar *Die Reconquista und ihre Folgen* besucht. Ein *Ausschuss für den Umgang mit sexuellem Fehlverhalten* der Universität hat eine interne Richtlinie herausgegeben, die aus einem Ehrenkodex ein weitreichendes Verbot macht: Ab dem Wintersemester dürfen Dozenten keine romantischen oder sexuellen Beziehungen mehr mit Studenten haben. Bislang galt dies nur, wenn ein unmittelbares Betreuungsverhältnis vorlag. Das, was die Leitung der Universität vorhat, ist eine moralisch-ethische Frage, keine juristische. Aber sie kann Konsequenzen haben.»

«Wenn man erotische Beziehungen zwischen Professor und Studentin verbietet, kann man das Lehren auch gleich mit verbieten», antwortete Andrea trotzig.

«Da hast du nicht Unrecht. Wenn man so weit geht, Beziehungen zwischen Lehrenden und Studierenden zu verbieten, verbietet man den Leuten, ihre Persönlichkeit frei zu entfalten.»

«Aber. Amouröse oder sexuelle Beziehungen zwischen Dozenten und Studenten sind nach dem deutschen Strafrecht doch straflos.»

«Durch die ganze MeToo-Hysterie sind aber neue Verhältnisse in der Beurteilung entstanden. Ich erzähle dir das Beispiel. Eine 27-jährige

Doktorandin, die nach eigenen Angaben bisher ein enges freundschaftliches Verhältnis zu ihrem Professor hier in Köln hatte, zeigte ihn, weil er mit ihr Schluss machen wollte, wegen sexuellen Missbrauchs und Vergewaltigung an. Er spricht von Verleumdung und einer einvernehmlichen Beziehung. Es sei auf alle Fälle niemals zu einer Vergewaltigung gekommen. Im November stellte die Staatsanwaltschaft ihre Ermittlungen aus Mangel an Beweisen ein. Es steht Aussage gegen Aussage.

Aber! In einem Disziplinarverfahren verurteilte das Verwaltungsgericht den suspendierten Professor schließlich zu einer Geldbuße. Der Verteidiger gab zwar an, alle Vorwürfe seien aus der Luft gegriffen. Doch eines konnte zweifelsfrei festgestellt werden: Der Doktorvater hatte sich zu einem sogenannten *Nähe-Verhältnis* hinreißen lassen. Laut Gericht hat er die *berufliche und private Ebene unangemessen miteinander verbunden*. Weil darunter die Objektivität leide, habe er aber gegen seine Pflichten als Professor verstoßen, so die Anwältin der Doktorandin. Verschiedene Frauen- und Opferschutzorganisationen fordern nun von der Universität in einem offenen Brief, den Professor *nicht mehr auf Schutzbefohlene loszulassen*.

«Der ist suspendiert?»

«Ja. So schnell kann es heute gehen. Vielleicht kommt er mit der Revision durch. Von Machtmissbrauch kann überhaupt keine Rede sein, das ist ein Mythos - denn Macht haben Professoren über ihre Studenten schon lange nicht mehr. Die Tage, in denen es gute Noten für Sex gab, sind selbst in Frankreich seit etlichen Jahren vorbei. Verstehst du nun, dass es für mich gefährlich ist? Meine Berufung hier geht nur bis Ende des Semesters und danach gibt es wahrscheinlich einen neuen Vertrag. Aber wenn herauskommt, dass wir beide ein Verhältnis haben, wird das schwierig werden. Ich habe nicht viele Freunde im Berufungsgremium. Die weiblichen Kollegen mögen mich nicht, allein weil ich Franzose bin und angeblich so herausfordernd schaue.»

«Das tust du.» Andrea kraulte ihm den Nacken. «Aber ich mag das.»

Er aber nahm ihren Arm fort und legte ihn zurück zu ihr.

«Versteh mich. Es ist besser für uns zwei.»

Andrea schossen die Tränen in die Augen. Schluchzend sagte sie: «Ich würde so etwas nie tun. Egal, was du mit mir machst.»

«Andrea. Ich habe mich dazu hinreißen lassen. Das hätte ich nicht tun sollen. Verzeih mir. Du bist ein liebes Mädchen, dir will ich auch keinen Kummer bereiten.»

Sie weinte und legte ihren Kopf an seine Schulter. Als sie seine Wange, seinen Hals und seine Ohren mit Küssen bedeckte, wurde er wieder weich und nahm sie in die Arme. Aus der Umarmung wurden stürmische Küsse und sie hing förmlich an seinem Mund. Als ihre Hand seine erregte Männlichkeit ertastete, beugte sie sich vor, öffnete seine Hose und begann seinen aufrechten Schwanz zu blasen.

«Du machst mich verrückt!»

Sie schaute kurz auf. «Das will ich», und nahm ihn wieder in den Mund.

Als sie Minuten später vor ihm auf dem Bett auf allen Vieren hockte und von hinten genommen wurde, hörte und spürte sie wieder die klatschende Hand auf ihrem Po, die sie elektrisierte.

Völlig erschöpft fielen sie nach ihren Höhepunkten der Lust auseinander und Andrea fragte sich, wie er es schaffte, dass sie so leicht und begierig zu einem Orgasmus kommen konnte. *Aber seine Stimme, diese Stimme, wenn er heiße Liebesworte sprach - und dann seine Kraft, seine unbändige Kraft, überstrahlte alles, ein richtiger Mann. Er weiß, was er will, das hörte man aus jedem seiner Sätze.*

Es goss in Strömen und durch das Zugfenster konnte sie kaum etwas erkennen. Aber jetzt musste irgendwann Brüssel kommen. Sie wollte zu ihrem Daniel.

Das Essen wurde serviert. Sie klappte den kleinen Tisch vor sich hoch, hob die warmhaltende Styoporabdeckung auf und zog den Duft freudig ein. Es gab eine kleine Roulade mit Bratensoße, Kartoffelecken und Broccoli. Beim Essen dachte sie wieder zurück an die vergangenen Wochen mit Daniel.

Nach den ersten Liebesnächten hatte er von ihr verlangt, in der Öffentlichkeit und auf dem

Uni Campus absoluten Abstand zu halten und wenn sie doch zusammenträfen, habe sie ihn mit Professor anzureden. Lachend hatte Andrea dem zugestimmt. «Ich werde sehr gehorsam sein, mein Professor.»

An einem Abend, als er sie wieder in den siebten Himmel gebracht hatte, hatte sie im Bad erkannt, dass sie einen großflächig rosa Po hatte.

«Du hast mich geschlagen», warf sie ihm neckisch vor, als sie zu ihm zurück ins Bett krabbelte.

«Du hast einen wunderschönen Arsch. Himmlisch anzusehen. Ein bisschen Rosa steht ihm ungemein.»

Sie hatte die Schläge kaum gespürt, mehr gehört und erlebt, wie es sie zum Höhepunkt trieb.

Der Mann hat es einfach raus. So erfahren. Ein toller Liebhaber.

«So bringst du mich immer in den Himmel.»

«Mein Engel. Ich habe gewisse Vorstellungen und Erwartungen an ein Liebesleben, die vielleicht nicht immer von der Allgemeinheit als normal angesehen werden.»

«Na. Wir lieben uns doch auch nicht im Dunkeln.»

«Du sollst wissen, ich würde dich niemals verletzen. Du kannst mir vertrauen. Ich habe aber bemerkt, dass dir ein paar Klapse auf den Hintern guttun.»

«Ja», kicherte Andrea. «Sie bringen mich hoch.»

«Deine Lustschreie mich auch.»

«Ist das schlimm?»

«Nein, nein. Ich mag es. Ich möchte dir alle Lust geben. Du magst doch die völlig losgelöste Lust, nicht wahr?»

«Du bist so lieb. Du verstehst mich. Du weißt, was ich brauche. Liebe mich immer so.»

Zwei Tage später kam er nackt ins Schlafzimmer und hatte eine kurze Peitsche mit vielen schmalen Lederriemen in der Hand. Er ließ sie vorm Bett knien und strich zärtlich mit den Riemen über ihren Po. Seine Hand kam an ihre Scham und streichelte ihren Kitzler, während er ein paarmal leicht zuschlug.

«Es ist eine Martinet, eine ganz zärtliche Peitsche mit vielen weichen Lederriemen», flüsterte Daniel in ihr Ohr und zog die Lederriemen zärtlich über ihre Schamlippen. «Ich kann damit zaubern. Ich kann dir wahre sinnliche Lust zeigen, deine Lust entfalten. Und du bist sehr sinnlich, nicht wahr?»

Er hatte sie auf Bett geschoben, war hinter ihr in sie eingedrungen und schlug ein paar Mal zu. Allein der Gedanke, dass sie gepeitscht wurde, obwohl sie kaum etwas spürte, ließen sie sofort kommen.

Daniel hörte aber nicht auf, mit seiner Kraft rhythmisch in sie einzudringen und ab und zu schlug er leicht zu. Andrea konnte und wollte es nicht verhindern. Es katapultierte sie in ungeahnte Höhen der Lust und in einem erneuten überwältigenden Orgasmus fand sie eine ihren Körper übergreifende Befriedigung.

«Was machst du mir?», stöhnte sie.

«Es war zauberhaft, zu sehen, wie du dich gewunden hast, wie du vor Lust gezittert hast und so gewaltig gekommen bist.»

«Zweimal. Ich kann es nicht glauben.»

«Ich liebe dich!»

«Muss ich mich schämen?»

«Nein. Ich will deine Lust und du bist mein Lustobjekt. Denk nicht, dass ich nichts davon gehabt habe. Es war wundervoll.»

«Ich liebe dich. Mit mir kannst du alles machen.»

Daniel nahm die Peitsche und ließ die Lederriemen zärtlich langsam über ihre Brüste gleiten und reichte sie ihr.

Ehrfürchtig hielt Andrea sie in der Hand. «Das ist eine Peitsche?», fragte sie.

«Du hast wahrscheinlich irgendwann mal die englische Bezeichnung Flogger gelesen. Dies hier ist eine original antike französische Martinet Riemenpeitsche mit 20 Wildlederriemen. Ich habe sie mal auf einer Auktion in Paris ersteigert.»

Daniel legte seine Hand auf Andreas Scham und berührte ihre feuchte Spalte zärtlich mit einem Finger. Sie betrachtete den wunderschön polierten Griff aus einem dunkelroten Edelholz.

«Verrückt! Ich habe noch nie eine in der Hand gehabt.»

«Sie ist mindestens zweihundert Jahre alt. Und denke, wie viele wunderschöne Popos von hübschen Mätressen sie bisher gestreichelt hat.»

«Glaubst du wirklich?» Andrea schüttelte ungläubig den Kopf und musste lächeln, als sie die Peitsche auf ihre andere Hand schlug. «Auf Popos von Mätressen?»

«Ja. Eine Martinet war immer nur für die Ehefrau, dic Geliebte oder Mätresse gedacht.»

«Och. Du machst mich schon wieder geil.»

Daniel bewegte seinen Finger heftiger. «Du bist meine Geliebte und damit ist sie nur für deinen zarten Po bestimmt.»

«Daniel, was sagst du da!», stieß sie stöhnend aus.

«Du wirst sie lieben lernen. Sie wird dich in den Himmel der Lüste bringen. Ich werde von dir verlangen, mir gehorsam deinen Po für die Martinet anzubieten. Ich verlange absoluten Gehorsam von dir im Bett. Ich will ein gehorsames Mädchen und du wirst dich mir hingeben.»

Allein dieser letzte Satz ließ Andrea erschaudern und zugleich nochmals vor Lust erbeben.

An nächsten Abend, als sie ihre Tasche ins Schlafzimmer brachte, lag die Martinet auf dem Bett und Andrea wusste sofort, wofür sie gedacht war. Allein, dass sie dalag, einfach so, mit den ausgebreiteten Lederriemen, erzeugte eine mehr als erotische Wirkung.

Daniel war mit ihr in die Philharmonie gegangen, ein Symphoniekonzert und es war ein beeindruckender Abend gewesen. Als sie danach in einem Kölschbrauhaus saßen und zu Abend aßen, traute sich Andrea zu fragen: «Du hast gestern Abend gesagt, du verlangst absoluten Gehorsam von mir. Wie soll ich das verstehen?»

«Du bist eine moderne, junge Frau», antwortete Daniel. «Du weißt, was du willst. Ich weiß aber auch, was du dir wünschst und was du brauchst. Du willst genommen werden und einem Mann gehorchen. Widerspreche nicht und roll nicht mit den Augen!» Er schaute sie ernst an. «Sei ehrlich zu dir selbst. Wenn es dir nicht gefällt, kannst du jederzeit gehen. Wenn du aber bei mir bleiben willst, dann verlange ich diesen Gehorsam.»

«Dass ich vor dir knie?»

«Ja, genau, und zwar nackt!»

Andrea verschlug es die Sprache. Aber im selben Moment stellte sie es sich vor. Nackt vor ihm zu knien und er hatte seine Martinet in der Hand. Sie hatte Fifty Shades of Grey gelesen, jetzt konnte sie sich vorstellen, dass es einen unglaublichen Reiz ausübt.

«Den besonderen Gehorsam will ich nicht im täglichen Leben, nicht, wenn wir ausgehen, nicht, wenn wir in die Oper gehen oder was auch immer. Aber im Schlafzimmer wirst du mir gehorchen. Ich habe gewisse Ansprüche an eine Geliebte und die will ich erfüllt haben. Und da werde ich mich nicht ändern. Ich würde eher das Verhältnis ändern.»

«Oh, das klingt streng.»

«Nein. Es gibt nur Ja oder Nein. Wenn wir

zusammen bleiben, werden wir viele Höhepunkte der Lust erleben. Erotische Erlebnisse der besonderen Art. Auch mit anderen.»

«Oh. Du hast andere Geliebte neben mir?»

«Nein. Keine! Wenn, dann bist du meine einzige Geliebte und wir werden immer alles zusammen erleben. Niemals alleine. Das verspreche ich dir.»

«Aber mit anderen? Heißt das Swinger? Ich war mal mit einem Freund in einem Swinger Club. Alle vögelten auf den Matratzen und an der Bar saßen sie dann und haben sich angeödet. Das war nichts für mich.»

Daniel lachte. «Nein, keine Swinger Clubs. Aber es gibt interessante erotische Abende mit Leuten von Niveau, mit denen man sich anregend und erotisch bei einem Dinner in einer eleganten Atmosphäre unterhalten und sich auch in aufreizender Kleidung präsentieren kann, was in der normalen Welt nicht möglich ist. Hast du schon Mal von sogenannten *Abenden der O* gehört?»

«Nein.»

«Das Buch, *Die Geschichte der O*, kennst du auch nicht?»

«Nein.»

«Oder hast du von *Eyes Wide Shut Abenden* gehört?»

«Du meinst solche Abende, wie in den Film mit Tom Cruise? Wahnsinn, ein Schloss und dann diese Zeremonie. Das war erotisch.»

«Ja. Leute mit Niveau. So etwas gibt es.»

«Du warst da schon mal?»

«Ja. Es ist beeindruckend.»

«Mit einer Freundin?»

«Das ist schon länger her. Aber zuletzt mit Ellen und ihrem Mann.»

Es haute Andrea aus den Socken. «Was? Mit Ellen? Ich glaub's nicht!»

«Ich verlange von dir, das nie zu erwähnen. Ich will dir nur beweisen, dass ich dir gegenüber keine Geheimnisse haben werde.»

Ellen, ihre beste Freundin. Immer *Grand Dame*, elegant und teuer gekleidet. Das haute sie total um. Zehn Jahre älter als sie, ihr Mann Richter am Landgericht. Mit ihr hatte sie sogar über ihre erotischen Abenteuer mit Kommilitonen sprechen können und Ratschläge von ihr erhalten. Sie waren zusammen auf Partys gegangen, hatten Vernissagen in Galerien besucht.

Als sie ihre Verwunderung im Griff hatte, sagte sie leise: «Unglaublich. Dann hast du mit Ellen...?»

«Ja. Das auch.»

Sie dachte kurz nach und schreckte auf. «Was heißt, auch?»

«Es sind sehr exklusive Veranstaltungen, die einen gewissen erotischen Charakter haben. Bei diesen Abenden spielt Gehorsam eine gewisse Rolle.»

«Mit einer Peitsche?»

«Ja.»

«Ellen?»

«Ja. Von ihrem Mann und mir. Sie mag es.»

Die Gedanken schossen durch Andreas Kopf.

Hieß das, er hat Ellen gefickt und gepeitscht? Ellen mag das? Deshalb hat Ellen wohl nie eine Andeutung gemacht.

«Andrea, du wirst niemals mit jemanden darüber reden. Ich verlange das!»

Andrea wurde einiges klar. Gesellschaftlich hätten sich Ellen und ihr Mann, das auch nicht leisten können.

In den folgenden Tagen war sie mit ihm schoppen gegangen. Er hatte ihr ein paar sehr luftige einteilige Sommerkleidchen und schicke Schuhe gekauft – und in den Nächten zu zweit hatte sie die Martinet zu spüren bekommen. Sie hatte es wirklich gespürt, denn er hatte sie fest geschlagen und dennoch war sie jedes Mal in einen Taumel der Lust gefallen. Sie hatte an sich erfahren, dass allein der Anblick der Martinet sie feucht werden ließ, dass die klatschenden Geräusche, wenn Daniel schlug, sie an den Rand des Wahnsinns brachten und wenn ihr Po heiß brannte, sie nur noch ein Verlangen hatte, von seiner harten Männlichkeit zum absoluten Höhepunkt gebracht zu werden.

War es Dienstag oder Mittwoch vorletzte Woche?, überlegte Andrea. Sie hatte nachmittags im Café Art gesessen, als sich eine andere Studentin, mit Minirucksack und gewickelten bunten Tüchern um den Hals, zu ihr gesetzt hatte.

«Darf ich mich zu dir setzen? Ich bin Karin.»

«Hallo. Ich bin Andrea.»

«Da ich dich gerade sehe, wollte ich dich mal

was fragen. Du hast doch auch das Seminar bei diesem französischen Professor Bascourt-Millot besucht.»

«Ja. Spanische Geschichte. Warum?»

«Nach einer Veranstaltung des *Autonomen Frauen & Lesben Referats* in der Uni, hatte sich eine Bettina an mich gewendet. Sie war letztes Semester von diesem Professor angemacht worden und er war gewalttätig. Wir hatten ihr damals vorgeschlagen, ihn vor Gericht zu stellen. Aber man konnte ihm nichts beweisen.»

«Warum sagst du mir das?»

«Nun, Bettina meint, er würde versuchen dich anzumachen. Wir könnten dir helfen.»

«Wer ist, wir?»

«Ich bin aktiv bei der KAF, Kölner Autonome Feministinnen. Wir helfen Frauen und Studentinnen bei Gewalterfahrungen, bei körperlicher, sexualisierter und seelischer Gewalt. Wir beraten insbesondere bei sexuellen Übergriffen und sexueller Belästigung. Anfassen gegen den eigenen Willen, in Partnerschaften, Pornos anschauen müssen und zu Sexpraktiken gezwungen werden mit Nötigung durch Schläge und Vergewaltigung, - und gehen dann gegen die Männer vor.»

«Ich hab ihn nur ein paar mal gesprochen.»

«Hat er dir Hilfen zum Studium vorgeschlagen? Dass er dir bessere Noten gibt oder beim Master hilft, wenn du ihn gefällig bist?»

«Nein, bisher nicht.»

«Würdest du mich informieren, wenn er das täte?»

«Ja. Gerne. Denen muss man auf die Finger hauen, wenn sie nicht wissen, was ein Nein ist!»

«Ja, genau. Bin ich froh, dass wir uns verstehen. Die *Feministische Gesellschaftsanalyse* legt die Strukturen offen, wie Gewalt gegen Frauen von Männern aufrechterhalten wird. Wir, die KAF, wollen diese Strukturen bekämpfen. Über Jahrzehnte werden Mädchen und Frauen sexuell belästigt. Das beginnt mit dem alltäglichen Sexismus … und endet immer mit Vergewaltigung und Missbrauch. Das verdammte Schweigen muss geändert werden, weil wir immer noch im gesellschaftlichen Zwang leben, der uns Frauen und Mädchen zu Scham und Schuld erzieht, der uns glauben lassen soll «Männer sind halt so». Wir zeigen den Tätern, dass es Konsequenzen gibt. Männer, die Grenzen überschreiten, müssen auf ihr Arschlochverhalten aufmerksam gemacht werden. Wir Frauen müssen uns die Nacht erobern! Wie denkst du darüber?»

«Natürlich. Ich lehne jede Art von Gewalt ab.»

«Wir sind unabhängig und arbeiten aus Sicherheitsgründen im Verborgenen. Wenn er dich belästigt, melde dich bei mir. Hier ist meine Handy Nummer. Ich würde mich freuen, wenn du uns helfen könntest, solche Typen zu überführen.»

«Ja. Mach ich doch.»

Lange hatte Andrea noch an ihrer Kaffee-Latte gesessen und überlegt.

Daniel hatte sie nicht nur mit hilfreichen

Unterlagen aus dem Büro ihres Professors Grimme vorsorgt, an die er auf nebulösen Wegen gekommen war, sondern auch einen Doktoranden als Tutor besorgt. Allein das war alles hart an der Grenze, was er für sie unterstützend tun konnte und musste im Verborgenen geschehen.

Aber, hat er mich belästigt? Erpresst er mich? Nee, davon kann überhaupt keine Rede sein. Gewalttätig? Ist er doch gar nicht. Der zärtlichste Mann der Welt. Benutzt er mich? Zu seiner Lust? Ja, und ob. Und ich ihn auch. Mein Gott. Ich will gefickt werden – und das von einem Mann, der es kann. Mal sehen, zu was sich die Beziehung entwickelt. Ich hab ja jetzt die Nummer von dieser Karin.

Letzten Sonntagnachmittag, nach einem heißen Liebeswochenende, hatte Daniel sie zu sich auf seinen Schoß gezogen.

«Andrea. Nächste Woche muss ich nach Paris. Ich habe einige Vorlesungen an der Sorbonne zu halten und private Sachen zu erledigen.»

«Och. Die ganze Woche?»

«Ja, mein Liebling. Aber wenn du vielleicht zwei Tage frei machen kannst, den Donnerstag und Freitag, dann könntest du am Donnerstag zu mir kommen und wir würden beide gemeinsam am Sonntagabend zurückreisen.»

Andrea warf sich ihm um den Hals. «Mit dir in Paris? Ja, ja! Freitag hätte ich sowieso keine Vorlesung und Donnerstag wäre nur das Tutorium.»

«Das könntest du auf einen anderen Tag verschieben.»

Andrea überfiel ihn mit Küssen. «Das mach ich!»

Er hatte ihr vorgeschwärmt, was sie alles unternehmen könnten und geheimnisvoll hatte er ihr dann gesagt, dass es am Samstag einen exklusiven Event im Chateau eines Freundes geben würde, den er mit ihr besuchen möchte.

«Du musst dich entscheiden. Ich verlange von dir, dass du mich begleitest und mir dort absolut gehorchst. Ohne Wenn und Aber.»

«Zu was muss ich gehorchen?»

«Zu allem.»

«Mehr willst du mir nicht sagen?»

«Nein. Entweder du sagst Ja oder Nein. Dann wirst du es sehen. Ich kann dir nur sagen, es wird höchstes Niveau haben.»

«Wird es erotisch sein?»

Schmunzelnd strich er ihr über ihre Wange.

«Fräulein Neugierig. Ja, es wird aufregend sein. Es wird dir bestimmt gefallen. Es sind außergewöhnliche Abende mit interessanten Leuten. Stilvolle Herren und ihre sehr attraktiven Frauen oder Geliebten.»

«Solche Abende, die du mit Ellen und Hartmut erlebt hast?»

«Ja. Solche Abende. Ellen und Hartmut werden auch kommen.»

«Wirklich? Das wird toll. Mit Ellen. Wahnsinn.»

«Andrea. Ich warne dich! Du wirst nichts zu Ellen sagen, du wirst es nicht mal erwähnen, falls du sie in den Tagen triffst. Ich verbiete es dir.

Hast du verstanden?»

«Ja, das habe ich», hatte sie geantwortet, aber in ihren Gedanken war sie schon in Paris, hatte Daniels Hemd aufgeknöpft und sie waren übereinander hergefallen.

Was wird das für ein Abend sein?, fragte sie sich, als sie träumend aus dem Fenster des mit 300 km/h fahrenden Zuges schaute. *Erotisch? Was wird man da anziehen? Ich werde es Daniel überlassen. Vielleicht wird er mir in Paris etwas Schickes und Aufreizendes kaufen. Bestimmt können wir Schoppen gehen. Ich will unbedingt mit ihm ins Lafajette, in die Dessous Abteilung. Das wird ihm gefallen. Es wird ein ganz romantisches Liebeswochenende.*

Pünktlich um vier rollte der Zug in den Bahnhof Paris Gare du Nord ein. Daniel hatte ihr einen Zettel gegeben, auf den er ihr seine Adresse aufgeschrieben hatte und eine Wegbeschreibung. Am Place Napoléon III., vor dem Bahnhof sollte sie in die Metro No. 7 steigen und zwei Stationen weiter bei Le Peletier aussteigen.

Oben am Ausgang von Le Peletier versuchte sie sich zu orientieren. Sie sollte nach Norden, eine Straße weiter zur 32 Rue de la Victoire gehen, ein vierstöckiges Haus im klassischen Paris Stil.

Sie hatte es schnell gefunden und klingelte an der Türe.

Wenig später wurde geöffnet und eine entwaffnend freundliche Frau empfing sie. «Ah, Mademoiselle Andrea. Treten Sie ein.»

Die warmherzige Frau, etwas fünfzig Jahre alt, sehr gepflegt und elegant gekleidet, und wie Andrea wusste, Daniels Hausdame, nahm ihr ihre kleine Reisetasche ab und führte sie in eine große geräumige Küche.

Sie bot ihr einen Platz und Kaffee und Kuchen an.

«Hatten Sie eine gute Fahrt?»

«Ja. Madame. Sehr entspannt. Nur drei Stunden.»

«Haben Sie im Gare du Nord gut herausgefunden?»

«Ein riesiger Bahnhof und so viele Leute.»

«Ja, es ist der größte Bahnhof von Paris. Und die Straße konnten Sie gut finden?»

«Kein Problem. Eine hübsche kleine Straße, diese Rue de la Victoire. Schöne alte Häuser.»

«Dies ist eines der hübschesten. Der Professor legt Wert darauf, dass es auch von außen gepflegt aussieht. Es stammt aus dem Jahr 1876, es wurde aber in den neunziger Jahren einer gründlichen Sanierung unterzogen. Das Haus erstreckt sich über vier Etagen mit einer Wohnfläche von 450 qm aufgeteilt auf zwölf Zimmer, sowie acht Schlafzimmer und drei Gästebäder. Die Garten beläuft sich auf 1000 qm. Ebenfalls vorhanden ist eine Tiefgarage in der Nähe, um die Ecke, in der Rue Chauchat.»

«Es ist groß. Das denkt man gar nicht.»

«Ich habe ein schönes Gästezimmer für Sie vorbereitet. Das zeige ich Ihnen später. Möchten Sie noch Kuchen?»

«Nein Danke. Er hat sehr gut geschmeckt.»

«Der Professor kommt in etwa einer halben Stunde. Sie können so lange im Wohnzimmer Platz nehmen. Ich kann Ihnen auch dorthin Kaffee bringen.»

Andrea blickte in den aufgeräumten kleinen Garten hinter dem Haus und betrachtete einige Bilder, die an den Wänden des geschmackvoll in Empire-Stil eingerichteten Wohnzimmers hingen.

Die freundliche Madame brachte erneut neues Kaffeegeschirr und goss ihr Kaffee ein. Dazu stellte sie ihr eine Flasche Perrier und Parfait hin.

«Ich bedaure, dass der Maître auch so oft und so lange in Cologne ist, obwohl es eine schöne Stadt sein soll. Ich war aber noch nie dort.»

«Kommen Sie doch mal nach Köln. Ich würde Ihnen den Dom zeigen.»

«Eigentlich bräuchte er gar nicht mehr arbeiten», erzählte Madame weiter. «Nachdem er die Automobilmotoren Fabrik seines Vaters verkauft hatte, hätte er hier bleiben können, weiterhin ein paar Vorlesungen an der Sorbonne halten und dann viel öfter in sein Landhaus in den Weinbergen der Provence fahren können.»

Andrea war erstaunt, was die Madame für sie Neues über Daniel erzählte und wurde sich bewusst, dass Daniel wohl sehr gut situiert sein musste.

Die Begrüßung fiel sehr formal aus, als Daniel

ins Haus kam und Andrea war etwas betrübt. Sie hatte erwartet, dass er sie in die Arme schließt. Es kam aber anders.

Die feste Hand Daniels packte sie am Oberarm und zerrte sie in die Bibliothek. «Andrea, wir haben vorab etwas zu klären», sagte er streng und sie erschrak.

Ihren Arm auf den Rücken drehend, führte er sie wenige Schritte nach vorne in die Mitte des Raums. Dort stand ein kniehoher Holzbock mit einem dicken Lederpolster. Er zwang sie, davor zu knien, beugte ihren Oberkörper über das Polster, zog ihren Rock bis zur Taille, sodass sie ihm hochgeschürzt ihre Lenden in ganzer Länge offen darbot und griff mit einer Hand zu ihrer Muschi.

Zuerst dachte sie noch, als er ihren Slip herunter streifte, er will sie jetzt nehmen, aber dann, zur Seite blickend, sah sie die Reitgerte, die Daniel in der Hand hielt. Er beugte sich zu ihr hinunter und flüsterte in Deutsch: «Ich hatte dir verboten mit Ellen über Samstag zu reden. Du hast dich nicht daran gehalten. Das ist Ungehorsam.»

Ehe sie sich versah, erhielt sie in schneller Reihenfolge drei brennende Hiebe auf ihren nackten Po, sie schrie und Tränen schossen in ihre Augen. «Du solltest zu niemanden etwas sagen, was ich für den Samstagabend geplant habe. Das ist die Strafe. Ich dulde keinen Ungehorsam.»

Sofort spürte sie drei weitere harte, schmerzhafte Hiebe, die wie Blitze auf ihren Po einschlugen und sie begann laut zu weinen.

Daniel strich mit der Gerte und der Hand über ihren Po. Die sechs rosa Striemen verwandelten sich langsam in dunkelrot.

Er hob sie kraftvoll zupackend an und führte sie zu einer hinteren Stelle der Bücherregale. Das Bücherregal hatte dort eine Leerstelle und an der Wand hing ein Bild. Daniel schob die heftig weinende Andrea nah davor, sodass sie direkt auf dieses in Öl gemalte Bild blickte.

«Du bleibst hier jetzt 30 Minuten stehen. Du siehst dir das Bild an und denkst über dein Vergehen nach, um zu erkennen, dass du eine gerechte Bestrafung bekommen hast. Ich kann und werde es nicht dulden, dass du mich und andere durch dein unüberlegtes Verhalten in Gefahr bringst. Wenn du das nicht machst, nicht zur Besinnung kommst, dann bringt dich Madame zum Gare du Nord und setzt dich in den nächsten Zug nach Köln.»

Ohne weitere Worte ließ er sie stehen und verließ die Bibliothek.

Was war das für ein schreckliches obszönes Bild vor ihr? Ein alter weißhaariger Mann, mit weißen Schnauzbart saß in einem Lehnstuhl. Vor ihm beugte sich eine hübsche junge Frau über die Rücklehne eines Chaiselongues. Ihr weißes Kleid war bis zur Taille hochgeschoben und ihr Höschen und die weißen Strümpfe bis zu den Knien heruntergezogen. Ihr nackter, hochgestellter Po glänzte im Kerzenlicht, man sah ihre kaum verborgenen niedlichen Schamlippen zwischen ihren Schenkeln und das Gesicht auf ihren zur Seite gelegten Kopf, zeigte die Tränen in ihren Augen. Quer über ihre Pobacken hielt ein auffällig gut gekleideter junger Mann in Rüschenhemd und historischer Knopfjacke, der seitlich neben ihr stand, einen dünnen Rohrstock. Das Gesicht des Alten im Lehnstuhl zeigte einen zufriedenen Ausdruck, da die roten Striemen, die auf dem Po der jungen Frau zu sehen waren, den Schluss zuließen, dass sie bereits ein paar Hiebe erhalten hatte. Neben dem jungen Mann, der zuschlug, stand eine Frau in einem eleganten, tief dekolletierten weißen Kleid und wurde von einem Mann, der sie an den Armen festhielt, gezwungen, dem Schauspiel zuzusehen.

Das Bild vor ihrem Gesicht war furchtbar. Auf dem Po der Frau sah sie die vielen roten Striemen und ihr wurde bewusst, dass ihr Po genauso aussehen musste. Andrea verfluchte Daniel ununterbrochen. Ihr Po tat wirklich weh. Sie könnte einfach gehen. Ihre Tasche nehmen und zum Bahnhof gehen. Sie schimpfte immer mehr, während sie das unanständige Bild ansah. Das war gewalttätig. Unglaublich. Sie könnte diese Karin anrufen, ihr erzählen, was dieser Kerl für ein Scheusal ist.

Aber sie war sich bewusst, dass es das endgültige *Aus* ihrer Beziehung bedeuten würde.

Daniel macht Ernst. Verdammt, warun habe ich meinen Mund nicht halten können? Wieso habe ich das getan? Ellen im Café zu erzählen, dass ich mit Daniel am Wochenende in Paris an einem besonderen Event teilnehmen werde und sie und ihr Hartmut doch auch dabei wären. Hätte ich nur nichts gesagt. Ellen hatte das Gesicht verzogen und nichts geantwortet, sondern das Thema gewechselt. Ich hätte es wissen müssen.

Hin und hergerissen, zwischen Flucht und dableiben, fragte sie sich, was Daniel so erzürnt hatte. Er war ja richtig wütend gewesen.

Daniel war aus dem Haus und ins nächste Bistro gegangen. Er grüßte ein paar Leute, setzte sich in eine Ecke und bestellte sich einen Ricard.

Innerlich war er zufrieden. *Jetzt wollen wir mal sehen, was passiert. Entweder sie ist weg, wenn ich zurückgehe und dann war's das und ist gut so. Oder aber sie bleibt. Ob sie die Stärke hat? Wenn ja, dann ist sie brauchbar. Dann kann aus ihr etwas werden.*

Nach ein paar Minuten stand Madame neben Andrea. «Der Maître hat das Haus verlassen und kommt in einer Stunde wieder.»

«Maître! Verflucht» antwortete Andrea kaum hörbar.

«Er hat mir aufgetragen, zu sehen, ob sie hier eine halbe Stunde vor dem Bild stehen. Oder möchten Sie, dass ich Sie zum Bahnhof bringe?»

Andrea erstarrte. *Madame weiß Bescheid. Natürlich. Sie sieht ja auch bestimmt meinen roten Po. Was soll ich denn machen. Jetzt gehen? Ich werde nie wieder was von Daniel hören.*

Sie begann heftig zu weinen, aber bewegte sich nicht.

«Wenn Sie stehen bleiben möchten, darf ich Ihren Po mit einer speziellen Salbe eincremen. Bleiben Sie still stehen.»

«Es ist so würdelos», schimpfte Andrea leise und verschnupft. «So unwürdig. So erniedrigend und es tut weh.» Aber die kühlende Salbe tat gut.

«Ja, Mademoiselle», flüsterte Madame. «Ich weiß, wie man das empfindet. Es ist erniedrigend, wenn sie in der Ecke stehen sollen. Sehen Sie es als eine leichte Art der Bestrafung.»

«Pah! Leicht!»

«Die Erniedrigung ist von ihm gewollt und soll dazu führen, dass Sie intensiv über Ihr Vergehen nachdenken. Monsieur hat mir gesagt, dass er sie für ein schwerwiegendes Vergehen bestrafen musste.»

«Es ist ungeheuerlich. So was soll man erdulden? Ich hasse ihn!»

«Es ist kein Erdulden. Seien Sie dankbar, dass der Maître Ihnen die Möglichkeit gibt, Ihre Schuld tilgen zu können. Deshalb sollten Sie ihm dankbar sein.»

«Ich? Dafür dankbar sein? Das tut weh!»

«Ja, das tut es. Was war denn der Grund, für diese Strafe?»

Andrea schüttelte den Kopf, aber dann sagte sie: «Er hatte mir verboten, mit einer Freundin über diesen geplanten Abend am Samstag zu reden.»

«Ah ja. Une Soirée d'O. La nuit de nuits. Darüber darf man auch nicht reden. Aber dann kann ich die Strafe verstehen. Er hatte es Ihnen bestimmt verboten und sie haben es trotzdem getan.»

«Ja», stöhnte Andrea, «ich weiß. Es war ein Fehler. Verdammt. Ich habe ja nicht geahnt, dass er es so ernst meint.»

«Verstehen Sie ihn. Diese Abende laufen mit absoluter Diskretion ab. Niemand außenstehendes darf davon erfahren. Es sind gesellschaftlich hochgestellte Männer und Frauen. Sie alle vertrauen darauf, dass die Geheimhaltung gewährleistet wird und die Männer das überwachen. Sie haben sich seinem Verlangen widersetzt. Finden Sie nicht, dass es gerecht war, Sie dafür zu bestrafen?

Andrea konnte und wollte nicht sofort antworten.

«Meine Liebe, Sie haben doch jetzt erkannt, wie wichtig Sie ihm sind. Er hätte mich auch beauftragen können, Sie direkt zum Bahnhof zurückzubringen. Er mag Sie sehr und es liegt ihm etwas an Ihnen. Wenn er Sie nur einfach wieder weggeschickt hätte, wäre das ein Zeichen gewesen, dass Sie ihm letztendlich egal sind. Mit der Bestrafung hat er Ihnen aber gezeigt, wie wichtig Sie ihm sind und er Ihnen helfen will, Ihren Fehler zu erkennen. Meinen Sie nicht, dass Ihnen die Bestrafung geholfen hat, das zu erkennen?»

«Ja, das habe ich jetzt erkannt und gespürt», höhnte sie.

«Möchten Sie ihm dann nicht dafür dankbar sein, dass er Ihnen geholfen hat, das zu erkennen?»

«Dankbar?»

«Ja, dankbar. Sie haben nicht gehorcht und Sie hätten wissen müssen, dass ihn das erzürnt und Sie für Ungehorsam bestraft.»

«Aber doch nicht mit einer Peitsche.»

«Daniel gehört zu diesem Kreis der Männer, die zur Erziehung ihrer Frauen eine Peitsche benutzen.»

«Erziehung! Wie sich das anhört.»

«Ja, es tut kurz weh, aber es geht vorüber. Damit ist die Schuld gesühnt und alles ist vergessen. Gleichgültigkeit würde nie vorübergehen. Er will Sie zum Besseren erziehen. Ihm liegt sehr viel an Ihnen. Es hat es mir gesagt. Es ist vernarrt in Sie. Aber Ungehorsam kann er nicht dulden und wird es auch nicht. Das ist ihm wichtig. Sie sollten ihn wissen lassen, wie dankbar Sie für die Bestrafung sind und dass Sie Ihren Fehler erkennen durften – und dass Sie es als gerecht empfinden, dass er Ihnen mit der Bestrafung helfen kann, sich zu ändern.»

«Dankbar? Dann wird er mir verzeihen?»

«Ich bin da ganz sicher. Daniel ist kein Unmensch. Da ist furchtbar viel Liebe im Spiel. Und wo Liebe ist, da ist auch Verzeihen.»

«Was soll ich denn machen?»

«Wenn Sie brav hier stehen bleiben, wie er es verlangt hat und wenn er wieder da ist und hört, dass sie ihm gehorcht haben, gehen Sie zu ihm. Knien Sie vor ihm nieder und ziehen Sie Ihren Rock weit hoch. Nehmen Sie seine rechte Hand, küssen Sie sie und sagen ihm: ‚Mon Maître!

Verzeihen Sie mir bitte.»

«Mein Maître?»

«Er ist Ihr Herr! Sehen Sie es endlich ein und seien Sie glücklich darüber. Sagen Sie ihm: Es war ein großer Fehler von Ihnen gewesen. Die Bestrafung hat Ihnen den Weg gezeigt, wo Sie sich ändern müssen. Sagen Sie ihm, dass Sie es eingesehen haben, dass es sehr Ungehorsam von Ihnen war und die Bestrafung dafür gerechtfertigt ist.»

«Das soll ich sagen?»

«Machen Sie das. Das wird ihn mehr als erfreuen und er wird Ihnen alles verzeihen. Ich kenne ihn. »

«Mein Gott. Bestraft werden. Furchtbar. Wie im Mittelalter»

«Nach einer Bestrafung war damals die Welt immer wieder in Ordnung. Ich warne Sie. So großzügig der Maître auch ist, wenn Sie ihm nicht gehorchen, kann er sehr böse sein. Sie haben seine Peitsche zu spüren bekommen und wenn ich überlege, dann muss auch ich Ihnen sagen, dass die Hiebe, die Sie erhalten haben, mehr als notwendig und gerecht waren. Ja, Sie schauen mich erstaunt an. Erkennen Sie es an. Lassen Sie ihren Hochmut fallen. Erkennen Sie an, dass Sie von Ihrem Innern her eine submissiv veranlagte Frau sind, die es braucht und das Verlangen hat, von einem Mann geführt zu werden, der ihr die schönsten Momente des Lebens schenkt. Sie wollen doch kein Weichei, keinen Warmduscher, sondern einen Kerl mit harter Hand und hartem Schwanz.»

«Och.» Andrea stieß die Luft aus. «Madame, was sagen Sie da.»

«Wir alle wollen es so. Alle Frauen. Alle lieben es, eine harte Hand zu spüren, weil es uns unheimlich geil macht, weil wir dann hart genommen werden wollen. So ist es doch. Und die Männer geilen sich an der Situation und den rosa Striemen auf einem nackten Po auf und bringen uns zu den höchsten Orgasmen. Geben Sie es zu. Sie haben doch sicher schon seine harte Hand gespürt, sonst wären Sie nicht nach Paris gekommen.»

Andrea kicherte. «Ja, das stimmt, Madame. Auch seine Martinet.»

«Na. Sehen Sie. Ist es nicht herrlich, von einem solch attraktiven Mann geführt zu werden? Denken Sie daran. Sie sollten nie auf etwas verzichten, was Sie sich wirklich wünschen!»

Madame cremte nochmals ihren Po kräftig ein und berührte dabei auch ihre Schamlippe. Elektrisiert stöhnte Andrea.

«Es sind nur noch fünf Minuten. Schauen Sie auf das Bild und wenn er kommt, dann bedanken Sie sich bei ihm. Er wird Ihnen nicht nur vergeben, sondern Ihnen seine ganze Liebe zeigen.»

Die letzten Minuten sah sie das Bild in einem ganz anderen Licht. Es erregte sie und ließ sie feucht werden. *Genauso bin ich auch bestraft worden. Ist das in Frankreich so üblich? Dass Männer ihre Frauen mit der Peitsche erziehen? Wird Daniel mir verzeihen und alles wieder so sein wie vorher?*

Wird er mich wieder lieben? Bekomme ich seine harte Hand zu spüren, bevor er mich nimmt? Er soll mich nehmen. Ich will es.

«Ihre Strafe ist vorüber», hörte sie von Madame, die dann nochmals ihren Po eincremte.

«Die Striemen lassen schon nach. Kommen Sie mit mir in die Küche. Ich gebe Ihnen ein dickes Kissen und ich habe noch leckeren Kuchen und Kaffee.»

Das konnte Andrea jetzt gebrauchen und in der Küche saß sie auf einem Stuhl mit extra dickem Kissen.

«Können Sie gut darauf sitzen?»

«Ja. Es geht. Es lässt schon nach.»

«Sie werden sehen, es wird alles wieder gut, wenn Sie das tun, was ich Ihnen gesagt habe.»

Andrea kamen wieder die Tränen und Madame reichte ihr ein Taschentuch. «Ich liebe ihn so sehr.»

«Zeigen Sie es ihm. Ich weiß, dass er die gleichen großen Gefühle für Sie hat.»

Nach einiger Zeit hörte man eine Türe. «Bleiben Sie sitzen. Ich werde kurz mit ihm reden.»

Madame verließ die Küche und schloss die Türe hinter sich.

«Monsieur! Mademoiselle hat brav vor dem Bild gestanden und möchte Sie sprechen.»

«Gut. Schicken Sie sie ins Wohnzimmer.»

Als Madame wieder bei Andrea in der Küche war, sagte sie zu ihr: «Der Maître erwartet Sie im

Wohnzimmer. Gehen Sie zu ihm.»

Daniel saß in einem Sessel vor dem Fenster mit dem Blick auf den kleinen Garten hinterm Haus.

Andrea sank vor ihm auf dem Teppich, drapierte ihr Kleid hoch und öffnete weit ihre Schenkel, damit er ihre Scham sehen konnte.

«Pardon, Monsieur.»

«Du nennst mich hier in diesem Haus Maître!»

«Maître», Andrea schluckte und begann zögerlich. «Bitte verzeihen Sie mir. Ich fühle mich schuldig. Ich habe etwas Böses getan. Ich bin mir dessen bewusst und bitte um Vergebung. Ich habe erkannt, dass ich bestraft werden musste.»

Richtig süß, dachte Daniel. *Das, was sie da sagt, ist allerliebst. Mein Schwanz wird richtig steif, wie sie da sitzt und mir ihre Muschi zeigt. So will ich sie haben.*

«Andrea, mein liebes Mädchen. Komm hoch, lass dich küssen. Du bist ein ganz liebes und braves Mädchen. Du bist ein richtiger Schatz. Da du es einsiehst, ist alles vergeben und vergessen. Ich liebe dich.»

«Danke, mein Herr. Ich erkenne Sie als meinen Meister an, der mir mit strenger Hand hilft, mich zu verbessern. Die Beziehung, die ich mit Ihnen erleben darf, ist der absolute Höhepunkt in meinem Leben und Ihre Liebe zu spüren, auch mit der Peitsche, ist für mich das höchste Geschenk, das ich erhalten kann.»

«Du hast wirklich gelernt. Das erfreut mich.»

«Madame hat mir mit ein paar Worten, die mich tief beeindruckt haben, geholfen, als ich an der Wand stehen musste.»

«Du bist ein gehorsames Mädchen.»

Andrea bekam glasige Augen und flüsterte leise: «Danke, mein Herr.»

Sie hatte für sich erkannt, was sie wollte und sich entschieden, ihm zu gehören. Sie war sich jetzt im Klaren, dass sie sich seinem Willen unterwerfen musste, um seine Liebe zu erlangen. Und sie wollte seine Liebe.

«Darf ich die Hand küssen, die mich gepeitscht hat, Maître? Als Dank für die gerechte Bestrafung.» Andrea heftete unzählige Küsse auf Daniels Hand.

Er ließ sie lange gewähren, genoss das devote Zeichen ihres Dankes und spürte mit wohlgefälligem Genuss seinen sich aufbäumenden Ständer.

«Das ist sehr brav.»

Da er seine Hand nicht zurückzog, küsste Andrea erneut seine Hand.

«So erwarte ich es von einem gut erzogenen Mädchen, dass sie ihrem Meister und Herrn in Zukunft den Dank für eine berechtigte Bestrafung zeigt! Dann ist alles vergessen und vergeben.»

Daniel sah, wie ihr die Tränen in die Augen stiegen, als sie leise zu ihm sagte: «Erziehen Sie mich zu der Geliebten, wie Sie sie sich im Bett wünschen. Erziehen Sie mich streng. Ich brauche Ihre Erziehung.»

Sie ist handzahm geworden. Er hielt ihr erneut die Hand hin und zog sie zu sich auf den Schoß. Als seine Hand sich ihrer Scham bemächtigte und seine Finger ihren Kitzler streichelten, flüsterte er:

«Du hast dich wundervoll und einmalig für die Bestrafung bedankt. Das rechne ich dir sehr hoch an, Andrea. Das habe ich nicht erwartet. Wirklich außergewöhnlich, dass du das gemacht hast, alle Achtung. Normalerweise braucht ein Maître ein Jahr, bis er seine O dazu erzogen hat, sich für eine notwendige Bestrafung zu bedanken.»

«Maître. Darf ich fragen, was eine O ist?»

«Das wirst du früh genug erfahren. Seine Geliebte zu einer gehorsamen O zu erziehen, ist für einen Mann wie mich etwas Erhabenes. Du würdest mich damit sehr glücklich machen.»

«Sie wollen mich erziehen?»

«Andrea! Du weißt doch selbst, dass du oft vorlaut bist, dicht nicht immer im Griff hast und spontan unüberlegte Dinge machst. Das darfst du auch, aber nicht, wenn ich dich als meine Geliebte, als meine O, zu mir rufe und dich lieben werde. Dazu wirst du noch Einiges lernen müssen und ich werde dich dazu erziehen.»

«Maître. Ich werde sehr brav sein.»

«Das kannst du mir jetzt beweisen! Da sieht man, wie dir ein paar Peitschenhiebe helfen. So mag ich es, wenn mein Mädchen auf meinem Schoß sitzt und eine feuchte Muschi bekommt.»

«Wenn Sie das Wort Peitschenhiebe sagen, erregt es mich ungemein.»

«Siehst du, wie deine Erziehung schon funktioniert und mein steifer Schwanz schier meine Hose sprengt? Komm mit mir.»

Er führte Andrea wieder zu einem Sessel und beugte sie über die Lehne. Mit beiden

Händen packte er ihre Hüften, sein Glied teilte die Hälften ihrer Lenden und drang mühelos in ihren feuchten Leib ein.

Andrea verging vor Lust, sie fühlte die Stärke in sich und erbebte unter den harten Stößen, die sie unaufhörlich in einen Zauber versetzten. Sie spürte leichte Schläge auf ihrem Po. Bevor sie es richtig realisieren konnte, fühlte sie, wie sie stürmisch genommen wurde. Ein Zittern vor lauter Wollust durchlief ihren Leib und besonders ihre Scham. Ihre Erinnerung und die Gedanken daran, dass sie vorhin noch über einen Bock gebeugt und gepeitscht worden war, versetzten sie in eine Ekstase der Geilheit und es ließ sie vergessen, in welcher Umgebung sie sich befand. Sie wollte nur noch eines, gefickt werden. Während die rhythmischen und unnachgiebigen Stöße ihre Lust zum Höhepunkt trieben, dachte sie an das Bild an der Wand und stellte sich vor, wie auch ihr entblößter Körper über diesen Bock gebeugt war und sie eine Bestrafung erhalten hatte.

Ich werde genommen, einfach genommen, hier in seinem Wohnzimmer. Dieses Bild setzte sich in ihren Gedanken fest und führte nach kurzer Zeit zur Explosion ihrer Gefühle.

Es war ihr, als würde sie zerrissen. Ein Orgasmus, wie sie ihn noch nie erlebt hatte, durchfuhr in immer heftigeren Wellen ihren ganzen Körper, sie schrie vor Lust und bäumte sich auf. Sie spürte noch dieses wahnsinnige erlösende Pulsieren in ihrem ganzen Leib und dass ihre Arme schwach wurden.

Daniel gab ihr einen Klaps auf den Po. «Geh zur Madame. Sie soll dir zeigen, wo du dich frisch machen kannst. Sie hat auch ein hübsches Kleid für dich. Ich will dich zum Essen ausführen.»

Madame zeigt Andrea das Bad und führte sie in Daniels Schlafzimmer. Ins Auge fielen ihr sofort eine Reitgerte und eine Martinet, die beide an der Wand über dem Bett hingen.

«Danke, Madame», rief Andrea freudig, als sie mit ihr im Gästezimmer war und ein sogenanntes kleines Schwarzes gereicht bekam. «Ich danke Ihnen. Er hat mir verziehen. Es ist alles wieder gut.»

«Sehen Sie. Ich habe es Ihnen gesagt. Hier, das ist ein sehr feines, kurzes Cocktailkleid von LANVIN-Paris. Der Maître hatte mir Ihre Größe gesagt und ich habe es heute Morgen gekauft. Es ist für Sie.»

Madame ging zu einem Schrank und reichte ihr auch ein passendes Jäckchen. «Ziehen Sie sich aus. Machen Sie sich frisch und dann ziehen Sie das Kleid an. Er wünscht es. Es wird passen.»

Es war ein sehr feines Kleid und hatte ein gewagtes Dekolleté. Als Andrea es angezogen hatte und sich im Spiegel ansah, dachte sie, *er wünscht es! Das bedeutet soviel, wie, ich muss gehorchen.* Aber das Kleid gefiel ihr unsagbar, war es doch sehr sexy.

«Oh. Danke. Das ist ja toll.» Als sie vor dem Spiegel stand und sich drehte, hörte sie Madame. «Ja, das wird ihm gefallen. Ich kenne seinen Geschmack.»

«Ist es nicht zu gewagt?»

«Ein Dekolleté ziert eine Frau. In Paris ist es jedenfalls so.»

Unten im Flur nahm Daniel sie an der Hand.

«Madame Claire», rief er, «ich gehe mit Mademoiselle Andrea zu Solène!»

«Oui, Monsieur.»

Das Restaurant war nicht weit entfernt, lag auch auf der Rue de la Victoire. Es nannte sich *Les Domaines de Solène* und entpuppte sich als ein kleines, aber hoch feines, typisches Pariser Restaurant.

Eine attraktive dralle Vierzigerin begrüßte Daniel und Andrea und führte sie zu einem reservierten Tisch.

«Das war Solène» erklärte Daniel. «Sie und Colette sind liebenswert und servieren tolle Gerichte. Die beiden betreiben das Restaurant.»

Andrea studierte die Menükarte und ließ sich dann etwas von Daniel empfehlen.

Sie war irgendwie immer noch erregt. Nachdem Daniel mit ihr bei einem Glas Wein angestoßen hatte, beugte sie sich etwas über den Tisch vor und sagte kaum hörbar. «Vielen Dank für das tolle Kleid.»

«Du bist eine Schönheit. Das Kleid ziert dich nur. Aber so gefällst du mir sehr. Besser als Jeans und Turnschuhe.»

«Ich verspreche dir, ich werde öfter Kleider tragen.»

«Danke, dass du das für mich tust.» Er ergriff

ihre Hand auf dem Tisch. Andrea war ganz erbaut von dieser Geste.

«Das Bild an der Wand, das ich ansehen musste, das ist aber sehr obszön.»

«Es ist ein uralter kolorierter Kupferstich und zeigt, wie eine O erzogen wird.»

«Bin ich deine O?»

«Dazu will ich dich erziehen, wenn du mir gehorsam folgst.»

Lächelnd antwortete sie: «Danke, Maître. Ich werde Ihnen folgen. Bitte erziehen Sie mich zu Ihrer O.»

«Siehst du Colette? Sie ist auch eine O. Sie ist die O von Solène. Solène wird auch am Samstagabend mit Colette dabei sein. Sie sind das einzige lesbische Paar in unserem Kreis.»

«Oh!», staunte Andrea. ‚Das gibt es? Ein weiblicher Maître?'

«Du wirst mit keiner Silbe erwähnen, was ich dir erzähle und was du am Samstag sehen wirst. Zu niemandem. Sonst ergeht es dir wieder so, wie auf dem Bild.»

«Haben schon viele Frauen das Bild ansehen müssen?»

«Das ist eigentlich eine ungehörige Frage, du neugieriges Mädchen.»

«Verzeihung, Maître.»

«Letztes Jahr stand eine Freundin vor dem Bild, die dann nach Amerika ging und davor meine Frau, die leider vor zwei Jahren verstorben ist.»

«Oh. Mein Beileid. Ich wusste das nicht.»

Viel wusste sie nicht über ihn, wie sie sich eingestand.

«Du weißt Vieles nicht über mich. Das macht nichts. Wenn du brav bist, wirst du nach und nach mehr erfahren. Aber nicht, wenn du zu neugierig bist.»

«Ich habe es verstanden, Maître. Ich werde mich bemühen.»

«Nur Bemühen? Ich werde dich dabei mit ein paar Hieben unterstützen!»

Andrea blickte erschrocken auf. Diese Antwort hätte sie erwarten können. Das ist so seine Art. Schnell sagte sie: «Ich werde kräftig an mir arbeiten. Das wird nicht mehr passieren. Ich verspreche es.»

«Brav!»

Als das Essen serviert wurde, ließ Daniel sie mit ihren Gedanken allein. Es schmeckte hervorragend und dennoch musste sie an seine Worte denken. *Eine Freundin und davor seine Frau? Hat er die auch erzogen? Bestimmt. War Madame da auch dabei und hat die Popos der Frauen eingecremt? Sie schien sehr viel Erfahrung darin zu haben und die Ratschläge, die sie ihr gegeben hatte, ließen darauf schließen, dass das heute Nachmittag für sie nicht das erste Mal war. Sie scheint Daniel sehr gut zu kennen.*

Andrea beobachtete Colette die an einem Nachbartisch servierte. *Sie ist die O von Solène? Wird sie auch von Solène gepeitscht? Colette ist schön, wunderbare Haare, schlank, jünger als Solène. Wird sie auch über eine Lehne gebeugt?*

Diese Fragen versetzten sie wieder in helle Aufregung und fast hätte sie Daniel dazu befragt. Aber sie biss sich auf die Lippen und schwieg. Eines war ihr jetzt klar geworden. *Ein Abend der O. Das bedeutet, dass alle Frauen dort eine O sein werden. Und Ellen ist die O von Hartmut.*

Sie schüttelte kaum merkbar den Kopf. Aber Daniel, der sein Essen beendet hatte, hatte es bemerkt. «Was schüttelst du den Kopf?»

«Ach nichts.»

Daniel reicht ihr seine Hand über den Tisch. Freundlich sagte er: «Ich würde gerne wissen, an was du gedacht hast.»

«Dass Ellen eine O ist.»

Er lächelte sie an. «Ja. Sie ist eine O. Wie gut bist du mit ihr befreundet?»

«Wir sind sehr enge Freundinnen. Wir können uns eigentlich über alles offen austauschen. Aber davon hat sie mir nie etwas erzählt.»

«Sie ist gehorsam. Tauscht ihr euch auch über intimere Dinge aus?»

«Ja. Ich konnte ihr immer alles erzählen. Von Freundschaften mit Kommilitonen. Sie hat mir viele Ratschläge gegeben. Aber wieso heißt es O?»

«Psst. Leise! Es gibt ein Buch, es ist in den zwanziger Jahren geschrieben worden. Es heißt *Die Geschichte der O*. Es beschreibt das Leben einer jungen Frau, die von ihrem Liebhaber zur O erzogen wird. Ich werde dir das Buch geben, wenn wir wieder in Köln sind. Da das Buch eine Obsession beschreibt, die in dir furchtbar viele Fragen entstehen lässt, über die wir dann gemeinsam reden müssen, wirst du es nur bei mir lesen und nicht mitnehmen. Und du wirst es niemanden erzählen. Das Buch war lange Zeit verboten, ist aber weltbekannt geworden und hat seinen unangefochtenen Platz in der besonderen erotischen Literatur.»

«Ja, Danke. Das würde ich gerne lesen.»

«Es würde mich freuen, wenn du es liest und wir darüber diskutieren können. Es wird sicherlich für dich sehr ungewohnt sein, aber du wirst etwas in der Art am Samstag erleben.»

In den Gedanken an diese Karin in Köln fragte sie vorsichtig: «War denn schon mal eine Studentin aus Köln dabei gewesen?»

«Nein, Andrea.»

Die Situation zu entschärfen, sagte sie: «Gefallen dir die Mädchen in Köln nicht?»

Schmunzelnd meinte Daniel: «Neugier pur? Nicht wahr? Aber ich will es dir sagen. Letztes Semester war ich sehr kurz mit einer Studentin befreundet, genaugenommen nur ein Wochenende. Sie wollte kein Licht und wollte nicht, dass ich hinter ihr knie und sie liebe. Sie hat mich als grenzenlosen Egoisten beschimpft. Da habe ich sie rausgeworfen. Genügt dir das?»

«Du bist kein Egoist. Du schenkst mir wahnsinnig viel.»

«Danke für das Kompliment.»

Der Abend endete im Schlafzimmer mit einem äußerst zärtlichen und rücksichtsvollen Daniel. Als beide erschöpft und befriedigt nebeneinander lagen, meinte Andrea: «Du hast mich wieder so schön verzaubert. Und das ohne Peitsche.»

«Andrea!» Sie erkannte den vorwurfsvollen Ton und bat um Verzeihung. Daniel küsste sie stürmisch. «Du bist wirklich vorlaut. Du hast doch heute genug die Peitsche gespürt?»

«Doch, doch. Danke, Maître. Ich spüre sie immer noch.»

«Die Striemen sind aber nicht mehr zu sehen. Die Salbe der Madame hilft.»

«Danke, dass sie mir den Po eincremen durfte. Das hatte gut getan.»

«Du wirst ja auch nicht für jede Kleinigkeit bestraft. Nur, wenn es nötig ist.»

«Ich weiß, dass es mich anmacht, wenn du mir ein paar Klapse gibst. Dir vertrau ich es an. Ich mag es, wenn du über mir oder von hinten über mir bist. Bei dir kann ich *Ich* sein. Da kann ich mich gehen lassen. Ich meine, ich kann mich dir hingeben, mit Haut und Haaren.»

«Schön gesagt.»

Am nächsten Tag war Daniel mit ihr bei schönsten Wetter zum Schloss Versailles gefahren und hatte ihr, nachdem sie den Palast und die riesige Gartenanlage bewundert hatten, zu dem Lustschloss, dem Grand Trianon, geführt.

«In diesem Haus hatte Ludwig der vierzehnte seine Maîtresses wohnen. Er hatte eine ganze Reihe Maîtresses, junge Mädchen, unter anderenm auch drei Schwestern. Sie wurden immer von seiner Obermätresse, der Pompadour ausgewählt und in sein Bett geführt.»

«Wirklich? Das war üblich?»

«Ja. Nach dem Tod der Pompadour, wurde die Marquise de Montespan die Maîtresse Ludwigs XIV. Sie musste aber Tisch und Bett des Königs mit Louise de La Vallière, der offiziellen Geliebten, der Maîtresse royale en titre, des Königs teilen und sie beide führten sogar die junge Princesse de Monaco zum Bett des Königs.»

«Och. Wahnsinn. Geil!»

«Auch heute noch ist das so in Frankreich. Fast jeder Unternehmer, Vorstandsvorsitzender einer Bank oder hoher Beamter und Minister, sogar Ministerpräsidenten hat eine Maîtresse. Nicht immer sind die Herren verheiratet, sondern sie halten sie sich als Geliebte. In Frankreich heißen Geliebte immer einfachheitshalber Maîtresse. Es kommt oft vor, dass, wenn eine Maîtresse ihrem Herrn brav gedient hat, sie nach ein paar Jahren von ihm geheiratet wird. Meine Mutter war lange die Maîtresse meines Vaters, bevor er sich hat scheiden lassen und sie geheiratet hat.»

«Das ist in Frankreich üblich?»

«Mehr als du dir denken kannst. Präsident Hollande hatte seine Carla Bruni als Maîtresse, bis er sie geheiratet hat. Präsident Mitterrand hatte sogar ein Kind mit seiner Maîtresse.»

«Sind Maîtresses auch O's?»

«In den meisten Fällen, ja. Maîtresses erzieht man sich zu den Liebesdiensten, die man sich wünscht.»

«Erziehst du mich auch zu deinen Wünschen?»

«Ja. Das ist Sinn und Zweck der Erziehung.»

Sie waren Nachmittags auf dem Trocadero gegenüber dem Eiffelturm gewesen und am Seineufer spazieren gegangen.

Später, im Kaufhaus Lafajette, am Boulevard Haussmann besuchten sie gemeinsam die Dessous Abteilung im vierten Stock.

Daniel wusste genau, was er wollte. Er kaufte für Andrea eine Implicite Büstenhebe, einen Halbschalen BH, der ihre Brustwarzen frei ließ. Das war pure Erotik. Das Dessous hob die Brüste in lustvolle Posen und wurde von schwarzer Stickerei besonders akzentuiert. Dann erhielt sie von Daniel einen Escora Rioslip-ouvert. Ein knapper Tanga, der im Schritt offen war, außerdem ließ er sie eine hochwertige Taillen-Corsage aus Satin anprobieren und kaufte sie. Dazu kaufte er ihr zehn Paar halterlose Nylonstrümpfe mit Naht auf der Rückseite und einem Abschluss oben aus feinster Spitze.

Spätabends, hatte er sie ins Lido geführt und sie das unvergleichliche Erlebnis mit einer Dinner-Show à la Parisienne genießen lassen. Sinnlich, geheimnisvoll, elegant und spektakulär, wunderschöne nackte Frauen, auch in Strapsen und Strümpfen, stolzierten in pompösen Feder-Pailletten über die Bühne und zeigten ihre makellosen Brüste und langen Beine. Es war elegantester Sex pur und Andrea war feucht geworden.

Als sie nackt neben Daniel im Bett lag und er sie zärtlich streichelte, frage er: «War die Show aufregend?»

«Wahnsinn. Ich habe noch nie so viele schöne nackte Frauen gesehen. Huii!»

«Ja. Die Blue Bell Girl sind die ausgesuchtesten Schönheiten in Frankreich. Sie sind heiß begehrt als Maîtresse.»

«Meinst du wirklich?»

«Die meisten von ihnen sind die Maîtresses eines großzügigen Herrn.»

«Auch als O?»

«Ja, ich denke, auch als O. Paris ist die Stadt der Liebe und die Liebe geschieht im Bett. Mit allen Möglichkeiten der Lust.»

Durchs Streicheln zitterte Andrea schon am ganzen Körper.

Daniel hob seine Hand, nahm die Reitgerte von der Wand hinter dem Kopfteil des Bettes und reichte sie Andrea.

«Das ist die Peitsche, mit der ich dich bestraft habe.»

Ehrfürchtig nahm Andrea sie in die Hand. Es war eine lange Reitgerte, die am Ende eine schmetterlingsförmige Klatsche hatte.

«Es ist eine sogenannte Spring-Gerte. Die Klatsche unten soll den Sound auch bei ganz leichten Hieben geben. Sie kann sehr zärtlich sein.»

«Mit der hast du mich bestraft?»

«Ja. Sie kann auch streng benutzt werden.»

«Das habe ich gespürt.»

«Das solltest du auch.»

Andrea kuschelte sich eng an ihn.

«Ja», gestand sie schmunzelnd und küsste die

Peitsche, «Ich danke Ihnen, Maître, besonders für danach. Mit der erziehst du mich?»

«Ja. Sie ist das wirkungsvollste Erziehungsinstrument. Ab jetzt ist sie nur noch für deinen Po bestimmt.»

Vollkommen erregt flüsterte Andrea: «Erzieh mich, bitte.»

«Wie nennst du mich, wenn ich die Peitsche in der Hand habe?»

«Maître. Bitte. Peitschen Sie mich.»

Er ließ Andrea auf alle Viere knien und gab ihr zwei sanfte Hiebe. Dann strich er minutenlang mit der Klatsche über ihre Schamlippen, bis Andrea vor Verlangen nur noch kleine Schreie ausstieß.

Zum Schluss setzte er einen wirklichen Hieb, der sie aufschreien ließ und drang in sie ein.

Sie hatte gar keine Schmerzen gespürt, nur eine unbändige Lust, von ihm gefickt zu werden. *Ist es das, was ich brauche?* fragte sie sich. *Hat Daniel erkannt, wie er mich zu seiner gewünschten Geliebten erzieht? Zu einer Frau, die er zu seinem Lustobjekt machen kann? Bin ich nicht gerne ein Objekt seiner Lust? Er schafft mich jedes Mal. Es ist unbeschreiblich.*

Immer wieder schrie sie unter seinen Stößen: «Erziehen Sie mich. Erziehen Sie mich mit der Peitsche. Ich danke Ihnen, Maître.»

Sie konnte nicht mehr an sich halten und kam, dass die Wellen ihrer Erregung und Wollust ihren Bauch flattern ließen.

Sie lag noch lange wach und dachte *Das war*

der geilste Tag, den ich je erlebt habe. Immer wieder hat er mir von jungen Mätressen und Geliebten, auch aus seinem Bekanntenkreis, erzählt. Die heißen Dessous. Werde ich sie morgen tragen? Dann die schönen Frauen im Lido. Ich hätte nie gedacht, dass nackte Frauen mich so anmachen können. Ich würde gerne mal Mäuschen sein, wenn so eine hübsche Tänzerin zur O erzogen wird. Die Maîtres müssen sie doch dezent peitschen, sonst sieht man die Striemen auf den nackten Popos. Wird eine O immer nach dem Peitschen gefickt? Wenn das so ist, dann will ich seine O sein. Hat die Madame nicht gesagt, «Denken Sie daran. Sie sollten nie auf etwas verzichten, was sie sich wirklich wünschen!».

Samstagvormittag war Daniel mit Andrea mit der Metro zur Sorbonne gefahren. Er wollte ihr kurz das Gebäude seiner Universität zeigen. Danach ging er mit ihr in das Pantheon und anschließend ins Restaurant ChantAirelle, seinem Lieblingsrestaurant, wie er erklärte. Auch, weil es nahe beim Haupteingang der Uni lag.

Das versteckte Restaurant war eine Oase der Ruhe im Herzen von Paris, schönes Ambiente, ausgezeichnetes französisches regionales Essen, Auvergner Küche, und freundlicher Service.

Sie hatten gerade gegessen, als ein grauhaariger großer Mann, etwa fünfzig Jahre alt, mit einer jüngeren attraktiven Blondine aus dem Gartenbereich ins Lokal trat. Er sah Daniel, änderte spontan seine Richtung und rief: «Bonjour, comment ça va, Daniel! Lange nicht mehr gesehen. Mal wieder in Paris?»

«Hallo, Alain. Bonjour Madame», antwortete Daniel, begrüßte seine Frau und wandte sich zu Andrea. «Das ist Professor Dr. Alain Dubois und seine bezaubernde Frau, Laetitia. Er ist ein Kollege von mir, Professor für lateinische Philologie an der Sorbonne.»

Dann stellte er Andrea vor. «Das ist Andrea Schulz aus Köln.»

«Oh, wie bezaubernd. Deine neue Maîtresse?», fragte der Professor rund heraus und reichte Andrea die Hand.

Daniel lachte. «Ja. Wir sind gut befreundet.»

«Bringst du sie heute mit?», fragte der Mann augenzwinkernd. «Laetitia und ich sind extra wegen heute Abend aus Amiens gekommen.»

«Oh, Laetitia», antwortete Daniel, «das freut mich ganz besonders, wieder mit Ihnen zusammenzutreffen.»

Das Gesicht der Frau lief rot an und verschämt schaute sie zu Boden. Andrea hatte alles mitbekommen. Es war eindeutig, aber sie ließ sich nichts anmerken.

«Na dann. Wir sehen uns!», meinte der Professor und zog seine Frau zum Ausgang.

Grinsend blickte Daniel Andrea an. «Er ist unverbesserlich. Kann seinen Mund auch nicht halten.»

«Er wird heute Abend mit seiner Frau kommen?»

«Das hast du richtig erkannt. Sie ist seine O. Sie war mal seine Studentin und er hat sie geheiratet. Sie ist eine liebe, eine wirkliche Schönheit. Sie sind seit zehn Jahren verheiratet.»

«Ihr Gesicht ist rot angelaufen. Man konnte es sehen.»

«Ja. Sie ist eine ganz Schüchterne. Absolut liebenswerte Person.»

Die Frau des Professors ging ihr nicht aus dem Sinn, als sie mit dem Taxi zu Daniels Haus fuhren. *So eine hübsche und aparte Frau. Vielleicht knapp vierzig Jahre alt. Fülliges, langes blondes Haar, elegant hochgesteckt. Wenn sie zehn Jahre verheiratet sind, dann war sie als Studentin, als er sie geheiratet hat 30 oder knapp jünger. Was mag sie seitdem erlebt haben? Wenn sie seine O ist, wird sie bestimmt gepeitscht werden. So eine zarte Frau mit einem lieblichen Gesicht. Kann man sich gar nicht vorstellen. Ihr Mann Professor Doktor. Sehr schlank, aber er sah kräftig und sportlich aus. Ob er seine Frau hart peitscht? Sie schien sehr devot zu sein. Mögen Männer solche devoten Frauen? Ob sie auch schon als Studentin zu einer O erzogen worden ist? Genau wie ich? Wird Daniel mich mal heiraten? Werde ich ihm genügen?* All das schoss ihr durch den Kopf.

Die erste große Überraschung erlebte Andrea, als sie mit Madame hoch ins Umkleidezimmer neben dem Schlafzimmer geschickt wurde.

«Sei gehorsam! Tue, was Madame dir sagt!», hörte sie nur von Daniel, der sich ins Wohnzimmer zurückzog.

Oben wurde Andrea aufgefordert, sich auszuziehen und zu duschen und Madame reichte ihr ein Badetuch. Als sie aus dem Bad kam, föhnte Madame ihr die Haare und bürstete sie lange. Dann steckte sie sie elegant mit kaum sichtbaren Klammern hoch.

«Das nenne ich Eleganz. Oder?»

«Ja. Madame. Danke.»

Sie nahm ihr das Badetuch fort und Andres stand unschlüssig herum.

Madame reichte ihr ein Paar der halterlosen Nylonstrümpfe, die sie im Lafajette gekauft hatten.

Andrea fand sich sehr sexy, als sie nur mit den Strümpfen, die einen wunderschönen dunklen Absatz, mit gestickten Blumenornamenten und innen liegenden Silikonstreifen zum besseren Halt aufwiesen.

«Sie müssen die Strümpfe trotzdem ab und zu hochziehen. Halterlose rutschen immer.»

Madame öffnete einen uralten drei Meter hohen Schrank, taxierte Andrea kurz und nahm dann ein dunkelrotes langes Kleid, das zwischen anderen an der Stange hing und reichte es ihr. «Lassen Sie uns das mal probieren. Es müsste passen. Ziehen Sie es gerade so über.»

«Keine Unterwäsche?»

«Nein. Unterwäsche erlaubt der Maître nicht.»

Das Kleid war schwer und der Stoff dick, aber es passte. Es war hochgeschlossen, bis zum Halsansatz und hatte lange Ärmel. Der Schnitt war sehr seltsam, furchtbar altmodisch, es war knöchellang, nach unten hin sehr weit geschnitten und warf viele tiefe Falten. Das Oberteil war von ihrer Taille bis hoch unter ihrem Brustansatz wie ein enges Mieder, das den Busen hochschob und darüber verdeckte weiße Spitze den Ausschnitt bis zum Hals. Auf dem Rücken wurde es mit Bändern von Madame geschnürt, sodass es wie eine Korsage wirkte.

«Es ist ein altes Kleid», stellte Andrea fest.

«Ja, Mademoiselle. Bestimmt dreißig Jahre, aber die verstorbene Frau des Maîtres hatte es immer gerne getragen. Es ist noch von der Mutter des Monsieurs. Ein besonderes O-Kleid, Brokat mit Spitzenärmeln und sechs eingenähten Stäbchen zur Verstärkung»

«Wird so was noch getragen?»

«Alle Damen werden heute Abend zu einer Soirée d'O diese Art Kleid tragen. Es ist eine Hommage an die berühmten dekadenten Soirées der zwanziger Jahre.»

«Ist das eine Art Maskenball?»

«Nein, nicht direkt. Eine Reminiszenz an vergangene Zeiten. Sehr stilvoll. Es ist eine Nacht, in der die Lust am Dominieren und Dienen im Vordergrund steht.»

Nachdem Madame mit dem Schnüren, was Andrea sehr einengte, fertig war, führte sie sie zum Spiegel. Mit beiden Händen prüfte sie, ob Andreas Brüste durch den unterstützenden Korsageschnitt zufrieden hoch gestützt wurden und das weiße Spitzenteil, das sie um Andreas Hals befestigte, ordentlich die Brüste bedeckte.

Andrea dachte, dass es sich um eine Art Dirndl

handeln musste, die auch geschnürt wurden, aber das Dekolleté im Gegensatz frei ließen. *Seltsame Abendveranstaltung. Wird das so etwas wie ein Oktoberfest?*

Madame lächelte sie an, hielt ein Halsband in der Hand und legte es Andrea vor dem großen Spiegel um den Hals. Andrea konnte kaum glauben, was sie sah. Es war ein schwarzes ledernes Halsband mit einem metallenen Ring vorne, ähnlich wie ein Hundehalsband. Sie schüttelte den Kopf, aber Madame sagte nur *Code vestimentaire pur les dames*. Dresscode für Frauen?, fragte sich Andrea und ließ es über sich ergehen.

Dann reichte sie ihr ein Paar Schuhe. Andrea musste lachen, als sie die sah. Es waren feinste High Heels mit Stilettoabsätzen und passten irgendwie gar nicht zu Madame. Aber auch das war Andrea egal. Sie war es gewohnt auf hochhackigen Schuhen zu laufen und mit Erstaunen stellte sie fest, dass sie passten.

Wo sie die wohl her hat?

Andrea erhielt noch ein schwarzes Jäckchen und wurde von Madame hinunter ins Wohnzimmer geführt.

«Monsieur. Mademoiselle Andrea ist bereit.»

Daniel stand auf. Er trug einen schwarzen Anzug mit schwarzem Hemd und weißer Fliege. Andrea fand ihn sehr elegant.

Er nahm Andreas Hand und betrachtete sie. «Fantastisch. Das Kleid steht dir ungemein. Du bist bildhübsch.»

Andrea fand sich nicht so, aber sie freute sich

darüber, dass es Daniel gefiel.

Er reichte ihr ein Glas. «Trink noch einen Schluck Wasser. Das Taxi steht bereit. Wir müssen zur Ile de la Loge, in Croissy-sur-Seine, westlich Nanterre. Die Fahr dauert ungefähr eine halbe Stunde.»

Plötzlich sah sie ein handgemaltes Schild mit der Aufschrift *Chateau Arnauld.* Ein schwarzer Pfeil zeigte in Richtung eines schmalen Waldweges. Aber da sah sie zwischen Bäumen ein helles Licht. Auf einem Parkplatz standen SUVs, ein Mercedes Coupé, zwei Jaguar, zwei Porsche und ein Aston Martin.

Als sie vor dem, mit Scheinwerfern angestrahltem Haus ankamen, erkannte sie, dass es sich um ein typisch französisches Chateau mit vielen Fenstern und einem kleinen Turm handelte. Halb mit Efeu überwuchert, sah es verwunschen und geheimnisvoll aus.

An der Türe, die wenig später geöffnet wurde, erschien ein breitschultriger Mann, Typ Bodyguard und begrüßte sie auf Französisch und bat sie einzutreten.

Sie kamen in eine eindrucksvolle Empfangshalle, die Andrea in dem Haus gar nicht erwartet hätte. Moderne steinerne Skulpturen, auf der rechten Seite loderte ein Feuer in einem offenen Kamin und an den Wänden hingen Ölschinken mit Köpfen von unbekannten Männern und Frauen.

Hinter einer schweren Eichentüre öffnete

sich ein weiterer, vornehm eingerichteter großer Raum.

Er war breit und sehr lang, wie Andrea sehen konnte und helle Petroleumlampen hingen in großen Abständen an den Wänden und dazwischen sah sie jede Menge Ölbilder. Im Gegensatz zum Eingang, waren auf den Bildern nackte Paare und schöne Frauen in eindeutigen Positionen dargestellt. *Mein Gott, es ist schön hier,* dachte sie. Langsam nahm sie die vielen Paare wahr, die in Gruppen in der Mitte standen.

Daniel hatte Hartmut und Ellen entdeckt und steuerte mit Andrea auf sie zu.

Andrea hatte schnell erkannt, dass alle Damen diese antiquierten langen Kleider trugen, in blau, in rot, in grün oder schwarz, aber sie fand es aufregend. Eine illustere Gesellschaft.

Auf dem Weg zu Ellen und Hartmut erhielten sie von einem Dienstmädchen jeweils ein Glas Champagner.

Ellen strahlte Andrea an und gab ihr Bussies auf die Wangen. Hartmut und Daniel begrüßten sich ganz weltmännisch.

«Das ist toll, dass wir uns hier wiedertreffen.»

«Ganz meinerseits, Hartmut», entgegnete Daniel. «Deine Ellen sieht bezaubernd aus.»

«Danke, Maître Daniel», antwortete Ellen und verbeugte sich.

«Das ist ja wunderschön, dass du Andrea mitbringen kannst», meinte Hartmut zu Daniel.

«Sie war die letzten Tage sehr brav.»

«Das freut mich zu hören.»

Andrea hatte sich schon gewundert, dass weder sie von Hartmut, noch Ellen von Daniel besonders begrüßt wurde und dass Ellen außerordentlich zurückhaltend war und nicht mit ihr redete. Sie schloss sich dem an und sagte nichts. *Vielleicht ist das gewollt?*

Ein Mann hielt eine kurze Ansprache, in der er mitteilte, dass alle Gäste anwesend seien und sie sich für das Diné vorbereiten können, um ihn dann in den Esssalon folgen sollten.

«Das ist Jean-Claude, dem dieses Anwesen gehört», erklärte Daniel Andrea leise.

«Das ist ein wunderschönes Haus. Ein wunderbarer Ort. Wie viele Leute sind hier?»

«Andrea! Hör mir gut zu. Du redest hier nur, wenn du gefragt wirst. Ansonsten will ich von dir nur *Oui, Maître* hören.»

Das saß. Schnell antwortete Andrea: «Oui, Maître.»

Sie wurde aus ihren Gedanken gerissen, als eine junge Frau mit einem weißen Spitzenhäubchen und einer altmodisch anmutenden Dienstmädchen-Schürze in den Saal kam und in der Hand kleine Zettel hielt. Sie ging zu einem ersten Paar und half der Dame, das weiße Inlet über ihrem Dekolleté herauszunehmen, sodass ihre Brüste offen zu sehen waren. Andrea pustete Luft aus.

Das Dienstmädchen befestigte einen Zettel an dem Inlet und ging zum nächsten Paar.

Als auch die nächste Frau in ihrer Nähe ihre Brüste entblößte, dachte Andrea, sie wird vom

Schlag getroffen. Der ultra-kurze schwarze Rock, den das Mädchen anhatte, war kein Stoff, wie Andrea erkennen konnte, sondern Latex und die Dienstmädchen Schürze reichte nur bis unter ihren Busen und präsentierte üppige Brüste. Andrea war verwundert und fand es schließlich zu ihrem eigenen Erstaunen lustig und anmachend. *Was war das für eine Gesellschaft?* Dienstpersonal wäre zu erwarten gewesen, aber in diesem Aufzug. Sehr erotisch.

Daniel stellte sich vor sie: «Deine Schönheit sollte auch nicht im verborgenen blühen.» Dabei begann er mit seinen Händen an den Seiten ihres Oberteiles einen ganz schmalen Reißverschluss, der quer unter ihren Brüsten verlief, zu öffnen. Daniel überreichte dem Dienstmädchen das Oberteil und Andrea, deren Brüste durch das wie ein Mieder geschnittene enge Oberteil ihres Kleides, hoch gepresst wurden, hakte sich verschüchtert bei Daniel ein.

«Du bist wunderschön, mein Mädchen.»

«Danke, Maître» kam es von Andrea leise.

Nach und nach sah sie, dass alle Damen, auch Ellen mit nackten Brüsten neben ihren Herren standen und einige sich unterhielten.

Daniel holte eine Kette aus seiner Jackentasche, klickte sie in den Ring von Andreas Halsband und behielt das Ende in seinen Händen.

Er kam nah zu ihrem Ohr. «Das ist das Zeichen, dass du mir gehörst.»

Ein junges Paar kam zu ihnen und der Herr,

der die Kette seiner Frau in der Hand hielt, begrüßte Hartmut und Daniel als alte Freunde. Andrea nickte der Frau, die kaum älter war, kurz und zurückhaltend zu. Sie hatte kleine, aber entzückende Brüste, trug ein rotes Halsband und die daran befestigte lederne Hundeleine wurde von ihrem Herrn gehalten.

Als das Paar weiterging, um andere zu begrüßen, sah es für Andrea aus, als wolle der Mann bewusst mit seiner hübschen Frau an der Leine und ihren nackten Brüsten durch die Reihen promenieren.

«Das war Maurice mit seiner Frau Juliette. Er ist ein junger Staatsanwalt.»

«Sie ist hübsch!»

«Psst!»

Der Hausherr öffnete eine Türe und Andrea haute es um. Sie dachte, sie wäre in einer anderen Welt, als sie mit anderen Paaren eintraten. Ein riesiger Saal empfing sie. Glaswände an der einen Seite, an der anderen Bilder, Schwerter und Rüstungen, dazwischen ein vielleicht vier Meter großer offener Kamin mit loderndem Feuer, der mehr als einen Meter in den Raum stand.

Es war wohlig warm, unzählige Kerzen und Kandelaber spendeten ein heimeliges Licht und die an der Decke befindlichen edlen Verzierungen aus Stuck leuchteten flackernd auf.

Ganz überwältigt wurde Andrea, als sie die fünf, festlich eingedeckten runden Tische, für jeweils zehn Personen in der Mitte des Raumes wahrnahm, an denen etliche Paare Platz nahmen.

Unglaublich. Wo bin ich denn hier gelandet?

Daniel reichte ihr die Hand und Andrea ergriff sie wortlos. Zu sehr war sie mit diesem überraschenden Eindruck beschäftigt. Er ließ ihre Hand nicht los, sondern führte Andrea an bereits sitzenden Gästen entlang zu einem hinteren Tisch. Als sie an dem offenen Kamin vorbeikamen, sah Andrea, dass dort etwas seitlich über dem Feuer ein bereits knusprig braunes Spanferkel auf einem großen Spieß steckte. Das erklärte auch diesen wunderbaren Grillgeruch, der den Raum durchflutete und der bei Andrea sofort Hungergefühle auslöste.

Sie wurde zu einem Tisch geführt, an dem schon drei Paare saßen. Die Herren erhoben sich und begrüßten Daniel, den Damen nickte Daniel zu und nahm mit Andrea Platz.

«Toll hier!» rutschte es Andrea heraus. Daniel steckte seinen Finger durch den Ring an ihrem Halsband, zog sie zu sich. «Sei brav», und küsste sie.

Wenig später kamen Hartmut und Ellen und setzten sich neben Daniel. Andrea bemühte sich, nicht zu sehr auf Ellens nackte Brüste zu schauen, aber sie lächelte sie an.

«Es freut mich außerordentlich, dass wir zusammenkommen», sprach Daniel zu Hartmut. «Deine Ellen sieht bezaubernd aus.» Dabei blickte er ungeniert länger auf Ellens Brüste.

«Ganz meinerseits. Ich denke, wir könnten demnächst auch mal in Köln gemeinsam ausgehen, Daniel.»

«Ja. Das können wir machen. Die beiden werden sich ja jetzt etwas besser kennenlernen.»

Mehr sagte Daniel nicht, und schenkte Andrea aus einer Karaffe Rotwein in ihr Glas.

Andrea schaute sich die anderen Gäste näher an, die rechts und links von ihnen und gegenüber am Tisch saßen. Insgesamt saßen an ihren Tisch fünf Paare. Die Dame, links neben Hartmut, ihr schräg gegenüber, trug ein blaues Kleid, das den ähnlichen Schnitt hatte, wie das ihrige. Sie war vielleicht Anfang vierzig, hatte schöne braune Haare elegant hochgesteckt und auch ihre nackten Brüste glänzten im Kerzenlicht. Neben ihrem Nachbarn, einem Herrn im schwarzen Smoking mit schwarzem Hemd, schwarzer Fliege und grauen Haaren, saß eine jüngere Frau. Als Andreas Blick weiter ging, erkannte sie, dass die Frauen alle ein Halsband aus Leder mit einem eisernen Ring trugen und an einigen die Kette befestigt war.

Bis zu den Gästen an den anderen Tischen konnte sie nur schwer sehen, da der große siebenarmige Kerzenständer in der Mitte des Tisches, die Sicht versperrte.

Der Tisch war vor jedem Gast vornehm eingedeckt, mit einem großen klassischen Porzellanteller mit Wappen am oberen Rand, der auf einem silbernen Platzteller stand, dazu rechts und links mehrere Messer, Gabeln und Löffel, eine gefaltete Stoffserviette in einem Silberring und zwei Kristallgläser. Vor und hinter dem Kerzenständer lag ein Blumenarrangement, das sich um den silbernen Fuß herumschlang.

Andrea war begeistert von der liebevoll hergerichteten Tischdekoration und war sich sicher, dass es sich um eine feine hohe Gesellschaft handeln müsse, auch wenn sie es kaum glauben konnte, dass sie jetzt mit sechs barbusigen Frauen am Tisch saß.

Sie erinnerte sich an die Worte der Madame, als sie nach der Bestrafung bei ihr in der Küche auf dem dicken Kissen saß. *Ein Abend der O ist mehr als eine Soirée, es ist eine Séance,* hatte sie gesagt, *ein Theaterstück, wo der dominierende Maître der Regisseur ist und die Soumise, die gehorsame O, den Zuschauern vorgeführt wird. Eine Maître-Soumise Beziehung, Herrschaft und Unterwerfung, die vor gleichgesinnten Paaren gezeigt wird.*

Andrea musste ihr recht geben. Femme Soumise, die unterwürfige Frau, Herrschaft und Unterwerfung soll hier jeder sehen. *Ich bin eine Soumise. Wir Frauen sollen unsere Unterwerfung zeigen, indem wir unsere nackten Brüste präsentieren müssen und mit Ketten am Halsband zeigen, dass unsere Herren es verlangen können.*

Der Hausherr am Nachbartisch sagte etwas auf Französisch, hob sein Glas und alle Gäste folgten ihm und prosteten ihm zu.

«Zum Wohle», sprach Daniel mit seiner ruhigen Stimme zu Andrea, die etwas schüchtern ihr Glas in der Hand hielt.

«Zum Wohle und danke für die Einladung zu diesem tollen Essen», antwortete sie, aber Daniel nickte nur.

Daniel reagiert sehr vornehm, dachte sie. *Dieser*

eleganten Gesellschaft angepasst.

Der Herr an ihrer Seite prostete auch ihr zu und starrte genüsslich auf ihre Brüste. Seine Frau neben ihm lächelte ihr zu. Sie hatte unglaublich große perfekte Brüste, auf der linken Brust ein herzförmiges Tattoo und Andrea fragte sich, ob diese Brüste echt waren.

Es war köstlicher Rotwein, den sie auf ihrer Zunge spürte und sie dazu verleitete, sofort einen zweiten Schluck zu nehmen. *Wirklich eine tolle Einladung, die mich hier in dieses unglaubliche Haus und in diese illustere Gesellschaft geführt hat.*

Leise klassische Barock-Musik erklang von irgendwo her.

Andrea wiegte ihren Kopf leicht hin und her und fühlte sich wie in einem Film.

Das Dienstmädchen kam, in jeder Hand zwei Teller und begann zu servieren. In schneller Folge kam sie mehrmals und als sie wiederkam, und Andrea einen Teller mit Gänseleber-Pastete, eingerahmt mit Riesling-Gelee und Baguettescheiben servierte, sich dann vorbeugte, um Andreas rechten Nachbarn den Teller hinzustellen und der kurze Latexrock sich hob, sah sie, dass dieses Dienstmädchen nicht nur halterlose schwarze Strümpfe trug, sondern auch den unteren Teil ihres nackten Popos.

Sie musste sich verkneifen, laut zu lachen. So etwas hatte sie ja noch nie gesehen, das sah irrsinnig sexy aus.

Sie wollte etwas sagen, aber auch das unterdrückte sie, denn alle anderen Gästen schwiegen oder unterhielten sich äußerst leise.

«Bon appétit!» Daniel ergriff kurz ihre Hand und prostet ihr zu.

Wortlos begannen alle zu essen. Es schmeckte vorzüglich.

Andrea war überwältigt. Wann hatte sie überhaupt mal Gänseleber-Pastete gegessen?

Ein Koch, in der typischen weißen Kluft mit hoher weißer Mütze, kam und beschäftigte sich mit dem Spanferkel in dem offenen Kamin. Nach und nach brachte das Dienstmädchen dem Koch verschiedenes Werkzeug und schob schließlich eine fahrbare Anrichte mit Tellern herein.

Dann begann sie die leeren Teller der Gäste abzuräumen. Immer noch fasziniert das Dienstmädchen beobachtend, das, wie Andrea feststellen musste, ein außerordentlich hübsches Gesicht und eine Traumfigur besaß, wollte sie sich ablenken und versuchte ein Gespräch mit Daniel zu beginnen. «Das ist ja eine tolle Gesellschaft und das Ambiente, einfach wunderbar, Daniel.»

Höflich, aber bestimmend entgegnete Daniel: «Mein Mädchen. Du nennst mich hier Maître!»

Andrea war irritiert. Da Daniel keine Anstalten machte weiterzureden und stattdessen ihr leeres Glas wieder füllte, versank Andrea ins Grübeln und versuchte herauszufinden, ob das eine Zurechtweisung gewesen war. Dankbar nahm sie das Glas Rotwein entgegen und nahm einen großen Schluck. *Seltsam hier und alles so geheimnisvolle Leute.* Andrea lehnte sich dann entspannt zurück. *Was solls, es ist schön, dass ich hier bin,* sagte sie sich. Der zweite offene Kamin, schräg hinter ihr an der Giebelseite des Rittersaals, spendete wohltuende Wärme. Sie fühlte sich jetzt nicht nur wohl, sondern sie spürte ein zunehmendes Interesse an dieser unbekannten Gesellschaft und war begierig zu wissen, was da noch so alles kommen würde. Sie war schon immer ein neugieriges Kind gewesen, das alles wissen und erleben wollte.

Irgendwie und dessen war sie sich sicher, herrschte in diesem Raum eine hoch erotische Atmosphäre und das war nicht nur begründet durch die nackten Brüste aller anwesenden Damen und diesem sexy Dienstmädchen. Andrea konnte es noch nicht richtig deuten, aber der Gedanke allein fesselte sie. Sie spürte auch, dass eine gewisse Erregung bei ihr unten angekommen war - und das mochte sie ungemein.

Es wurde der Hauptgang serviert. Zartes Fleisch vom Spanferkel mit Bratensoße, geröstete Kartoffeln und gedünstetes Gemüse. Andrea ließ es sich schmecken und protestierte auch nicht, als Daniel wieder einmal ihr Rotweinglas nachschenkte. *Der Rotwein ist teuflisch gut,* lachte sie in sich hinein.

Rechtzeitig besann sie sich. «Maître. Merci, das war vorzüglich!», sprach sie zu Daniel, als sie fertig gegessen hatte.

Er stieß mit ihr an, aber auch mit Ellen und Hartmut. Zu ihm meinte er: «Es macht mich stolz, ein so wunderschönes und anmutiges Mädchen, an meiner Seite zu haben und euch ihre Schönheit zeigen zu können. Auf euer Wohl.»

Sie war hingerissen von der Wortwahl und diesem Kompliment. War sich aber bewusst, dass er mit ihrer Schönheit ihre nackten Brüste meinte.

Als sie das mittlerweile servierte Dessert ansah, beschlich sie wieder das Gefühl, dass in dieser Gesellschaft eine verborgen sichtbare Erotik Einzug genommen hatte. Auf ihrem Teller befanden sich zwei als Frauenbrüste geformte Vanille-Eiskugeln, bei denen oben jeweils eine Schokoladenkugel die Brustwarze symbolisierte.

Walzermusik erklang. Daniel stand auf und reichte ihr seine Hand: «Würdest du mir die Freude erweisen?»

Andrea fühlte sich im siebten Himmel. Sie lag förmlich in seinen Armen und Daniel führte sie behutsam, aber mit fester Hand. Sie tanzten entlang der Fensterfront und nach und nach hatten sich alle Paare erhoben und begannen zu tanzen. Sie drehte ihren Kopf ein paar mal herum, um die Tanzpaare zu beobachten. Was sie sah, machte sie schier schwindelig - war es der Rotwein, die sich drehenden Paare, die nackten Brüste, die dominierenden Tanzpartner oder die elegante Atmosphäre eines historischen Balls, in dessen Mitte sie sich jetzt befand?

«Wunderbar! Maître», flüsterte sie Daniel ins Ohr.

«Alle Gäste und Freunde sind ein wichtiger und willkommener Teil in der Welt unserer Wünsche und der Phantasie - und sie sind wunderbar.»

Eine Frau in einem dunkelroten Kleid wurde von ihrem Partner an eines der großen Fenster geführt und er ließ sie mit dem Gesicht dicht vor dem Glas in die Dunkelheit hinausschauen.

Andrea sah während mehrere Umdrehungen, dass der Mann hinten in den tiefen Falten des wallenden Kleides der Frau hineingriff und es teilte. Ein Schlitz, beginnend vom Rücken hinunter bis zu den Füßen wurde sichtbar und während die beiden Rockseiten von dem Mann auseinandergezogen und in der Taille befestigt wurden, erschienen die nackten Lenden, die Schenkel und die schlanken Beine. Dann drehte der Mann die Frau, legte seine rechte Hand auf ihren nackten Po und begann wieder zu tanzen.

Andrea stieß ein zweimaliges «Och!» aus.

Daniel presste sie mit der Hand im Rücken feste an sich und hielt in der Drehung inne, sodass sie das Paar beobachten konnten.

Plötzlich, ohne dass sie bemerkt hatte, wie es geschehen konnte, spürte Andrea die kühle Hand Daniels auf der nackten Haut ihres Po's. Sie erschrak, aber als er sich mit ihr wieder zur Musik drehte, ging die Phantasie mit ihr durch. *Wo führt das hin?*, fragte sie sich zaghaft, aber nicht ablehnend - im Gegenteil, erregende Gedanken durchfluteten ihren Körper.

Als wenn er Andreas stürmische Gedanken gelesen hätte sagte er: «Süß ist es, sich der Phantasie zu überlassen.»

Sie hatte es schier erwartet und im Grunde genommen, wenn sie ehrlich zu sich selbst war, sogar herbeigesehnt.

Sie spürte, wie die Hand Daniels langsam zwischen ihre Pobacken hinunter zu ihren Lippen fuhr. Sein Finger bewegte sich zweimal auf und ab und Andrea wurde sich ihrer Feuchte bewusst. Sie stöhnte auf.

Sie wollte ihren Rock hinten kurz glattstreichen und bemerkte, dass, wie eben bei der Frau am Fenster, ihr Rock zur Seite hin geöffnet und an Knöpfen, die sie vorher nicht entdeckt hatte, befestigt war. Einen Moment fragte sie sich, wie er das so unbemerkt geschafft hatte, aber da durchlief ihrem Körper eine Wallung, die auch ihre Wangen rot werden ließ, denn sie wurde sich bewusst, dass jetzt alle Paare ihren nackten Po hinten sehen konnten.

Andrea schaute ihn ungläubig an. Bilder schossen ihr durch den Kopf. *Was wird hier gespielt?*

Nur ein kurzer Blick genügte, um sie verschwimmen zu lassen - die Grenze zwischen Wirklichkeit und Traum.

Sie sah Ellen, mit nackten Brüsten in den Armen ihres Mannes, sein verführerisches Lächeln, seine ruhige und lässige Art und die Kraft in seinen Händen, die sie festhielten – Ellen drehten und ihren nackten Po zeigten. Sie sah Ellens Gesicht mit einem Lächeln.

Seitentüren wurden geöffnet und Daniel führt sie dorthin. Ein weiter Raum bot sich an, eingerichtet, wie eine Wohnlandschaft. Sofas waren zu Gruppen zusammengestellt, an Glastischen und überall standen mehrarmige Kerzenständer oder meterhohe Kandelaber mit sechs oder acht Kerzen.

Daniel setzte sich mit Andrea zu Hartmut und Ellen in einer der gemütlichen Sitzgruppen. Das Dienstmädchen kam und servierte Kristallgläser mit Champagner.

Nach ein paar Minuten erschien vor ihnen Professor Dubois mit seiner zierlichen Frau Laetitia.

Daniel begrüßte sie freudig. «Ah. Alain, Bonsoir! Bonsoir Laetitia. Très belle.»

«Bonsoir, Daniel», und er blickte zu Andrea. «Tout le respect. Votre Maîtresse. Beaux nichons.»

Andrea wusste, was es bedeutete. Schöne Titten und er meinte ihre.

Seine Frau blieb mit einigem Abstand vor ihnen stehen, als der Professor sich zu Daniel setzte und sich mit ihm unterhielt. Dabei schaute sie unentwegt zu ihrem Gatten. Sie trug nur eine Corsage mit einem weit auslaufenden schwarzen Rock. Ihre Corsage war ein Unterbrustmodell, mit sehr figurbetonten geraden Schnitt und sehr starker Tailleneinschnürung, die ihre Brüste besonderes hervorhoben.

Irgendwann, mitten im Gespräch mit Daniel, machte der Professor ihr ein Zeichen mit der Hand.

Seine Frau ergriff die vorderen Falten ihres Rocks, zog sie auseinander und der Schlitz ging hoch, bis zu ihrer Corsage. Sie schlug die Falten zur Seite und befestigte die Rockteile weit außen an ihrer Taille.

Andrea konnte kaum atmen. Die Frau stand jetzt vor ihnen und offenbarte ihre nackte rasierte Muschi und legte ihre Hände hinter ihrem Kopf.

Anerkennend sagte Daniel: «Laetitia ist eine absolute Schönheit. Du kannst stolz auf sie sein. Und so gehorsam.»

«Ja, das ist sie. Kostet auch immer wieder Erziehungsarbeit.»

«Wunderschöne Muschi. Wie alt ist sie jetzt?»

«39. Sie wird immer schöner.»

«Du behandelst sie auch so gut. Das weiß ich.»

«Nun, so oft wie früher bekommt sie die Peitsche nicht mehr. Aber ihren Respekt muss man immer wieder mal auffrischen. Ich werde sie euch nachher vorführen, wie gehorsam sie sein kann. Sie benötigt eine Lektion. Nicht wahr, Laetitia? Wir wollen doch Daniel zeigen, was Gehorsam ist.»

«Oui, Maître», antwortete die Frau und schaute verschämt zu Boden.

«Vous aimez le fouet, n'est-ce pas?»

«Oui, Maître.»

Andrea war entsetzt. *Du liebst doch die Peitsche*. Und das fragt er sie so einfach vor ihnen. Sie konnte es nicht glauben. Auch, dass die Frau so brav, *Oui Maître,* antwortete.

«Ma chérie rend ma bite plus grosse, plus dure et plus longue. N'est-ce pas vrai, chérie?», sprach der Professor zufrieden.

«Oui, mon Maître.»

Andrea konnte kaum glauben, was sie da hörte und wie die Frau errötete. *Meine Süße macht meinen Schwanz größer, härter und länger.*

Das ist also ein besonderer Abend der O, stellte Andrea fest. Auch als sich der Professor ungehemmt mit Daniel weiter über die körperlichen Vorzüge seiner Frau unterhielt und ihren Hintern als die größte Köstlichkeit beschrieb, wurde sie sich darüber im Klaren, dass Frauen hier reines Objekt der Lüste sind.

Daniel forderte Andrea auf, sich neben Laetitia zu stellen. Zu Hartmut gewandt, fragte er: «Kann Ellen ihr zeigen, wie man die Rockseiten befestigt?»

«Natürlich! Ellen, mach schon!»

Ellen stand auf und kam zu Andrea. Sie griff vorne in die Falten ihres weiten Kleides, fand den langen Schlitz, zog die Seitenteile auseinander und befestigte sie außen. Andrea stand nun mit nackten Brüsten und nackter Muschi vor den Herren. Jetzt begriff sie die Bestimmung der Kleider.

«Elle a une jolie petite chatte.»

«Très doux!», antwortete Alain anerkennend.

Mein Gott, was sagt Daniel da, durchfuhr es Andrea. *Sie hat eine hübsche kleine Fotze. Unglaublich.*

«Et très bien rasé!»

Ja. Sie hatte sich extra, bevor sie losgefahren war, die Muschi rasiert. Sie wusste, wie sehr Daniel es mochte.

Daniel forderte Ellen auf, sie herumzudrehen.

«Son cul est parfait pour le fouet», erklärte er dem Professor. *Ihr Arsch ist perfekt für die Peitsche.* Aber dann kam auch der Satz: «Son cul est encore vierge. Ça va changer.» *Ihr Arsch ist immer noch Jungfrau. Das wird sich ändern.*

Andrea verschlug es die Sprache und sie musste tief atmen, um sich zu beherrschen. *Ihren Arsch wird er ändern? Was hat das zu bedeuten? Wird er sie peitschen? Oder bedeutet es etwas anderes?*

Die Bestätigung vernahm sie wenig später und es war der Hammer.

«Voilà comment la pénétration du cul est amusante.»

Andrea schluckte. Ihr wurde bewusst, was er meinte. *So macht die Penetration in den Hintern Spaß.*

Die Unterhaltung zwischen Daniel und Alain wurde immer obszöner, bis Hartmut aufstand und Andrea und Laetitia zu ihren Männern auf das lange Sofa schickte.

Er holte einen gepolsterten Bock heran und ließ Ellen davor knien. Mit beiden Händen zog er die Rockteile weiter auseinander und klatschte ein paar mal mit der Hand auf ihren Po. Dann nahm er eine Martinet vom Sofa und peitschte Ellen kräftig, bis sie schrie und sich ihr Po leicht rosa färbte. Er kniete sich hinter sie, öffnete seine Hose, zog sein steifes Glied hervor und drang in sie ein.

Andrea krallte ihre Hand in Daniels Arm, als sie Luft anhaltend, das Schauspiel vor sich sah.

Ellen wird von Hartmut gefickt. Einfach so. Hier

vor allen Leuten. Unglaublich. Sie konnte es nicht glauben.

«Ist es das erste Mal, dass du zusiehst?», fragte Daniel flüsternd.

Sprachlos nickte sie mit dem Kopf.

«Ist es nicht schön, zuzusehen, Cherie?»

Wieder nickte sie mit dem Kopf. Es war eine gespenstische Atmosphäre, die Andrea den Kopf verwirrte.

Alain schaute mit seiner Laetitia interessiert zu und wenn Ellen schrill stöhnte, murmelte er beifällig: «Merveilleux. Extraordinaire. Exceptionnellement. Très beau.»

Daniel ergriff Andreas Hand. «Ellen ist hübsch, nicht wahr?»

«Ja», stotterte Andrea. «Sehr hübsch.»

«Jetzt weißt du ein tiefes Geheimnis von ihr. Behalte es für immer für dich.»

«Ja, Maître.»

Ellen stöhnte immer lauter und Hartmut krallte sich in ihre Taille. Mit lauten Stöhnen ergoss er sich in sie.

Er stand auf, half auch Ellen und küsste sie. Sie bedankte sich gehorsam bei ihm für die Peitsche und fragte ihn: «War mein Herr und Meister zufrieden mit mir?»

Er gab ihr einen Klaps auf den Po. «Sehr gut. Bist eine Brave.»

Laetitia fragte ihren Herrn, ob sie ihn kurz verlassen dürfte und er nickte.

Auch Ellen fragte Hartmut etwas und richtete ihr Kleid.

«Danke, dass du die ganze Zeit so gehorsam warst», sagte Daniel zu Andrea. «Du darfst mit Ellen ins Bad gehen. Ich bin mit Alain und Hartmut an der Bar.»

Andrea antwortete schnell «Danke, Maître», und verschwand mit Ellen.

Während Andrea Ellen folgte, kamen sie an einer Sitzgruppe mit mehreren Herren und Damen vorbei, vor denen auf dem Glastisch eine Frau mit angewinkelten und weit gespreizten Beinen auf dem Rücken lag und ihre offen zur Schau gestellte rasierte Scham darbot.

Eine Soirée d'O' dachte Andrea. *Das ist also die exklusive Abendveranstaltung einer elitären Gesellschaft.*

In der mehr als großzügigen Toilettenanlage umarmte Andrea Ellen.

«Ellen!», stammelte sie. «Ich bin so durcheinander. Mein Gott. Was ist das für ein Abend. Und du. Vor uns! Einfach so, vor uns.»

«War es aufregend?»

«Ich kann es gar nicht beschreiben. Mein Gott. Er hat dich einfach so ...!»

«Gefickt?»

«Ellen!»

«Ja. So ist das hier. Hat es dir Spaß gemacht?»

Andrea stöhnte. «So aufregend. Das Hartmut das macht?»

«Er mag es, mich vorzuführen und ich fand es geil, weil du zugesehen hast.»

Da Ellen sich vor zum Spiegel beugte, sah

Andrea ihren geröteten Po.

«Du bist ganz nett rot. Er hat feste geschlagen.»

«Ach was. Das war doch nur die Martinet. Alles nur Show. Ich bin stolz, die Striemen seiner Peitsche auf meinen Po zu tragen und sein Halsband mit der Kette, damit ich allen zeigen kann, dass ich ihm gehöre. Damit sie sehen, dass er mich zu seiner O erzieht. Zu Hause nimmt er die Reitgerte, um mich zu erziehen. Die beißt.»

«Damit hat mich Daniel vorgestern erzogen. Er hat mich bestraft.»

«So richtig bestraft?»

«Ja. Und wie. Es hat richtig weh getan.»

«Wie viel Hiebe hast du bekommen?»

«Ich glaube, sechs waren es gewesen.»

«Sechs nur? Wie nett. Da siehst du, wie rücksichtsvoll Daniel ist. Warum hat er dich bestraft?»

«Weil ich mich mit dir am Dienstag im Café getroffen hatte und dich nach diesem Wochenende gefragt habe. Hast du ihm das gesagt?»

«Nein. Hartmut hatte mitbekommen, dass wir uns getroffen haben. Er hat mich ausgefragt und ihm muss ich immer die Wahrheit sagen.»

«Dann hat Hartmut ihm das gesagt. Ich musste danach in der Ecke stehen.»

«Ach, wie süß.»

«Seine Haushälterin hat mir den Po eingecremt.»

«Na, das ist doch nett.»

«War peinlich. Müssen wir nicht zurück? Die warten!»

«Nein. Hat Zeit. Die stehen an der Bar, wollen

sich die anderen Popos ansehen und sich darüber unterhalten. Hartmut weiß, dass ich immer eine Viertelstunde brauche, nachdem er mich genommen hat.»

«Oh, Ellen. Und wie schlimm die sich vorher unterhalten haben.»

«Da wirst du dich dran gewöhnen müssen. Sie wollen es so.»

«Er hat sich mit diesem Professor über meinen Hintern unterhalten.»

«Das wirst du auch noch erleben.»

«Wie meinst du das?»

«Na, du bist doch nicht von gestern. Daniel wird dich in den Hintern vögeln.»

«Och ne. Meinst du wirklich?»

«Klar. Das lieben sie alle. Wenn er es zärtlich macht, ist es gar nicht schlecht.»

«Macht Hartmut das auch?»

«Na, hör mal. Ich hab dir doch gesagt, sie lieben es. Außerdem ist es das Ziel, wozu sie uns erziehen wollen.»

«Das Ziel?»

«Das wir ihnen gehorsam unseren Arsch anbieten. Zur Peitsche und zum Schwanz.»

«Auch hier vor allen Leuten?»

Andrea war wieder sprachlos und Ellen klopfte ihr auf die Schulter. «Devote O´s dienen dominanten Herren. So ist das bei einem Abend der O. Egal, ob du als O nur dem eigenem Partner zur Verfügung stehst, dich ganz im Sinne der Geschichte der O auch fremden Herren als Sklavin anbieten musst oder nur den Abend in frivoler, stimmungsvoller Atmosphäre unter Gleichgesinnten und das Sehen und Gesehen werden genießen willst: Der Abend der O ist hierfür Gelegenheit. Eigentlich muss jede O allen Herren dienen. Bei einer Soirée d'O muss eine O allen vaginal, oral und anal zur Verfügung stehen. Ausgenommen, sie wird an der Kette von ihrem Herrn gehalten. Dann bestimmt er. Ich gebe dir einen Rat. Sei gehorsam, wenn er es verlangt. Verkrampfe dich nicht, dann geht alles von selbst und ist gar nicht mal schlecht. Komm, wir müssen uns fertig machen.»

«Schade, das wir uns nur so kurz unterhalten können.»

«Ich denke, Daniel wird dir erlauben, dass wir beide uns aussprechen dürfen, wenn wir zurück sind.»

«Meinst du?»

«Daniel ist ein toller Mann. Glaube mir! Er ist unwahrscheinlich rücksichtsvoll. Du wirst es sehen. Du hast wirklich Glück mit ihm. Einen solchen Mann bekommt man nicht alle Tage.»

«Wirst du oft gepeitscht?»

«Neugierig? Nein, nicht oft. Aber ich brauche es. Da komme ich richtig in Fahrt. Und er fickt dann gut.»

«Ellen!»

«Na! Ist doch so. Daniel hat Hartmut gesagt, dass er ganz erstaunt war, wie gerne du dich ihm hingibst und so süß schreist, wenn du kommst. Stimmt doch, oder?»

Verschämt kicherte Andrea: «Ja. Ich gebe es

zu. Er ist super. Echt geil.»

«Zieh ihn dir heran. Er ist ein Glücksfall für dich.»

«ICH soll ihn erziehen?»

«Natürlich. Das können wir Frauen doch besser. Ohne, dass sie es merken. Lass sie den dominanten Mann spielen, dann kannst du alles von ihm haben. Und Daniel kann dir viel bieten. So einen Mann würde ich nicht aufgeben.»

«Was wird heute noch passieren?»

«Warts ab. Es gibt noch einige Vorführungen. Das ist doch der Sinn eines solchen Abends. Sie wollen ihre O vorführen und zeigen, wie gehorsam sie sein kann. Dich wird er bestimmt auch noch über die Knie legen. Vielleicht lädt er Hartmut und mich ein, zuzusehen.»

«Das würde dir Spaß machen, was?»

«Fände ich süß. Dich schreien zu hören. Stell dich mal gerade hin. Deine Rockseite hat sich gelöst.»

Ellen befestigte die Falte weit zur Seite.

«Wahnsinn, diese Kleider.»

«O-Kleider. Von den «O´s» ist ständig auf gute Zugänglichkeit bezüglich der Kleidung zu achten. Auch die Haltung ist wichtig. Niemals werden die Knie oder Schenkel geschlossen, wenn du sitzt oder kniest, der Schambereich muss immer leicht einsehbar sein.»

Erstaunt schaute Andrea auf. «Dauernd die Muschi zeigen?»

«Titten, Muschi und Po müssen zu sehen sein. Das wird hier verlangt. Nicht nur die Muschi, auch den Po musst du zeigen. Das lieben sie ganz besonders. Du bist schön rasiert. Hübsche Muschi.»

Andrea lachte. «Ja, die mag er.»

«Zeig sie ihm, so oft es geht, lass ihn daran spielen. Damit hast du ihn in der Hand.»

«Du bist ganz cool. Oder?»

«Wie meinst du das?»

«Na. Ich meine, zu dieser Art Zusammenleben. Du musst dich anderen nackt zeigen und wirst gepeitscht. Das ist doch nicht ...»

«Du meinst, normal? Es ist außergewöhnlich, ungemein erregend. Kein Blümchensex. Ich bin gerne eine O. Diesen Lebensstil mag ich. Man lernt ja auch tolle Männer und schöne Frauen kennen – und sie haben alle Stil. Das mag ich besonders.»

«Findet das immer hier statt?»

«Nein. Da gibt es ein Schloss in Belgien, wunderschön, traumhaft. Auch ein Chateau in Südfrankreich, bei Nizza und ein großes Chalet in der Schweiz, bei Avoriaz. Wechselt von Monat zu Monat.»

«Aufregend!»

«Er wird mit dir bestimmt dahin. Eine Soirée d'O im Chateau in Südfrankreich ist toll. Hat eine riesige Gartenanlage. Im Sommer ist man dort zwei, drei Tage und tagsüber kann man sich im Garten mit Pool aufhalten. Immer in O-Kleidung, immer offen – oder ganz nackt an der Kette!», fügte Ellen zwinkernd zu.

«Och! Wahnsinn.»

«Gerade in Südfrankreich wirst du sehen, wie viele attraktive junge Paare dabei sind, was nicht zuletzt an der Popularität der Fifty Shades Romane liegt. Wenn du es erleben willst, dann weißt du, was du zu tun hast.»

«Ich hatte es mir auch gekauft. Alle redeten davon und hatten «Shades of Grey» gelesen. Ich fand es erotisch. Aber hier ist es wohl heftiger.»

«Heftiger, ist gut gesagt. Hier passiert das, was im Buch kaum und im Film gar nicht stattfindet. Viel aufregender. Komm mit. Wir gehen zu unseren Herren und Meistern.»

Andrea war noch ganz in Gedanken versunken, als sie zurück in die Wohnlandschaft kam. Sie hielt Ausschau und entdeckte Daniel, mit Hartmut und Alain an einem Bartresen in der hinteren Ecke. Auf dem Weg dahin sah sie eine Frau vor einem Mann knien und ihren Kopf gleichmäßig vor und zurückbewegen, dabei waren die Hälften ihres langen Kleides zur Seite gefallen und gaben ihren gesamten nackten Po und die Beine mit halterlosen Strümpfen frei. Sie sah, wie sich eine Frau gegenüber auf das Glied ihres Partners setzte und eine andere, die mit ihrer Hand das Glied ihres Partners massierte und er genussvoll zu ihr herüberblickte.

Neben Daniel und Hartmut stand ein Herr und hielt die Leine zu einer splitternackten Frau in schicken High Heels. Es geht auch ganz nackt, sagte sich Andrea, aber als sie näher kam, sah sie deren Po, der frische dunkelrote Striemen aufwies.

Daniel steckte einen Finger durch Andreas Halsbandring, zog sie zu sich und küsste sie.

«Habt ihr euch ausgesprochen?»

«Nur kurz.»

«Hat sie deine Muschi berührt?»

Andrea erschrak. «Nein, nein!»

«Das hätte ich auch Hartmut gesagt. Ohne seine Genehmigung darf sie das nämlich nicht.»

Was das bedeutete, war ihr schnell klar. Ellen wäre bestraft worden. So sind anscheinend die Regeln.

Der Herr mit seiner splitternackten Frau verabschiedete sich und zog sie an der Leine hinter sich her.

Hartmut, der ihr hinterher blickte, meinte zu Daniel: «Diese Gabrielle ist doch die Moderatorin der Talkshow Vivement Lundi.»

«Ja. Ich kenne sie und ihren Jean näher von den Abenden im Chateau Sainte Miramar bei Nizza.»

«Sie sieht gut aus, tolle Figur und ein wunderbar geröteter Hintern. Steht ihr.»

Daniel nickte zustimmend. «Wir sollten beide mal privat einladen. Man kann sich sehr amüsant und angeregt mit ihnen unterhalten.»

«Ja, warum nicht.»

«Kommst du mit? Ich will Andrea den Salon de Plaisir zeigen.»

«Ja. Gerne. Ellen! Komm mit.»

Der angrenzende Raum war vollgestellt mit seltsamen Möbeln und mit Liegematten ausgelegt. Daniel zog Andrea mit der Kette zu sich.

«Schau dich mal um!»

Andrea erblickte Solène, die Wirtin vom Restaurant in der Rue Victoire. Sie stand hinter einem hohen Bock, auf dem ihre Colette splitternackt gebeugt und festgeschnallt war und peitschte sie. Solène war seltsam gekleidet. Sie trug nur eine enge Reithose und ihr Oberkörper war nackt. Als sie etwas zur Seite ging, um besser zuschlagen zu können, sah Andrea, dass Solène einen aufrecht stehenden schwarzen Gummidildo mit Lederriemen umgeschnallt hatte. Sie peitschte die schreiende Colette und drang dann von hinten mit dem Dildo in sie ein. Stieß ein paar Mal zu, zog sich wieder zurück und peitschte erneut.

Etwas weiter sah Andrea eine Frau, nur mit einer Korsage bekleidet, die auf einem Sattel saß und von ihrem Maître gepeitscht wurde. Als sie sich immer wieder erhob, konnte Andrea sehen, dass sie auf einen fest angebrachten Gummischwanz saß und sich rhythmisch bewegen musste, während sie jedesmal, wenn sie hochkam, einen Hieb erhielt. Daneben stand ein Herr, dessen O vor ihm an der Kette gehalten, kniete und mit dem Mund dienen musste.

Ein Salon des Vergnügens, dachte Andrea. *Wie treffend!*

Daniel, der hinter ihr stand, schlang seine Arme um sie und ergriff ihre Brüste. Andrea stöhnte auf. Wieder spürte sie diese Erregung und dieses wahnsinnige Verlangen in ihrem

Körper aufsteigen. Eine solche Szenerie hatte sie sich nicht vorstellen können. Ein Raum unter erotischer Hochspannung, die auf sie übergriff.

«Hier wirst du gehorchen.»

Als sie diesen Satz von hinten in ihrem Ohr vernahm, konnte sie vor Lust die Realität kaum mehr wahrnehmen, sie war in Trance. Sie spürte die Hand Daniels von hinten an ihren feuchten Schamlippen. Er rieb ihre empfindlichste Stelle und sie konnte und wollte die schrillen Lustschreie aus ihrem Mund nicht unterdrücken. Dieser Mann löste eine unentdeckte Bereitschaft in ihr aus, sich ihm hinzugeben und sie spürte die Macht, die von ihm ausging an seinem Atem in ihrem Nacken.

Daniel schob sie zu einem freien Bock und beugte sie darüber. Hartmut reichte ihm seine Martinet und Daniel schlug zu.

Es waren feste Schläge, die Andrea erhielt. Sie waren fordernder als in Köln in seiner Wohnung und ihr Po färbte sich rosa. Aber sie wusste, was er wollte und hob ihm ihren Po entgegen.

Es waren nicht viele Hiebe, bis sie spürte, dass sein Glied in ihre feuchte Muschi eindrang. Sie war auf Wolke Sieben und ergab sich den überwältigenden Gefühlen, die sie zittern ließen. Er schlug mit der Hand auf ihren Po, während er immer wieder in sie eindrang und Andrea schwanden die Sinne. Sie schrie laut, als sie ihren Orgasmus bekam und Daniel, der sie fest im Griff hatte, sich in ihr verströmte.

Andrea saß erschöpft, aber glücklich neben Ellen zu Füßen Daniels und Hartmuts auf einem Kissen. Beide Männer hielten ihre O's an den Ketten. Sie nahm Daniels Hand, küsste sie und bedankte sich bei ihm, dass er sie gepeitscht hatte.

«Oh! Wie gehorsam!», bemerkte Hartmut. «Erstaunlich. Schon so gut erzogen?»

«Ja. Sie ist handzahm geworden, seitdem sie die Reitgerte mal richtig gespürt hat. Das musste sein. Nicht wahr, mein Mädchen?»

«Ja. Maître. Danke.»

«Wir beide werden gemeinsam an deiner Erziehung arbeiten. Ja?»

«Ja. Maître. Ich bin dankbar für die Erziehung.»

Später wurde eine sehr junge Frau, fast ein Mädchen, wie Andrea erkennen konnte, zu einem Bock, eine Art Sprungpferd geführt, darüber gebeugt und gefesselt, gepeitscht und dann anschließend gefickt. Ein gespenstisches Bild in dem Schein der vielen Kerzen und dieser Anblick elektrisierte Andrea. Sie sah auch, dass Ellen Hartmuts Hose geöffnet hatte und seinen Schwanz blies.

Sie beugte sich zu Daniel, öffnete seine Hose und nahm sein noch feuchtes Glied in den Mund.

«Das ist sehr brav, meine Liebe.»

Andrea war glücklich, als sie diesen Satz hörte und bemühte sich, seinen wieder erstarkten Schwanz fest zu blasen.

Er hat mich, meine Liebe, genannt. Das hat er noch

nie gesagt. Ich werde ihm zeigen, wie dankbar ich bin.

«Das machst du sehr gut, meine Liebe. Zeig mir, wie lieb du sein kannst. Gehorche!»

Sie blickte kurz zu ihm auf. ‚Ich werde sehr gehorsam sein, Maître», und nahm ihn schnell wieder in den Mund.

Andrea hörte Kommentare von Hartmut und anderen Herren, aber sie wollte nur das Stöhnen ihres Geliebten hören. Sie konzentrierte sich ganz darauf, ihn zu liebkosen, mit unendlichem Respekt, mit Behutsamkeit und Ausdauer. Sie wusste, dass ihr Mund schön war und es ihrem Geliebten gefiel, in ihn einzudringen, er die Liebkosungen ihres Mundes zur Schau stellen wollte, weil er es wohl mochte, dass andere sehen konnten, wie gehorsam sie mit ihrem Mund diente.

Mag ich diese Art von Party? Diesen besonderen Event. Geheimnisvolle Leute, nackte Frauen, die gefickt und gepeitscht werden. Erotik und purer Sex auf höchstem Niveau. Alles mit Stil, die Herren immer zurückhaltend, aber dominant. Die Frauen, in ihrer Nacktheit, wunderschön anzusehen. Aber da waren auch die Schreie. Da waren echte Peitschenhiebe. Das alles ist unglaublich – und es erregt mich. Es ist geil, seinen Schwanz zu blasen, während Ellen das gleiche tut und ihre beiden Herren zusehen, wie ein junges Mädchen gepeitscht wird. Das ist eine Welt, zu der ich gehören will. Alles hatte Stil, das Dinner, die Unterhaltungen und auch das Peitschen, von dem jeder hier wusste, dass es im Vordergrund stand. Eine exklusive Gesellschaft, in der Frauen sich ganz ihrer Weiblich-

keit hingeben konnten, sich nackt mit Männern unterhielten, tanzten und gefickt wurden.

Andrea konnte Daniels Erregung spüren und bemühte sich noch mehr, sein pulsierendes Glied mit ihren Lippen fest zu umfassen. In gewaltigen Schüben spritze er ihr laut stöhnend seinen Samen in den Mund, den sie gehorsam herunterschluckte. Zärtlich umspielte sie seinen Schwanz mit der Zunge, bis seine Stärke nachließ.

*

Andrea lag noch lange an Daniels Seite wach.

Er hat mich hart gepeitscht, im Salon des Vergnügens, aber den ganzen Abend war Daniel furchtbar lieb zu mir. Er sorgt sich um mich. Er beschützt mich. Ich werde ihm morgen sagen, dass ich ihm unendlich dankbar bin für diesen außerordentlichen Abend – und dass es mich wahnsinnig erregt hat, zuzusehen, wie Ellen so kräftig gepeitscht wurde. Er soll wissen, dass ich es gern gesehen habe, dass es mich erregt hat. Ich war auch wieder feucht geworden, wie Ellen danach Hartmuts Schwanz küsste und ihre Dankesworte sagte. Das war so romantisch und zugleich so geil. Das werde ich ihm sagen. Daniel bietet mir die Möglichkeit, meine geheimsten Träume ausleben zu können – und er ist großzügig. Großzügig, mir Erfüllung zu geben. Daniel ist ein außergewöhnlicher Mann. Er hat es geschafft. Er hat mich geschafft. Auch, wenn die Bestrafung vorgestern schmerzhaft war. Danach war es so geil, wie nie zuvor. Aber alles geschah mit Stil. Ich bin ihm hörig und das will ich sein. Ein unglaublicher Abend. Das erhebende Gefühl dieses Abends, meinen Willen ganz und gar aufzugeben und dem seinem unterzuordnen, hatte mich tief erfasst. Ich begebe mich in seine verantwortungsvollen Hände. Ihm schenke ich mein ganzes Vertrauen und meine bedingungslose Hingabe. Weil ich weiß, dass er es möchte und dass er Gefallen an mir findet. Es macht mich stolz, ihm meinen Gehorsam und meinen Körper anzubieten. Ich habe mich entschieden, mich seinem Willen zu unterwerfen. Ich möchte von ihm erzogen werden, wie ich ihm zur Befriedigung seiner Lust dienen kann und zu allem, wofür er mich verwenden möchte. Ich verliere mich in der Unterwerfung zu ihm, ich wachse durch seine Erziehung und er schenkt mir Erfüllung in meiner selbstgewählten Hörigkeit. Ich möchte mich ihm bedingungslos unterwerfen, weil ich ihn liebe. Alles, was er mit mir tut, ist gut und richtig, auch wenn er mich mit der Peitsche erzieht.

*

Andrea schlug die Augen auf. Helles Tageslicht flutete durch ein Fenster in den Raum. Sie lag im Bett neben Daniel unter einer schweren Daunendecke.

Mit einem Mal kamen wieder die Erinnerungen an gestern Abend.

Ich glaube, ich möchte, dass Daniel und ich beim nächsten Mal wieder dabei sind. Die Männer sind alle nicht unattraktiv, sehr gepflegt und bewahren den ganzen Abend ein seriöses Auftreten. Sie verstehen es alle, sich gewählt ausdrücken, sind alle in hochstehenden Positionen und gebildet. Ihre Frauen sind sehr attraktiv und apart - und sicherlich für jeden Mann hier begehrenswert. Einige älter, einige jünger, aber alle elegant und körperlich anziehende Schönheiten, mit schönen Brüsten und schmuck rasierten Muschis. Eine erlesene Gesellschaft und wenn man weiß, dass es alles Frauen sind, die von ihren Männern regelmäßig gepeitscht werden, es auch selbst wollen, dann kann man es gar nicht glauben. Es zeigt, wie exklusiv dieser Kreis ist. Ein Kreis, der es erlaubt, diese erotische Atmosphäre in Gesellschaft ausleben zu können. Das gibt es nicht überall. Ich bin Daniel dankbar, dass er mich in diese Welt entführt. Von der ich schon Mal gelesen hatte, dass es sie gäbe und dann davon geträumt habe. Er lässt Träume wahr werden. Was wird er noch alles im Bett von mir verlangen? Von einem solch attraktiven Mann, um dem mich alle Frauen beneiden. Von ihm dominiert zu werden, der meinen Körper für seine Lust benutzt, das hat etwas ungemein erregendes.

Daniel war erwacht, kuschelte sich an Andrea und nahm sie in die Arme. Zärtlich küsste er sie und streichelte ihre Brüste, bis ihre Nippel steif wurden.

«Guten Morgen, meine Liebe.»

«Guten Morgen, mein Maître. Haben Sie gut geschlafen?»

Daniel schmunzelte. «Jetzt brauchst du nicht mehr Maître zu sagen. Du warst gestern Abend sehr gehorsam. Du warst sehr lieb.»

«Ich werde immer sehr lieb sein, mein Geliebter.»

«Du machst mir sehr viel Freude. Was wünschst du dir für heute? Auf was hättest du Lust?»

Andrea küsste ihn kurz auf den Mund und führte seine Hand hinunter zu ihrer feuchten Muschi. «Liebe mich, fick mich, erziehe mich zu deiner O. Mach alles mit mir, was du willst. Ich will dir gehören.»

Sie spürte seine plötzlich aufkommende Erregung und dass sein Schwanz steif wurde. Mit seinem Kopf sank er zu ihrer Muschi und leckte sie ausdauernd, bis er ihre Beine spreizte, sich auf sie legte und zärtlich in sie eindrang.

«Machs mir. Erzieh mich. Machs mir», stöhnte sie laut, als sie kam.

Daniel lag erschöpft neben ihr. *Sie will ich behalten. Sie möchte ich jeden Tag um mich herum haben. So lieb und gehorsam. Sie kann ich so formen, wie ich sie haben will. Sie wird gehorchen. Dafür kann sie alles haben von mir. Ich muss mir etwas überlegen. Diese Heimlichkeiten in Köln, das ist nicht das, was ich will.*

Andrea küsste ihn. «Wenn du von Mätressen und von Erziehung redest, dann macht mich das sofort geil, weil ich weiß, was Erziehung bei dir bedeutet.»

«Was bedeutet es denn?»

«Du erziehst mich zu unanständigen geilen Sex.»

«Unanständig?»

«Na ja. So ganz normal ist er nicht.»

«Möchtest du es denn lieber normal?»

Andrea reichte ihm ihre Hand. «Nein. Du kannst alle unanständigen Sachen mit mir machen. Das mag ich. Aber du hast mich eben auch so zärtlich geliebt. Ich danke dir.»

«Dafür brauchst du dich nicht zu bedanken. Das ist eine Selbstverständlichkeit. Du sollst wissen, dass ich dich auch zärtlich lieben möchte. Lass uns frühstücken. Es ist schon fast Mittag.»

Ein, von Madame vorbereiteter, üppig gedeckter Frühstückstisch erwartete sie in der Bibliothek. Andrea konnte aber nicht anders, als zu dem versteckten Bild an der Regalwand zu gehen.

«Das Bild fasziniert dich irgendwie, nicht wahr?»

«Daniel. Ja. Ich glaube, eigentlich ist es sogar schön. So ausdrucksstark. Der Maler muss das Thema gekannt haben. Er muss die Szene vor Augen gehabt haben.»

«Eine sehr gute Analyse. Ja, das stimmt. Ich kenne ihn. Er lebt mit seiner O in der Provence.» Daniel lachte. «Er hat die größte Sammlung an Peitschen, die ich je gesehen habe. Komm, setz dich.»

Während sie frühstückten, erzählte Daniel von seinem Haus in der Nähe des Malers und schwärmte Andrea davon vor. «Wenn du Lust und wir Zeit haben, fahren wir mal für eine Woche dahin.»

«Oh ja. Das wäre toll. Ich würde gerne dein Haus kennenlernen.»

«Es liegt schön einsam, da hört niemand deine Schreie.»

Andrea sah verdutzt auf und blickte in Daniels grinsendes Gesicht. «Bei dir wird alles immer erotisch, egal worüber wir uns unterhalten.»

«Das ist doch schön. Du magst es doch auch.»

«Ja, ich mag es», und sie strahlte Daniel an.

Später hörten sie die Haustürklingel und wenig später trat Madame ins Zimmer.

«Monsieur. Draußen ist eine junge Frau mit einem Kamerateam. Sie wollen ein Interview mit Ihnen.»

«Was?» Daniel stand auf und ging in ein Nebenzimmer mit Aussicht auf die Straße. Andrea war ihm gefolgt und als sie durch die Gardine die Gruppe sah, stieß sie einen Schrei aus.

«Unglaublich. Das ist diese Karin aus Köln.»

«Wer ist das? Kennst du die?»

«Sie gehört zu den autonomen Feministinnen und sie haben sich auf die Fahnen geschrieben, Studentinnen gegen Missbrauch durch Dozenten zu schützen. Sie hatte mich von zwei Wochen angesprochen und nach dir befragt. Ich habe ihr aber keine Antwort gegeben.»

«Woher mag sie die Adresse haben?»

«Kann sie nur von meiner Mitbewohnerin in der WG haben. Der hatte ich es gesagt, dass ich nach Paris fahre. Ich spreche mit denen da draußen und schick sie weg.»

«Sei vorsichtig, was du sagst.»

Andrea war schon zur Tür und stand Karin gegenüber. «Tut die Kamera weg. Ihr seid wohl verrückt geworden. Mir nachzuspionieren.»

«Andrea. Wir wollen dich nur beschützen. Wir holen dich hier raus. Du kannst mit uns zurück. Wir befreien dich aus den Klauen dieses Monsters.»

«Ihr habt sie nicht mehr alle. Ich bin gerne hier und es geht euch nichts an. Sag mal, du Weltverbesserin, was sind deine Gedanken, wenn du abends allein im Bett liegst? Ein starker Mann, der es dir macht? Davon kannst du nur träumen. Ich habe einen und das jeden Abend. Verpisst euch!»

Sie schlug die Türe zu und ging wieder zu Daniel ins Nachbarzimmer. Sie sahen, wie die Gruppe sich auf die andere Straßenseite verzog und dort anscheinend warten wollte.

«Was sollen wir machen?», fragte Andrea.

«Warte einen Moment!»

Nur wenige Minuten später kamen vier Rocker in ihren schweren Lederjacken den Bürgersteig entlang, pöbelten die Gruppe an, einer riss dem Kameramann die Kamera aus der Hand und warf sie mit voller Kraft auf den Boden. Ein anderer trat noch drauf und als ein junger Mann der Gruppe ihn hindern wollte, schlug er ihn zu Boden. Dann gingen die Rocker fröhlich grölend weiter. Schnell verzog sich die Gruppe, als zwei Rocker Anstalten machten, zurückzukehren.

«Och. Du hast gewusst, dass die kommen.»

«Sie sind meine Freunde. Sie treffen sich

immer in der Garage, wo die Wagen stehen. Sie sind für jede Art Hilfe immer bereit. Aber, sag mal. Was sind das denn für Leute aus Köln?»

Andrea erzählte Daniel alles, was sie erlebt und von dieser Karin gehört hatte.

«Unglaublich.»

Zurück in der Bibliothek war Daniel am Frühstückstisch sehr nachdenklich geworden.

Nach einiger Zeit sah er Andrea ernst an. «Hättest du nicht Lust, hier in Paris bei mir zu wohnen? Du könntest dein Master Studium hier fortsetzen und den Abschluss machen. Ich kann das erreichen. Ich wollte sowieso mit diesem Semester in Köln aufhören.»

Andrea ging zu ihm und kraulte seinen Nacken. «Du möchtest mich hier haben?»

«Meine Liebe. Ja. Es würde mich glücklich machen.»

«Aber wie soll das gehen?»

«Du kannst hier ein Zimmer haben, ganz für dich.»

«Abschließbar?»

«Ja», lachte Daniel. «Auch abschließbar. Wenn ich aber nach dir verlange, dann gehorchst du und kommst heraus.»

«Du Schlimmer! Du denkst immer nur daran. Aber kann ich denn so ohne weiteres wechseln?»

«Ich habe die Verbindungen und hier in Paris kann man einiges erreichen, was in Deutschland nicht möglich ist. Beziehungen sind hier alles. Frühstücke weiter oder setz dich zu Madame. Wir fahren erst spät Nachmittag zurück. Ich gehe in mein Arbeitszimmer und werde ein paar Dinge klären.»

Andrea saß bei Madame und erzählte ihr, was sich draußen zugetragen hatte und was Daniel jetzt vorhat.

«Mademoiselle. Das wäre traumhaft. Sie sind die richtige Frau an seiner Seite. Glauben Sie mir. Ich kann es beurteilen. Auch ich würde mich freuen, dann ist das Haus wieder voll mit Leben.»

Andrea versuchte es sich vorzustellen. Der Gedanke war verlockend. Sie war sich sicher, dass sie ihn liebte und dass er mehr Gefühle für sie hatte, als sie nur auszunutzen. Paris, das würde ihr gefallen. Ein Leben an der Seite eines solchen Mannes, der sie versorgen würde, konnte sie sich gut vorstellen. Wer weiß, ob sich dann nicht mehr entwickelt und plötzlich sah sich schon in einem weißen Kleid mit Daniel vorm Traualtar.

Ich werde es machen. Komme, was wolle. Eine solche Gelegenheit gibt es nur einmal im Leben. Da muss man zugreifen. Hier, in einem tollen Haus zu leben und nicht in der Dach-WG in Köln, mit einem attraktiven Mann, der mich in die schönsten Restaurants ausführen wird, der mir die schönsten Kleider kaufen wird, mit dem ich Urlaub in Südfrankreich machen werde – und der mich regelmäßig in den Himmel fickt. Genau das will.

Sie wurde aus ihren Gedanken gerissen. «Ich habe ihre Sachen für die Rückfahrt vorbereitet. Sie werden mit dem Monsieur in seinem Wagen nach Köln fahren. Ich habe gesehen, er hat Ihnen wunderschöne Dessous gekauft. Möchten Sie die denn mit nach Köln nehmen? Sie werden doch sicher demnächst wieder herkommen.»

Madame Claire hatte Recht. Wo sollte sie die Dessous in der WG verstauen? «Madame, danke für den Rat. Ich lasse sie hier. Bei Ihnen sind sie gut aufgehoben.»

«Sei werden dem Monsieur damit viel Freude bereiten.»

Nach mehr als anderthalb Stunden später erschien Daniel. «Ich habe mich zuerst intensiv kundig gemacht, wie ein Wechsel vonstattengehen könnte. Es gibt die Möglichkeit, dass dein bisheriges Studium anerkannt wird. Das entscheidet in Frankreich ein Professor und dann kam mir die entscheidende Idee. Du hast gestern Abend Professor Dr. Alain Dubois und seine bezaubernde Frau Laetitia kennengelernt. Er ist Professor für lateinische Philologie. Ich habe mit ihm lange gesprochen. Er kann alles erreichen. Wir sollen zu ihm kommen. Er wohnt in seinem Haus im fünften Arrondissement auf der linken Uferseite der Seine, im Quartier Latin. In der Rue Mouffetard in der Nähe der Sorbonne. Komm mit mir, ich möchte, dass du dich hübsch machst. Vielleicht hängt viel davon ab. Madame, bitte begleiten Sie uns.»

Im Schlafzimmer fragte er Madame nach den Dessous, die sie im Lafajette gekauft hatten. Madame ging zu einer Kommode, zog die unterste Schublade auf und entnahm ihr alle

Teile und breitet sie auf dem Bett aus.

«Du ziehst das einteilige schwarze Lanvin Klied an und hohe Schuhe. Zieh dich schon mal aus. Was nehmen wir denn.»

Andrea stand nur in einem weißen Höschen im Zimmer und sah, wie Daniel einzelne Sachen in die Hand nahm.

«Hier, das ziehst du an. Die zarte Spitzenkorsage, die ist schick und ein Paar von den Nylons mit Naht.»

Als sie die Korsage und die Strümpfe angezogen hatte, schlug sie ein schwarzes Spitzenhöschen vor.

«Nein, das brauchst du nicht!», antwortete Daniel kurz angebunden und Andrea verstummte.

Im Taxi, auf dem Weg zum Professor, sagte Daniel zu Andrea: «Du wirst vielleicht gleich überrascht sein. Alain hat mir da etwas angedeutet, was ich für ihn tun soll. Ich verlange von dir, dass du sehr gehorsam und sehr lieb zu ihm bist. Zeig, dass du gehorsam sein kannst. Du brauchst keine Angst haben, er wird dich weder peitschen noch wird er dich benutzen.»

«Daniel!»

«Ich wollte es dir nur gesagt haben.»

Der Hausherr öffnete ihnen persönlich die Türe und führte sie über eine breite Treppe in den ersten Stock, in ein schick eingerichtetes Wohnzimmer.

Andrea erschrak. An der Wand stand die Frau des Professors, die bis auf halterlose schwarze

Strümpfe und High Heels splitternackt war.

Der Professor rief zu Daniel: «Bevor du mir dein Begehren, was immer das ist, nochmal erklärst, muss ich dir sagen, dass ich gerade zum Zeitpunkt deines Anrufes Laetitia für eine Respektlosigkeit bestrafen wollte. Deshalb steht sie an der Wand und soll sich mental vorbereiten. Ich hatte dir am Telefon gesagt, dass sie bestraft werden muss. Daniel, ich denke, du als Gast des Hauses, solltest die Strafe vollziehen. Deshalb habe ich es verschoben. Es macht nichts, wenn deine Mätresse dabei ist. Sie kann nur lernen. Aber setzen wir uns erst mal. Ein Glas Champagner?»

«Ja. Ein Glas. Ich muss nachher noch fahren, nach Köln, wie du weißt.»

«Laetitia! Bring Gläser und den Champagner.»

Andrea war sprachlos, als die Frau des Professors den Champagner brachte. Sie konnte nicht umhin, deren schöne fülligen Brüste und ihre rasierte Muschi zu betrachten, als die Frau ihr direkt gegenüber die Gläser einschenkte. Da war wieder diese mystische erotische Atmosphäre, die alles beherrschte und sie etwas verwirrte. *Laetitia ist doch eine so wunderschöne Frau, schlank, tolle Figur und so lieb. Was hat der Professor denn vor?*

«Nun erklär mir mal, was vorgefallen ist», forderte der Professor Daniel auf.

Ausführlich erzählte Daniel die Vorkommnisse vor seinem Haus und welche Organisation dahinter steckte. Dann führte er auch aus, warum er Andrea nach Paris holen möchte und wie sie hier studieren könnte.

«Die Deutschen», polterte der Professor los. «Wollen sich immer als moralisches Gewissen der Welt darstellen und uns ihre Meinung aufzwingen. Fürchterlich. An deren Uni würde ich auch nicht bleiben wollen. Aber gut. Ich hab mir was überlegt. Du bist einer meiner besten Freunde und ich bin dir sehr verbunden. Ich kann Andrea integrieren. Sie kann hier studieren. Und zwar an der L'Université Sorbonne Nouvelle - Paris 3. Ich halte dort auch Vorlesungen und führe ein Seminar.

Die Sorbonne Nouvelle, im Herzen des Quartier Latin gelegen, bietet im Bereich der Sprachen, Künste und Medien eine Reihe von hochrangigen multidisziplinären Kursen in Lizenz, Master und Doktorat.

Andrea, dein Studium wird das Littérature et Linguistique Françaises et Latines (LLFL) sein. Die Abteilung für französische und lateinische Literatur und Linguistik ist eine der wichtigsten Komponenten der Sorbonne Nouvelle. Im Master-Studiengang ist das Programm der Modernen Literatur in viele kleinere unterteilt, in Literatur, Philosophie, Kommunikation, Theater, Kino, Komparatistik, Französisch, Fremdsprache kann gewählt werden. Das Angebot des Fachbereichs auf Masterstufe ist besonders reichhaltig: Sie verlangen von den Studenten ein hohes Maß an Disziplin, wie überhaupt Disziplin auch bei häuslichen Aufgaben Voraussetzung ist. Ist das soweit verstanden?»

Andrea nickte. «Ja, Maître.»

«Daniel. Klärt in Deutschland, wie sie sich abmelden kann, schick mir ihre Unterlagen und ich werde alles in die Wege leiten. Sie kann bei mir anfangen, wenn ihr herkommt.»

Andrea strahlte. Der Professor nahm sein Glas in die Hand und stieß mit Andrea und Daniel an.

«Andrea besitzt Disziplin», fügte Daniel ein, «und arbeitet an sich. Sie wird fleißig studieren und sich gehorsam an deinen Vorgaben halten. Ich würde sie mit helfender Hand unterstützen und darauf achten. Sie wird dir beweisen, dass sie gehorsam sein kann. Nicht wahr Andrea?»

Irritiert schaute Andrea zu Daniel.

«Steh auf, mein Liebling. Zeig jetzt deinen Gehorsam. Zeig dich dem Professor», sagte Daniel, zog Andreas Reißverschluss am Rücken auf, sodass sie bis auf die Korsage und die Strümpfe nackt vor Alain stand.

Andrea stellte sich vor den Professor und drehte sich einmal.

«Oh ja. Bon. Sie ist sehr gehorsam.»

«Laetitia!», rief der Professor. «Komm her, zeig Maître Daniel deinen Gehorsam!»

Daniel schob Andrea zu Alain und zog Laetitia zu sich heran. Ganz eng standen sie beieinander und die nackten Leiber der Frauen wurden von der Sonne, die durchs Fenster kam, erhellt.

«Gut. Wollen wir die Disziplin überprüfen. Lasst uns hochgehen und die Freuden genießen. Ihr Frauen seid wunderschön und eure Körper, die so schön im Licht funkeln, werden Daniel und mich erfreuen.»

Sie wanderten eine Etage hinauf zu einem großen Schlafzimmer mit zwei Doppelbetten. Es war eine erregend magische Atmosphäre, wie Andrea es empfand und war gespannt, was jetzt passieren würde.

Daniel gab Andrea einen Kuss, nahm ihre Hand und übergab Andrea in ihrer Nacktheit an Alain. Dabei sagte er zu ihr: «Du wirst sehr gehorsam sein! Ich verlange es!»

Laetitia hatte sich vor Daniel hingekniet, seine Hose geöffnet, sein Glied hervorgeholt und begann ihn zu blasen. Andrea sah gebannt dahin, spürte, wie sich Alains Hand auf ihre Brust legte und sie zu massieren begann.

«Danke, Daniel. Erfreue dich an Laetitia. Nimm sie richtig ran! Sie braucht eine konsequente umfassende Bestrafung.»

Zu Andrea sagte er: «Daniel ist unser Meister. Er kann, wie kein anderer bestrafen. Das hat Latitia heute verdient. Nicht wahr Laetitia?»

«Oui, Maître.»

Der Professor setzte sich mit Andrea an seiner Seite auf das zweite Bett und beide lehnten sich an die Rückwand. Gebannt schaute Andrea, was Daniel mit Laetita machte. Daniel entzog sich, hob Laetitia hoch, ging zu dem seitlich stehenden Sofa, ergriff eines der dicken Armlehnenpolster und warf es in die Mitte auf das Bett.

Dann zog er Laetitia zu sich, küsste sie und mit einer kraftvollen Drehbewegung warf er sie aufs Bett neben das Polster. Schnell ergriff er sie an der Taille, legte sie mit dem Bauch über das Polster und klatschte mit der Hand mehrmals laut auf ihren nackten Po.

Daniel hatte eine Reitgerte in der Hand, zog sie mit der Hand lang und ließ sie ein paar Mal laut in der Luft zischen. Sofort danach setzte er den ersten Hieb, der Laetitia laut aufschreien ließ. Dann setzte es eine ganze Reihe von harten Peitschenhieben.

Andrea, die die schreiende Laetitia beobachtete, war erstaunt, wie brutal es aussah und bemerkte dann erst, wie Daniel immer wieder mit seinem Finger Laetitias Klitoris massierte.

Es war dieses Schauspiel und der nicht unerfahrene Finger von Alain, der Andreas schnell feucht und richtig geil werden ließ. Sie sah auch die Erhebung in Alains Hose und legte ihre Hand darauf. Vor ihr spielte sich eine Szene, wie auf dem Bild an Daniel Wand ab. Nur, dass es diesmal Realität war.

War das ein richtiges Auspeitschen, was Daniel mit Laetitia machte?, fragte sich Andrea und wurde abgelenkt, als Alain begann seine Hose auszuziehen.

Andrea nahm sein steifes Glied in die Hand und massierte es, während sie beide zusahen, wie Daniel die schreiende Leatitia peitschte. Aber Alain wollte nicht länger warten. Er schob Andreas Kopf weit hinunter zu seinem aufrecht stehenden Glied.

«Du bist ein Engel. Du bist wunderschön. Wirst du gehorsam sein?»

«Maître, Alain!», flüsterte Andrea. «Ich werde sehr gehorsam sein.»

Sie wusste, wie sie sich für die Zulassung zum Studium an der Sorbonne bedanken konnte. Sie nahm sein Glied in die Hand und führt es zu ihrem Mund. Zärtlich und langsam begann sie seinen Schwanz zu blasen.

Mit Genugtuung sah Daniel, dass Andrea gehorsam Alain mit ihrem Mund diente, sie dabei zu ihm hinübersah und lächelte. Es stachelte ihn an, noch fester zuzuschlagen, sodass Laetitia ernsthafte laute Schreie ausstieß. Andrea hörte ihr Kreischen und Wimmern.

Aber die ununterbrochenen Schreie hörten sich mehr und mehr an, als sei sie in einem Orgasmus. Andrea fragte sich, sind es Lustschreie und ist Laetitia eine Frau, die durch Peitschen kommen kann?

Während Andrea unablässig Alains Schwanz blies, sah sie, wie Daniel sich auszog, auf das Bett und über Laetitia stieg, sie an der Taille hochhob, sodass sie kniete und er seinen steifen Schwanz von hinten einführte. Er hatte die Reitgerte in der Hand.

Er fickt Laetitia!, schoss es Andrea durch den Kopf und sie spürte eine große Erregung. Aber Alain war in Ekstase, presste ihren Kopf auf sein Glied und ergoss sich mit lautem Stöhnen in ihren Mund. Erschöpft sank er an Andreas Seite, die gebannt zu Daniel schaute.

Beharrlich stieß Daniel in die schreiende Laetitia und schlug dabei im Takt quer von oben mit der Reitgerte kraftvoll auf ihren Po. Laetitias Schreie verwandelten sich in luftschnappendes Kreischen, als sie ihren Orgasmus bekam und Daniel sie weiter immer fester hernahm und mit der Gerte zuschlug.

Schließlich war auch Daniel gekommen und sank über ihren Rücken. Andrea sah, wie er ihren Rücken küsste und ihren Po streichelte.

Alain hatte sich aufgerichtet, küsste Andrea und bedankte sich, stand auf und verschwand. Etwas verwundert schaute Andrea zu Daniel. Der forderte sie auf, herüberzukommen, zog das Polster unter Laetitias Bauch fort und warf es in die Ecke.

Andrea setzte sich zu Daniel aufs Bett und Daniel reichte ihr eine Dose mit Salbe. «Creme ihren Po ein. Es wird ihr guttun.»

Andrea sah den rot gestriemten Po und begann ihn einzucremen, was Laetita wieder dazu brachte kleine Schreie auszustoßen.

«Du hast sie aber sehr kräftig gepeitscht!», meinte Andrea leise vorwurfsvoll zu Daniel.

«Sie braucht richtig harte Hiebe, dann kommt sie mehrmals und wird wie Wachs. Nicht wahr, Laetitia? Du brauchst das.»

Stöhnend antwortete sie: «Ja, Maître. Danke.» Sie nahm Daniels Hand und küsste sie. «Danke Maître, ich hoffe, Sie haben Wohlgefallen an mir gefunden.»

«Du warst sehr artig. Ich werde dich bei Alain für deinen Gehorsam loben.»

«Danke, Maître Daniel.»

Laetitia stand auf und verschwand im Bad.

Andrea küsste Daniel. «War das erfüllend für dich?»

«Laetitia ist ein Genuss. In jeder Beziehung.»

«Ich habe es gesehen. Ich gönne es dir.»

«Hey, wie redest du mit mir?»

«Verzeihung, Maître. Ich dachte ...»

«Ist schon gut, mein Schatz», sagte Daniel liebevoll und zog Andrea eng zu sich. *Er hat mich zum ersten Mal, mein Schatz genannt,* frohlockte Andrea innerlich.

«Du hast Alain gehorsam gedient. Ich hab's gesehen.»

«Er war so aufgeregt und ist sehr schnell gekommen.»

«Normalerweise ist er ausdauernd. Danke dir, mein Schatz, dass du Alain diese Freude gemacht hast und gehorsam warst.»

Andrea kuschelte sich eng an Daniel und bedeckte seine Brust mit Küssen.

«Wenn ich dir dienen kann, macht es mich glücklich.»

«Andrea, du bist schon jetzt eine sehr gut erzogene O. Das freut mich. So höre ich es gerne.»

«Ich werde zukünftig sehr gehorsam sein.» Schnell setzte sie hinzu: «Und dankbar, wenn mein Maître mich mit strenger Hand erzieht!»

«Das ist brav, mein Liebling.»

*

Auf der Autobahn hinter Brüssel, Richtung Aachen, sagte Daniel plötzlich: «Andrea. Ein ernstes Wort. Wenn wir in Köln sind, wirst du den Abend der O und erst recht den Buchstaben O niemals gegenüber anderen erwähnen.»

Sie lehnte ihren Kopf an seine Schulter. «Mein Maître, das verspreche ich. Auch nicht zu Ellen?»

Daniel überlegte eine Zeitlang, dann schlang er seine rechte Hand um ihre Schulter und streichelte ihre Wange. «Bon, ich erlaube dir mit Ellen darüber zu reden. Aber nur mit ihr. Es ist vielleicht gut, wenn du dich ihr anvertrauen kannst. Ich schätze Ellen sehr. Sie ist verlässlich und wird dir sicherlich mit Rat zur Seite stehen können.»

«Danke, Maître.»

«Nenn mich ja nicht in Köln außerhalb meines Schlafzimmers, Maître, mein Schatz.»

«Ich schwöre, mein Liebling. Werden wir nochmal einen Abend der O erleben?»

«Du bist neugierig, mein Mädchen!»

«Oh, Verzeihung, Maître.»

Daniel schaute sie kurz strafend an.

«Entschuldige, Daniel. Aber wenn wir allein sind, nenne ich dich gerne mein Maître. Ich wünsche mir, dass du mein Maître bist. Verlange es immer von mir, wenn du es dir wünschst. Es ist so aufregend.»

«Aufregend?»

«Erregend!», flüsterte Andrea.

Lachend antwortete Daniel: «Das werde ich

noch oft von dir verlangen. Nächsten Monat ist ein Abend der O in einem Chateau an der Loire. Dort ist es noch exklusiver als in Paris, auch die Paare.»

«Wirst du mit mir dorthin gehen?»

«Wenn du in nächster Zeit sehr brav bist und zu mir nach Paris ziehst.»

«Als deine Maîtresse?»

«Als meine O!»

«Ich will deine O sein. Ich werde sehr brav sein, mein Maître.»

«So höre ich das gerne von dir, mein Schatz!»

Frau Wolters

Die Stimmung im großen Konferenzzimmer auf der Vorstandsetage war eisig. Der neue Vorstandsvorsitzende und Directeur général der Wiro AG, einer Tochtergesellschaft der Wiro SA, Paris, saß am Kopfende des langen Konferenztisches und hatte alle entscheidenden Abteilungsleiter und Manager um sich versammelt.

Es ging um Umstrukturierungen in der Produktion, dem Vertrieb, dem Versand, und damit um die Freisetzung zahlreicher Mitarbeiter.

Die Wiro AG hatte im zweiten Jahr Verluste in Millionenhöhe eingefahren und Dr. Walter Hoffmann, dem der Ruf als knallharter Sanierer vorauseilte, wusch seinem Gefolge die Köpfe.

Als die Diskussionspunkte, die Hoffmann vorgegeben hatte, abgehandelt waren, fügte er noch etwas an.

«Dann habe ich noch etwas. Heute Morgen blockierte der Lieferwagen des Briefpost Services meinen Wagen. Der Fahrer war sehr nett und entschuldigte sich, als er kam. Aber ich fragte ihn, wieso er vor dem Haupteingang stehe. Die Poststelle mit der Briefpost zum Abholen sei doch im Versand im Nebengebäude unten. Da sagte er mir, er verstehe es auch nicht, aber es sei so. Er hole die Post aus dem Hauptgebäude extra und dann muss er nach hinten und im Versand die zweite Post abholen. Er wusste nicht, wer ich bin. Er sagte mir frei heraus, ihm sei es egal, es würde eben auch als zwei Abholungen berechnet. Wer hat diese Scheiße angeordnet? Wieso zahlen wir doppelt?»

Der Abteilungsleiter vom Einkauf meldete sich. «Dr. Hoffmann. In der Poststelle sammelt sich die gesamte Post von Einkauf, Versand und Fakturierung. Die Damen vom Schreibpool im Hauptgebäude brauchten eine eigene Poststelle, da von den Vorstandsetagen, Personalabteilung und den Bereichsleitern auch genügend Post anfällt.»

«Dafür zahle ich nicht doppelt. Wenn die Damen ihre Post nicht zum Versand bringen können, dann trete ich ihnen persönlich in den Arsch und mach ihnen Beine. Ab morgen ist das geändert.»

«Das geht nicht. Wir haben einen Jahresvertrag mit dem Postservice.»

«Wie bitte? Ich sagte, ab morgen! Verstanden? Wer hat den Vertrag gemacht? Der haftet mir dafür.»

«Ja, Herr Doktor.»

Hoffmann wandte sich an den Finanzvorstand. «Breitenbach! Alle Kosten für Auflösungen, Abfindungen und Umwandlungen packen sie in die letzte Bilanz. Es ist egal, ob in dem vergangenen Jahr 1,4 oder 1,6 Millionen Verlust gemacht worden sind. Da kräht kein Aufsichtsrat nach. Ich bin von unserer französischen Holding als neuer Direktor eingesetzt worden, um hier aufzuräumen. Wir fangen das neue Jahr sauber an und wir werden den ersten Profit einfahren.»

«Ja, das können wir machen, Dr. Hoffmann. Wenn Sie das wünschen.»

Hoffmann war schon weiter und fragte die Personalchefin. «Frau Wolters, ich benötige auch keine drei Vorzimmerdamen. Eine Sekretärin und eine Assistentin genügen. Als ich gestern durch das Vorzimmer ging, lief auf einem Bildschirm der Damen der Nachrichtenkanal N-TV. Regeln Sie das. Ab morgen? Kommen Sie anschließend zu mir, wir besprechen die Personalfragen.»

«Ja, Dr. Hoffmann.»

Hoffmann war groß, sehr schlank, kurze graue Haare. Ein durch und durch attraktiver Mann von 54 Jahren, wie Frau Wolters dachte, als sie sein Büro betrat. Sie war ebenfalls alles andere als unattraktiv und das wusste sie. Sie besaß eine super Figur, auf die sie mit ihren 42 Jahren stolz war. Deshalb hatte sie auch die oberen zwei Knöpfe ihrer Bluse geöffnet, bevor sie zu Hoffmann ging. *Er soll sehen, was ich in der Bluse habe,* dachte sie. *Ich habe mehr als alle anderen. Damit kann man sich sehen lassen. Und Hoffmann soll nicht nur energisch, sondern auch sehr dominant sein. Genau so ein Mann würde mir gefallen.*

Offensiv beugte sie sich vor Hoffmanns Schreibtisch vor und reichte ihm die Personalakten.

Bevor Hoffmann zugriff, blickte er ungeniert lange auf ihr Dekolleté.

«Frau Reichert bleibt. Sie ist eine gute Sekretärin. Sie macht, was ich wünsche. Die anderen beiden, was ist mit denen?»

«Das ist einmal die Frau Engelhard, sie ist 31 Jahre alt verheiratet und seit vier Jahren bei uns. Kennt die Abläufe bei uns sehr gut. Die andere ist Frau Wilke, wie Sie wissen. Sie ist 24 Jahre alt. Sie ist sehr devot.»

Hoffmann stoppte die Seiten zu blättern und schaute hoch. «Devot?»

«Verzeihung. Ich meinte, dienstbeflissen.»

«Eine devote Haltung mag ich. Aber der Begriff dienstbeflissen gefällt mir auch. Also gut. Die Wilke bleibt.»

«Was soll mit Frau Engelhard geschehen? Ich könnte sie in der Personalabteilung gut als Ersatz für die Frau Reese gebrauchen, die immer sehr oft krankheitsbedingt fehlt. Wir könnten der eine Abfindung anbieten.»

«Machen Sie ihr ein großzügiges Angebot, das sie nicht ablehnen kann. Drohen Sie ihr mit betriebsbedingter Kündigung, die sonst im Raum steht.»

«Sehr wohl, Herr Doktor.»

Er hielt inne. «Sagen Sie?», und er blickte ungeniert offen auf ihr Dekolleté. «Sind Sie auch wie die junge Frau Wilke? Dienstbeflissen?»

«Selbstverständlich, Herr Doktor. Ich werde alles sofort umsetzen, was Sie sich wünschen.»

Nachdenklich blickte er Frau Wolters in die

Augen, um nach einiger Zeit seinen Blick auf ihr Dekolleté abzusenken. «So verlange ich es auch.»

Zaghaft leise antwortete sie: «Ja, Herr Doktor.»

«Ich muss gleich fort. Zur IHK und zum Rathaus. Ich glaube nicht, dass ich heute noch wieder herkomme und morgen Vormittag fahre ich nach Frankfurt. Bin erst nachmittags zurück.» Hoffmann war aufgestanden und um seinen Schreibtisch gegangen. Er betrachtete die Silhouette von Frau Wolters und fragte sich, wieso sie ihm noch gar nicht richtig aufgefallen war. *Attraktive Frau, gute Titten.*

«Und Ihre Post, Herr Doktor?»

«Die muss eben warten.»

*

Abends, kurz nach der Tagesschau klingelte es bei Hoffmann. Zu seiner Verwunderung stand Frau Wolters in der Türe.

«Herr Doktor. Verzeihen Sie die späte Störung. Ich wollte Ihnen nur noch die Post vorbeibringen.»

«Kommen Sie rein. Wir gehen in mein privates Büro.»

Frau Wolters stellte sich direkt neben Hoffmann, als der sich auf seinen Schreibtischstuhl setzte.

«Hier ist ein Brief vom Aufsichtsrat, der scheint wichtig zu sein und diverse von Lieferanten und Kunden.»

Hoffmann blickte nicht auf die Briefe, sondern

offen auf ihre weiße transparente Bluse unter ihrer offenen Jacke, unter der sich ein schwarzer Spitzen-BH abzeichnete, der ihre gewaltigen Brüste hob.

Sie hielt seinem Blick stand und bewegte sich nicht, auch als er eine Ewigkeit auf ihre Brüste starrte.

Mit einem Griff zog er Frau Wolters zu sich und legte sie über seine Knie. Sofort schlug er mit der rechten Hand auf ihrem Po.

«Es ist ungehorsam, mich abends privat aufzusuchen. Was sollen die Leute denken? Das sollten Sie lernen.»

«Ich wollte doch nur ...», stotterte sie und bewegte sich. Aber Hoffmann drückte kräftig mit der Hand ihren Rücken herunter.

«Ich denke, Sie sind nur gekommen, um mich privat kennenlernen. Sie werden mich kennenlernen.» Dabei zog er ihren Rock über ihren Po hoch, registrierte mit Genugtuung, dass sie halterlose Strümpfe trug und streifte ihren Spitzentanga bis zu den Knien hinunter.

Frau Wolters kreischte. «Herr Doktor. Was machen Sie?»

«Sie müssen etwas lernen. Das mache ich mit Ihnen.» Abwechselnd schlug er laut und hart auf ihre linke und rechte Pobacke. Sie kreischte immer mehr und versuchte sich zu befreien. Aber Hoffmanns linke Hand hielt sie unerbittlich fest.

«Sie müssen lernen, dass Sie mich bei Allem um Erlaubnis fragen müssen!», und wieder schlug er rechts links zu.

«Ja, Herr Doktor. Das werde ich selbstverständlich zukünftig tun.»

Dann fuhr er mit seiner Hand zwischen ihre Schenkel und streichelte ihre Muschi. Im Nu wurde Frau Wolters feucht und ihr Widerstand ließ nach.

Weitere Schläge klatschten auf ihren nackten Po und ließen sie laut aufstöhnen.

Seine Hand kam wieder zu ihrer Muschi, aber nun streichelte er sie heftig.

Vor Lust stöhnend gab sie sich seiner Hand hin.

«Sie können anschließend zur Polizei gehen und sagen, dass ich Sie geschlagen habe. Ich werde alles abstreiten. Ich habe Sie nie berührt. Sie sind ohne Anmeldung oder Aufforderung durch mich hergekommen und ich habe Sie schnell abgewiesen, was sie erzürnt hat. Das wird der Staatsanwalt glauben.»

Frau Wolters stöhnte: «Ich werde nicht zur Polizei gehen.»

«Sie sollen wissen, ich liebe Gehorsam!»

Immer mehr gab sie Laute der Lust von sich und Hoffmann steckte, nachdem er sie wieder ein paar Mal geschlagen hatte, den Finger in ihre Muschi.

«Herr Doktor. Ich werde sehr gehorsam sein.»

Sie stöhnte laut, als sie von seinem Finger regelrecht gefickt wurde. Bald begann sie zu zittern und stöhnte immer lauter. Jeden Widerstand aufgebend, gab sie sich seinem Finger hin. Es dauerte nicht lang und ein Orgasmus überwältigte sie und ließ sie Lustschreie ausstoßen.

Als sich ihr Orgasmus gelegt hatte, tätschelte Hoffmann ihren Po. «Brav gekommen. So mag ich es. Sie wollten mich kennenlernen. Jetzt wissen Sie, wie ich mit einer Frau umgehen würde, die mir zeigt, dass sie devot sein kann. Ich werde Sie heute Abend nicht ficken, damit sie nicht nach einer Untersuchung behaupten können, ich habe Sie vergewaltigt. Stehen Sie auf.»

Er half ihr auf die Beine und als die sprachlose Frau Wolters ihr Höschen hochzog und den Rock glättete, hörte sie von ihm: «Ich möchte Sie jetzt bitten, zu gehen. Ich habe noch viel zu tun. Das sollte nur eine kleine Lektion für Sie sein. Wenn Sie noch einmal zu mir herkommen möchten, dann überlegen Sie es sich ganz genau. Ich stelle hohe Ansprüche. Sollten Sie mir dienstbeflissen Ihren Gehorsam zeigen wollen, dann geben Sie mir ein sehr diskretes Zeichen mit einer eindeutigen Bitte, aber so, dass niemand anderes das mitbekommt. Denken Sie darüber nach. Darf ich Sie zur Türe begleiten?»

Frau Wolters stand vor der Haustüre und holte tief Luft. *Wahnsinn. Was für ein Mann. Und er hat sich im Griff. In jeder Sekunde. Dominanz pur. Mein Gott, was wäre das für ein Mann. Ein Traum. Ich werde mir was einfallen lassen. Ich will ihn.*

*

Drei Tage später war sie bei Hoffmann im Büro und sie hatten einige Personalprobleme durchgesprochen.

Ganz zum Schluss sagte er: «Ihr überaus diskretes Zeichen hat mich beeindruckt. Das Büchlein, dass Sie mir in einem Umschlag bei den Unterlagen für Zürich mitgegeben hatten, hat mir sehr gefallen. Danke. Würden Sie heute Abend mit mir in die Asia Therme kommen? Sieben Saunas, Dampfbad, Schwimmbad, Whirlpool und ein super asiatisches Restaurant. Alles zum Entspannen.»

Frau Wolters musste lächeln. Sie wusste, was er wollte. *Er will mich ganz nackt sehen. Na gut,* dachte sie sich. *Das soll er haben.* «Gerne, Herr Doktor.»

«Treffen wir uns um sieben vorm Eingang? Parkplätze sind dort genügend.»

Sie erhob sich. «Ich werde da sein», antwortete sie und ging.

Hoffmann war schon im Umkleideraum begeistert, als er sie nackt sah. Und sie bemerkte, dass er sie immer wieder verstohlen anblickte und ließ sich nichts anmerken. Im Gegenteil, nach dem Schwimmen, dem ersten Saunagang und nach dem zweiten mit Aufguss, hielt sie einfach ihr Handtuch in der Hand und ging nackt neben ihm her. Sie machten einen Spaziergang durch den japanischen Garten und begegneten etlichen Paaren.

«Ich finde es aufregend», meinte Hoffmann, «neben einer so schönen nackten Frau in der Öffentlichkeit zu promenieren. Wie empfinden Sie das?»

«Erregend. Danke, für das Kompliment. Sie sind auch ein sehr attraktiver Mann.»

Nach einem Bad im Whirlpool suchten sie sich in dem langen verglasten Ruheraum, mit Aussicht auf den Garten, zwei Liegestühle eng nebeneinander, abseits anderer Paare.

Frau Wolters hatte sich hingelegt und das Handtuch über sich ausgebreitet. Hoffmann zog es ihr fort. «Ich möchte ihre Nacktheit bewundern. Sie sind bildschön.»

Sie öffnete vor ihm etwas ihre Beine.

«Sehr schön. Absolut bewundernswürdig», sagte er, als er minutenlang auf ihre Muschi schaute. «Es ist berauschend für einen Mann, eine solch schöne nackte Frau neben sich zu haben, die wunderbare Brüste hat. Pralle Titten, die gut stehen und mit jedem jungen Mädchen konkurrieren können. Dazu eine so bezaubernde rasierte Muschi, die einen betört.»

Er will mich testen, dachte sie. *Mich provozieren. Er will wissen, zu was ich bereit bin. Er hat keine Ahnung, zu was ich alles bereit wäre.* Bereitwillig spreizte sie ihre Beine, sodass er einen vollen Blick auf ihre Muschi bekam. Sie schloss sie schnell wieder, als ein Paar entlang kam.

«Sie sehen auch sehr sportlich und durchtrainiert aus», meinte sie, lächelte ihn an und cremte mit einer Lotion ihre Arme ein.

Hoffmann entwand ihr die Tube mit der Lotion. «Drehen Sie sich auf den Bauch! Ich creme Ihnen den Rücken ein.» Er cremte nicht nur ihren Rücken ein, sondern auch ihre Schenkel und kurz dazwischen ihre Scham. Als er innig versunken minutenlang ihren Po eincremte, sagte er freimütig: «Ein wundervoller Po. So zart und doch so fest. Ein Vergnügen für einen Mann, ihn zu behandeln.»

«So, wie sie es gemacht haben, als ich bei Ihnen war?», fragte sie forsch.

«Sehr richtig. Ein solch hübscher Po braucht diese Behandlung. Sie sind dabei gekommen.»

«Herr Doktor!»

«Wenn es Ihnen nicht gefallen hätte, würden Sie mir jetzt nicht ihren süßen Po anbieten. Nicht wahr?»

Frau Wolters hauchte ein «Ja» und räkelte sich.

Sie konnte erkennen, dass er sich erregte, denn er zog seinen Bademantel an und legte sich auf die Liege.

«Sie haben mir da ein sehr freches Buch gegeben. Danke. Ich habe es in Zürich in der Nacht im Hotel in einem durchgelesen. Sehr interessant.»

Ihr Gesicht erhellte sich. «Freut mich, dass es Ihnen gefallen hat.»

«Kannten Sie das Buch?»

«Ja. Die Geschichte der O ist uralt. Es ist von einer Frau vor fast hundert Jahren geschrieben worden. Es ist eigentlich weltbekannt.»

«Oh. Sie meinen, ich hätte es kennen müssen?»

«Ja.»

Hoffmann lachte. «Nein. Ich kannte es tatsächlich nicht. Aber ich habe eine Reitgerte und weiß, wie man sie benutzt.»

«Oh!»

«Oh, wie O?»

Frau Wolters lachte. Sie reichte ihm ihre Hand herüber und er nahm sie dankbar entgegen.

«Ja. O, ohne h.»

«Sie sind eine außergewöhnliche Frau. Nicht nur äußerlich. Ihr Wesen gefällt mir. Darf ich mich bei Ihnen für das Buch mit einem Kuss bedanken?»

Hoffmann grinste, beugte sich zu ihr ohne eine Antwort abzuwarten und küsste sie. Er küsste sie stürmisch und sie erwiderte sein Zungenspiel. Sie macht auch keine Anstalten, als er ihre Brust mit der Hand knetete.

«Es kommen Leute!»

«Ach, schade», stöhnte er. «Wollen wir ins Restaurant gehen? Ich denke, etwas Ablenkung täte gut.»

«Gerne.»

Bei einem Glas Weißwein und gegrillten Gambas in Tomaten Chili Sauce saßen sie im Restaurant.

Hoffmann hatte ein Glas erhoben. «Zum Wohl, schöne Frau.»

«Zum Wohl, Herr Doktor.»

«Es ist etwas Wunderbares, in einem Restaurant neben einer Frau mit nackter rasierter Muschi zu sitzen.»

«Das ist obszön.»

«Ich erwarte von einer devoten Frau, dass sie Obszönitäten mag.»

«Oh!»

«Ja. Wie eine O. Ohne h. Und absolut widerspruchsfrei.»

Anstelle einer Antwort, reichte sie ihm ihre Hand, die er dankbar entgegennahm.

«Ihr Buch beschreibt eine Frau, die die Freiheit hat, ihrem Beruf nachzugehen, aber ihrem Liebhaber zu allen Obszönitäten willig zur Verfügung zu steht.»

«Ihr Liebhaber verlangt es. Sonst würde er sie bestrafen.»

«Das würde ich auch machen.»

«Sie sind sehr streng.»

«Ja, ich kann sehr streng sein.»

Birgit lächelte ihn an. Sie war sich sicher, dass sie ihn bald hatte. «Nein, dass kann ich gar nicht glauben. Sie sind immer so zuvorkommend.»

«Tja. Dann müsste ich es noch beweisen. Mit der Reitgerte.»

«Oh. Das ist ein sehr scharfes Instrument.»

«Konnten Sie sich in die O im Buch hineinversetzen?»

«Es faszinierte mich, zu was sie alles aus Liebe zu ihrem Liebhaber bereit war.»

«Ja. Zu sehr obszönen Liebespraktiken. Exquisite Praktiken, die auch ich bevorzuge.»

«Die *Geschichte der O* ist nichts weniger als eine

Hommage an die Hingabe. Es ist die Geschichte der zunehmend dienstbeflissenen Unterwerfung. Ich kann mir vorstellen, welche Stelle Sie in dem Buch meinen.»

«Ja. dienstbeflissene Unterwerfung zu sehr obszönen Liebespraktiken. Das haben Sie wunderbar formuliert. Exquisite Praktiken, die auch ich bevorzuge.»

«Sie tat es doch aus Gehorsam.»

«So habe ich das dem Buch auch entnommen. Eine O muss gehorsam sein. Könnten Sie sich eine dienstbeflissene Unterwerfung vorstellen? Ober meinen Sie, eine Frau sollte ungehorsam sein?»

Sie reichte ihm ihre Hand über den Tisch. «Nein. Ich denke, eine Frau, die liebt, kann sehr gehorsam sein.»

«Sie waren am Abend bei mir sehr gehorsam. Das weiß ich zu schätzen.»

«Müsste ich auch bei der Gerte Gehorsam zeigen?»

«So lässt sich prüfen, ob eine gehorsame Frau mir danach willig ihre liebenswerte rasierte Muschi zeigt, damit ich daran spielen und sie bewundern kann.»

«Das ist wieder sehr, wie soll ich sagen, sehr direkt gesagt.»

«Sie wissen doch, dass ich ein Mann der direkten Sprache bin. In dem Buch mit der Geschichte steht doch auch, dass eine O zum Spielen da ist.»

«Ja, in dem Buch muss sich eine gehorsame O fügen.»

«In dem Buch muss sie sich zu mehr fügen. Es ist sehr bildhaft beschrieben.»

«Das stimmt. Man kann sich gut in die Geschichte hineindenken.»

«Die O musste sich willig sehr exquisiten Liebesdiensten hingeben.»

«Ich denke, damit konnte sie ihre Bereitschaft zur Unterwerfung zeigen.»

«Tja. Diese Bereitschaft müsste mir gezeigt werden. Ich denke wir sollten gehen.»

«Ja. Herr Doktor.»

«Möchten Sie mich begleiten? Eine Frau mit solch attraktiven Titten und fein rasierter Muschi, die ihre dienstbeflissene Bereitschaft zur Unterwerfung willig zeigen möchte, dürfte mich begleiten.»

«Herr Doktor!»

«Na? Was heißt das? Möchten Sie mich begleiten?»

Frau Wolters Gesicht lief rot an. «Ja, Herr Doktor.»

Sie wusste, sie hatte erreicht, was sie wollte. *Er kann mir ein paar Hiebe mit der Reitgerte geben, die ich schon so lange vermisst habe und dann soll er mich ficken.*

Als sie neben ihm in seinem Wagen Platz nahm, wurde sie von ihm geküsst. Sie wehrte sich nicht, sondern erwiderte seinen Kuss mit tiefem Zungenspiel, auch als er ihre Brüste fest durch ihre Bluse knetete.

«Sie sind eine außergewöhnliche Frau. Da

ich Sie sehr achte, möchte ich Sie weiterhin Frau Wolters nennen. Ich möchte, das Sie das akzeptieren.»

Sie flog zu ihm und gab ihm wieder einen Kuss. «Herr Doktor, selbstverständlich akzeptiere ich das. Ich sehe es als meine Pflicht, dienstbeflissen Ihre Wünsche zu erfüllen.»

«Sie sind sehr dienstbeflissen, nicht wahr?»

«Ja, Herr Doktor. Ich möchte Ihnen sehr willig dienen.»

«Das würde mir gefallen. Sie wissen, was *Unternehmens Compliance* bedeutet? Es bedeutet, Verhalten im Einklang mit geltenden Regeln. Gemeint sind damit Gesetze, gesellschaftliche Normen und unternehmensinterne Vorgaben. In einem Unternehmen gilt dies für alle, und zwar für Mitarbeiter und Führungskräfte gleichermaßen. Unternehmen, die gegen *Compliance-Regeln* verstoßen, drohen unter anderem empfindliche Bußgelder und Schadenersatzzahlungen. Unternehmen sind gesetzlich dazu verpflichtet, im Rahmen des Compliance die Belegschaft vor sexueller Belästigung am Arbeitsplatz zu schützen. Die Geschäftsführung muss klar kommunizieren, dass sexuelle Belästigung nicht toleriert wird und nicht Teil unserer Unternehmenskultur ist.»

«Ja. Natürlich, Herr Doktor. Das ist ganz wichtig.»

«Es ist lustig, Frau Wolters. Für Freitag nächster Woche hat die Konzernleitung alle Vorstände und Geschäftsführer unserer Tochtergesellschaften zu einem Compliance Seminar zur Verhinderung sexueller Belästigung und Gewalt gegen Frauen nach Paris eingeladen. Eine Professorin der Sorbonne wird einen Vortrag halten. Ich möchte Sie dahin mitnehmen.»

«Oh, gerne. Wie passend.»

«Ja, habe ich auch gerade gedacht. Sehr passend. Ich möchte Sie dort als Chief Compliance Officer vorstellen und zeigen, dass wir dieses Thema bereits beherrschen. Sie werden vortragen, wie wir die Mitarbeiter dabei erinnern, sich an geltendes Recht zu halten. Sexismus und sexuelle Belästigung sind Themen, die immer wieder in der öffentlichen Debatte aufflammen. Nicht zuletzt durch MeToo ist das Thema Sexismus in den Fokus von sozialen Medien und öffentlicher Wahrnehmung gerückt. Wichtig ist festzuhalten, dass Sexismus und sexuelle Belästigung ernstzunehmende Compliance-Vorfälle sind, die auf keinen Fall verharmlost werden dürfen. Das sollten wir in Paris der Konzernführung aufzeigen können. »

«Was muss ich da mitnehmen?»

«Nur schwarze halterlose Strümpfe und High Heels.»

Frau Wolters lachte. «Sonst gar nichts?»

«Natürlich tagsüber ein hochgeschlossenes Business-Kostüm fürs Seminar und abends etwas Schickes, was mir gefallen könnte.»

Zaghaft fragte sie: «Die Strümpfe wären für Abends?»

«Ja. Das verlange ich. Wir werden zwei

wundervolle Tage in Paris anhängen.» Hoffmann grinste über das ganze Gesicht. «Die Seminarleiterin wird darauf hinweisen, dass Führungskräfte, die mit weiblichen Mitarbeitern reisen, niemals in einem gemeinsamen Hotelzimmer übernachten dürfen. Wir werden also getrennte Zimmer haben. Abends werden Sie mir Ihre Erkenntnisse aus den Vorträgen vorlegen und ich erwarte, dass Sie sich mithilfe meiner Reitgerte dienstbeflissen helfen lassen, das Seminar aufzuarbeiten, um als *Chief Compliance Officer* praktische Erfahrung zu sammeln.»

«O!»

«Ja. O ohne H! Möchten Sie mich in dieser neuen Funktion nach Paris begleiten?»

«Ja, Herr Doktor. Ich würde mir gerne helfen lassen.»

«Gut. Dann werden wir uns jetzt bei mir auf das Seminar vorbereiten.»

Kajira

Sie suchte nach dem Bus mit einem roten Schild. Vor 20 Minuten war Susan in Boston gelandet, stand jetzt vor dem Ankunftsgebäude und sah sich um. Hier sollte ein Bus stehen, mit einem großen Schild, mit dem Aufdruck K-Agency.

Alles erschien ihr irgendwie unglaublich. Vor ein paar Wochen war sie im Internet auf eine Art Ehevermittlungs-Agentur gestoßen, die damit warb, dass sie junge attraktive Frauen kostenlos an hochgestellte und gutsituierte männliche Persönlichkeiten ins Ausland vermitteln könne. Das hatte sie interessant gefunden, hatte einen ausführlichen Bewerbungsbogen ausgefüllt, zwei Bilder angehängt und die Mail abgeschickt.

Zwei Tage später hatte sie einen Anruf bekommen. Eine ruhige zuvorkommende Frauenstimme hatte sie befragt, ob sie wirklich die Absicht habe, die Frau eines Mannes zu werden und bereit wäre auch diesem dann in ein kulturell hochstehendes Land auf einem anderen Kontinent zu folgen. Susan, ganz in schwärmerischen Gedanken an Frankreich, das sie so sehr liebte, sagte spontan *Ja*. Was hatte sie alles schon über Frankreich und die Liebe gelesen und hatte sich so sehr gewünscht, einmal dorthin zukommen.

Ihr Alltag war nüchterner. Sie arbeitete als Aushilfskellnerin in einem Schnellrestaurant.

Das Studium an der Universität hatte sie aus finanziellen Gründen abbrechen müssen. Als Laienschauspielerin hatte sie mehrmals versucht über Agenturen wenigstens zu einem Casting eingeladen zu werden. Alles vergebens. Dabei hatten alle gesagt, sie sei sehr hübsch und dass sie eine fantastische Figur habe.

Diese Frau am Telefon, die sich als Lady Thora von Ar vorstellte, hatte ihr von einer großen Chance erzählt, ihr jetziges Leben ändern zu können. Als die Frau ihr anbot, sie zu einem Vorstellungsgespräch nach Boston einzuladen, hatte Susan spontan zugesagt, aber ein Flug von Baltimore nach Boston war für sie mit ihren letzten Dollars unmöglich.

Das sei kein Problem, hatte die Frau gesagt. Die Vita, die sie ihnen zugeschickt habe, entspräche genau dem, was sie suchten. Kosten würden ihr keine entstehen. Sie würde in den nächsten Tagen per Post ein Ticket mit Rückflug erhalten und von der Agentur, die den komischen Namen Kajira Agency trug, zu einem Seminar eingeladen.

Bei diesem Seminar würde man sich mit ihr ausführlich unterhalten, würde ihr die Arbeitsweise der Agentur und die Möglichkeiten vorstellen und sie könne dann einen Eindruck gewinnen. Alles ohne Kosten und vollkommen unverbindlich, allerdings auch für die Agentur, wie die Frau ruhig erklärte. Sie wolle nicht zu viel versprechen.

Susan konnte es kaum glauben, aber die Stimme der Frau war so rücksichtsvoll, angenehm und vertrauenerweckend, dass sie spontan zusagte. Sie war voll von Glücksgefühlen und sah sich in Paris an der Seite eines attraktiven Mannes die Champs Ellysee entlang bummeln oder auf der Terrasse einer Villa an der Cote d'Azur sitzen. Susan war sich sicher. Die Frau hatte etwas von adligen Männern angedeutet und ihr Name ließ auch auf die Zugehörigkeit zu einem Adelsgeschlecht schließen. Ein Mann an ihrer Seite würde wenn, dann ganz sicher dem hohen europäischen Adel angehören.

Und wirklich, zwei Tage später, lagen die Tickets in ihrem Briefkasten, mit einem kleinen Zettel, dass vor der Ankunftshalle in Boston ein gekennzeichneter Bus warte, da auch noch andere Teilnehmerinnen zu dem Seminar kämen und zum Tagungshotel gebracht würden.

*

Es dauerte etwas, bis Susan den modernen Klein-Bus vor dem Flughafengebäude entdeckte und darauf zusteuerte.

Eine elegant gekleidete hellblonde Frau in den Vierzigern stieg aus und begrüßte sie. Sie stellte sich als Madame de Belmont vor, fragte Susan nach ihrem Namen und strich ihn als Letzten von einer Liste. Dann nahm sie Susans Reisetasche und bat sie einzusteigen.

Im Bus saßen bereits sechs oder sieben junge Frauen und Susan setzte sich auf einen der freien Plätze.

Sie sah, dass die Frau dem Busfahrer ein Zeichen gab und der Bus setzte sich in Bewegung. Als sie in den Tunnel hineinfuhren, der den Flugplatz mit der Stadt verbindet, ertönte Madame Belmonts Stimme aus den Lautsprechern.

«Meine Damen, ich begrüße Sie nochmals recht herzlich im Namen der Kajira Agency. Ich darf mich kurz vorstellen, ich bin Madame Belmont, die Assistentin von Lady Thora, mit der Sie ja schon alle am Telefon gesprochen haben. Unser Seminar wird in einem Tagungshotel außerhalb der Stadt Boston stattfinden und unsere Fahrt dorthin wird etwa eine Stunde dauern. In der Minibar in der Mitte des Busses finden Sie verschiedene Getränke zu Ihrer Auswahl. Ich wünsche Ihnen einen angenehmen Aufenthalt bei uns.»

Träumend, mit Bildern der schönen Schlösser an der Loire vor Augen, genoss Susan die Fahrt. Die Stunde war wie im Flug vergangen, als der Bus in einem Waldgebiet auf einen engen Weg abbog und nach wenigen Minuten vor einem großen Backsteinbau, einem richtigen Mansion mit Türmchen und Erkern, anhielt.

Susan war überwältigt, als sie mit den anderen jungen Frauen in die große Eingangshalle des Hauses eintrat. An den Wänden hingen riesige Ölschinken mit den Abbildungen interessanter Männer. Madame Belmont bat alle, ihr zu folgen, das Gepäck würde vom Fahrer versorgt werden. Im Vorbeigehen konnte Susan auf dem blinkenden Messingschild unter einem der Ölbilder einen Namen lesen. Ligurious, Earl of Corcyrus, Member of the High Court. Susan war begeistert.

Madame Belmont öffnete eine Türe und ließ sie alle eintreten.

In einem stilvoll eingerichteten Saal mit weiten offenen Fenstern zum Garten, standen viele festlich eingedeckte Tische. Edles Porzellan, Blumenarrangements und Kerzenleuchter.

«Meine Damen», sprach sie, «Ich möchte es Ihnen nur kurz zeigen. Dies ist unser Restaurant. Hier werden wir gemeinsam mit allen Teilnehmerinnen später das Dinner einnehmen. Leider haben wir nicht mehr viel Zeit, Sie sind die letzten und die bereits angekommenen Teilnehmerinnen warten im Tagungsraum und daher werde ich Ihnen Ihre Zimmer nach der kurzen Begrüßung durch Lady Thora zeigen. Folgen Sie mir bitte zum Tagungsraum.

Im Tagungsraum herrschte lautes Stimmengewirr, als sie eintraten und Susan suchte sich einen Platz. Der Raum war typisch für ein Seminar eingerichtet. Zwei Flipcharts standen vorne und die Tische, jeweils für zwei, waren in Reih und Glied aufgestellt. Susan überflog die Runde und schätzte, dass etwa dreißig junge Frauen in ihrem Alter Platz genommen hatten. Alle Frauen waren durch die Bank sehr hübsch und hatten sich in ihre beste Kleidung geworfen. *Wenn das so eine hochgestellte Heiratsagentur ist, dann ist das verständlich, dass sie nur die hübschesten aussuchten,* dachte sich Susan. Das bedeutet allerdings auch, viel Konkurrenz. Sie würde sich anstrengen müssen.

Eine Seitentüre ging auf und eine Frau trat ein, die Susan sofort in ihren Bann zog. Die Frau war etwa 45 Jahre alt, trug hochgesteckte blonde Haare und war mit einem atemberaubenden Jackenkleid bekleidet. Ihr Jackett war gerundet ausgeschnitten und offenbarte ein Dekolleté, das einen tiefen Einblick auf ihren Busen gab. Susan erinnerte sich an Bilder der italienischen Schauspielerin Sophia Loren und war sich sicher, dass diese Frau einen noch größeren Busen besaß, aber mindestens die gleiche elegante Ausstrahlung.

Die Frau ging in die Mitte zwischen die zwei Flipcharts und legte einige Papiere auf einen kleinen Nebentisch.

Sie überflog die vor ihr sitzenden Frauen und sprach sie mit einem ausländischen Akzent, den Susan nicht deuten konnte, an: «Herzlich willkommen, meine Damen. Herzlich willkommen bei Kajira Agency. Wie geht es euch?»

Fast alle Frauen riefen: «Guuut.»

«Das freut mich. Hattet ihr alle einen guten Flug?»

Wieder riefen alle: «Jaaaa!» und Susan stimmte mit ein.

«Ich freue mich, euch kennenzulernen. Freut ihr euch auch, mich kennenzulernen?»

«Jaaa!»

«Lauter!»

Den ganzen Tagungsraum erfüllte ein ohrenbetäubendes: «Jaaaaa.»

«Ahh, wunderbar. Ihr seid gut drauf. So, dann will ich mich vorstellen. Ich bin Lady Thora, Freifrau von Ar. Ich bin die Leiterin dieses Instituts und promovierte Gynäkologin.

Den Doktortitel könnt ihr weglassen, ich weiß, dass ich es bin, das reicht mir. Scherz beiseite. Neben mir steht Madame Levana de Belmont, ebenfalls Freifrau, die mir als verlässliche Assistentin zur Seite steht. Da ihr hier in Amerika ja keine Ahnung vom Adel habt, will ich euch kurz erklären, was Freifrau bedeutet. Ich habe die schmunzelnden Gesichter bei euch gesehen. Madame Belmont und ich sind keine Fürstinnen, auch keine Gräfinnen.

Wir gehören schlicht der untersten Stufe des Adels in unserer Heimat an. Freifrau bedeutete früher in Europa, das sie keine Leibeigene war. Mehr aber auch nicht. So ist das bei uns auch so. Wir sind also ganz normale Menschen, Hahaha. Mich dürft ihr einfach mit Lady Thora anreden und meine Assistentin mit Madame Belmont.

So. Fein, dass ihr alle da seid. Ich freue mich wirklich. Freut ihr euch auch? Seid ihr neugierig?»

«Jaaa!»

«Wir sind zusammengekommen, weil ihr euch dafür interessiert, was die Kajira Agency für euch tun kann. Ich werde es kurz nur andeuten, alle Details morgen und übermorgen. Heute wird es nur lustig - ab morgen wird es ernst, Hahaha. Seid ihr auch lustig drauf?»

«Jaaaa Juhuuu!»

«Prima. Also, etwas werde ich euch vorweg

mit auf den Weg geben. Wir sind spezialisiert darauf, für eine ganz bestimmte Klientel hochgestellter Männer die passenden Frauen zu suchen. Frauen, die bereit sind, mit diesen Männern in Zukunft das Leben in Haus, Familie und Gesellschaft zu teilen. Wenn ich sage, hochgestellte Männer, dann heißt das ausnahmslos, dass es sich um Angehörige des Hohen Adels oder aber besonders erfolgreicher Unternehmer und auch Diplomaten handelt. Diese Männer sind nicht nur gutsituiert, wie es immer so heißt, sondern sie sind auch schwer reich, wenn ich das so vereinfacht sagen darf.

Aber, und das sage ich ganz offen, es sind Männer, die mit beiden Beinen auf dem Boden stehen und wissen, was sie wollen. Sie sind erfahren, haben durch die Bank Eheerfahrung und wollen nach einer Trennung wieder eine Frau an ihrer Seite, eine attraktive und junge Frau, mit der sie sich auch in höchsten gesellschaftlichen Kreisen sehen lassen können und – und auch das sage ich offen – um auch gegebenenfalls weitere oder überhaupt Nachkommen zu zeugen. Im Adel sind die Erbfolgeregelungen manchmal sehr kompliziert, daher hat die Frage betreffs Nachkommen bei uns eine ganz andere Bedeutung, als ihr es vielleicht bis jetzt wisst.

Diese Männer können etwas bieten. Sie können EUCH etwas bieten. Nämlich vollkommene Befreiung von materiellen Sorgen für den Rest eures Lebens. Sie werden euch ein vielleicht abenteuerliches Leben bieten können, viele Reisen, fremde Kulturen erleben lassen, die Teilnahme an hochkarätigen gesellschaftlichen Anlässen, extravagante Theateraufführungen und Partys besuchen, von deren Existenz ihr bis jetzt noch nichts gehört habt. Sie werden euch für eure Liebe reich beschenken, mit wertvollen Kleidungsstücken, mit hochkarätigem Schmuck.

Dafür erwarten sie aber auch etwas, nämlich, dass eine schöne, attraktive und gebildete junge Frau nur für sie da ist. Die ihm hingebungsvoll ihre Liebe schenkt und tolerant genug ist, auch seine Besonderheiten zu ertragen und bereit ist, seine Wünsche freudig zu erfüllen. Nicht wahr, meine Damen, alle Männer sind besonders! Hahaha.»

Auch Susan musste lachen. Diese Frau ist unglaublich. So locker, so eine elegante Sprache und kommt doch zur Sache. Susan wusste jetzt, dass sie zu Gast bei der wohl besten Ehevermittlung der Welt war.

Lady Thora ergriff ein Mikrofon. Aus Lautsprechern ertönte ihre aufpeitschende Stimme: «Wollt ihr an der Seite eines attraktiven Mannes stehen?»

Alle im Saal brüllten einstimmig: ‚Ja'.

«Wollt ihr ein Leben ohne materielle Sorgen?»

Enthusiastisch riefen die jungen Frauen: «Jaaa!»

«Wollt ihr einem reichen Mann gehören?»

«Jaaa!»

«Wollt ihr mit ihm fremde Kulturen erleben?»

«Jaaa!»

«Wollt ihr in ferner Zukunft Kinder großziehen?»

«Jaaa!»

«Wollt ihr dem Mann, den ihr liebt, all eure Liebe schenken?»

«Jaaa!»

«Steht auf! Sagt mir, wollen wir ihn gemeinsam suchen?»

Die Frauen waren aufgesprungen und der Raum war gefüllt mit den Ja-Schreien aller. Es wurde geschrien und gelacht, es wurde sich umarmt und getanzt.

«Ihr seid toll; Mädchen. Ich verspreche euch, ich finde für euch den Richtigen. Wollt ihr ihn?»

Und wieder schrien alle Mädchen laut jubelnd ununterbrochen: «Jaaaa. JaaaJaa!»

«Jetzt setzt euch wieder. Ihr seid Spitze. Ich spüre es, wir werden uns gut verstehen und viel Spaß miteinander haben. Heute ist sowieso nur Spaß angesagt. Ab morgen wird es ernst. Keine Fragen heute zur Vorgehensweise. Bekommt ihr alles genau ab morgen während des Seminars beschrieben.

Nur soviel will ich euch zum Abschluss sagen. Wir, und damit meine ich Madame Belmont und ich, wir werden unsere ganze Kraft darauf konzentrieren, für euch den Richtigen zu finden. Den einzig Wahren. Wir können euch versichern, dass wir euch mit ihm zusammenbringen werden. Zu einem ersten Kontakt. Gut, nicht? Dazu müsst ihr allerdings von uns einige Tipps und Verhaltensmaßregeln bekommen, da es sich um Herren aus einer wesentlich höheren Gesellschaftsschicht handelt, als derjenigen, aus der ihr stammt. Das macht aber nichts, selbst der König von Schweden hat eine Bürgerliche geheiratet und die Könige von Holland und Spanien auch. Es wird ein richtiges Coaching-Seminar, dass euch an die besondere Gesellschaftsform heranbringt und von euch vollen Einsatz verlangt.

Ihr fragt euch natürlich, wie kommt man an diese hohen Herrn heran? Das ist das große Plus der Kajira Agency. Bei uns seid ihr in den besten fürsorglichen Händen. Wir haben nämlich Verbindungen, die andere Agenturen nicht haben. Ihr habt alle schon einmal von dem berühmten Auktionshaus Sothebys in New York gehört. Ein Auktionshaus, wo sich ein- oder zweimal im Jahr die reichsten Männer und Frauen der Welt treffen, um die wertvollsten Gemälde und Kunstwerke zu ersteigern. Die High Society trifft sich dort nicht nur, um die ausgestellten Objekte zu betrachten und zu begutachten, sondern auch um zu sehen und gesehen zu werden. Man flaniert, man trifft sich mit Freunden, unterhält sich, wird anderen vorgestellt, lernt neue Menschen kennen oder bahnt Freundschaften und Verbindungen an.

Solch ein feines, hier nicht bekanntes Auktionshaus gibt es auch auf unserem Kontinent, zu dem fast der gesamte Hohe Adel zweimal im Jahr zu einer Auktion anreist, um die schönsten Objekte zu ersteigern. Mit einem solchen Auktionshaus arbeiten wir zusammen und werden mit euch, wenn es soweit und alles vorbereitet ist, dahin reisen. Mit einem Kreuzfahrtschiff und während der Überfahrt werden Lady Belmont und ich euch coachen.

Es wird lustig und aufregend werden - und keine Angst, alles auf unsere Kosten. Schaut euch um, ihr seid alle außergewöhnlich hübsch, deswegen haben wir auch ganz besonders euch eingeladen und erwarten daher als einzige Gegenleistung eine gewisse Disziplin. Jetzt kommt wahrscheinlich die Frage, was hat die Agentur davon?

Ich bin ganz offen. Wir verlangen für die Vermittlung von den Männern viel Geld, so viel, dass ihr es euch gar nicht vorstellen könnt. Sollen sie doch zahlen, wenn ihr so wertvoll seid. Hahaha. Ist das gut?»

«Jaaaaa!»

«Wir werden die potenziellen Männer mit euch gemeinsam durchgehen und euch dann dort unverbindlich bei einer dieser noblen Auktionen verschiedenen Herrn vorstellen. Ihr wisst, der erste Eindruck ist der Wichtigste. Deshalb werden wir euch ab morgen darauf vorbereiten, wie ihr Ihnen gegenübertreten könnt.

In welcher eleganten Aufmachung ihr erscheinen müsst, mit welchen Worten und Gesten ihr die erste Unterhaltung führen könnt und welche Fragen man den hohen gesellschaftlichen Anforderungen entsprechend wie beantworten muss.

Der Rest ergibt sich fast von alleine, denn die betreffenden Herren sind über euer Kommen und auch dem Grund dazu informiert. In zwanglosen Gesprächen werden sie euch und ihr sie kennenlernen, sie vielleicht schon begleiten, wenn sie eines der kostbaren Kunst-Objekte ersteigern wollen und dann – ja, was dann? Dann werdet ihr ihm gefallen und er euch und alles Weitere nimmt seinen Lauf. Hört sich einfach an und ich kann euch versichern, es ist auch einfach.

Denn nicht umsonst haben wir euch alle mit Bedacht ausgesucht. Ihr könnt davon ausgehen, DASS ihr ihnen alle gefallen werdet. Für sie wird die Wahl schwieriger sein, als für euch. Das garantiere ich euch.

IST DAS EIN ANGEBOT? ICH WILL WAS HÖREN!»

Ein lautes jubelndes «Ja!» erfüllte den Raum.

«Aus einer Jahrhunderte alten Geschichte entstand bei uns die Tradition, dass die hochgestellten adligen Herren der Braut ihres Herzens, die Bezeichnung Kajira gaben. Damit erklärt sich für euch auch der Name unserer Vermittlungsagentur Kajira Agency. Kajira, die Braut des Herzens. Wollt ihr eine Kajira werden?»

«Jaaaaaa!»

«Wollt ihr von ihm angebetet werden?»

«Jaaaaah!»

«Wollt ihr Mitglied der höchsten adligen Gesellschaft werden?»

«Jaaaaah, Jaaaah!»

«Dann ruft laut, KAJIRA!»

«KAJIRA!», hallte es einstimmig in dem Saal und etliche Mädchen lagen sich in den Armen.

«Meine lieben Damen, beruhigen Sie sich», fuhr Lady Thora fort, «morgen werden wir euch detailliert informieren. Wie heißt es so schön: Morgen, Morgen, nur nicht heute! Morgen wird es ernst. Morgen beginnen wir Schritt für Schritt mit dem Coaching. Mehr sag ich jetzt nicht mehr zu diesem Thema.

Heute ist nur *Lustig* angesagt. Wir haben noch eine Stunde Zeit, bis zum gemeinsamen Dinner in unserem Restaurant. Ihr bekommt Spitzenessen und könnt zulangen.

Alles leichte Speisen, ihr sollt doch auf eure Linie achten. Hahaha. Bis dahin werden wir jetzt gleich ein kleines Spiel veranstalten. Ihr könnt nach dem Dinner auf eure Zimmer gehen. Jetzt werden wir mit etwas lustigem anfangen, dass euch sicher sehr gefallen wird. Wollt ihr?»

«Jaaaa!»

«Gut. Ihr gefallt mir. Ich werde es euch erklären. Hört mir gut zu. Stellt euch vor, ihr habt euren Traummann gefunden, seid von uns vorgestellt worden. Habt mit ihm schon in einem verteufelt guten Restaurant getafelt und habt euch prächtig unterhalten. Jetzt hat er euch auf sein Anwesen zu einem Dinner zu zweit eingeladen. Ihr seid euch sicher, er und kein anderer. Er wird seinen Fahrer schicken, um euch abzuholen. Ihr habt einen Sprung in die Luft gemacht. Ihr wollt ihn. Für immer. Ihr seid fest überzeugt und habt den Bauch voll Schmetterlingsgefühle.

Ihr fragt euch, was wird nach dem Dinner passieren? Wie weit kann ich gehen, um ihm zu zeigen, dass ich ihn will? Und plötzlich kommt die alles überragende Frage: Was ziehe ich an??? Die wichtigste Frage für uns Frauen.

Was Männer nie verstehen werden. Hahaha.

In dem Raum nebenan haben wir für euch circa 300 Kleidungsarrangements zusammengestellt. Von Schuhen bis zum Halstuch. Jackenkleider von den berühmtesten Pariser Modehäuser, von Chanel, von Goutier, von Lagerfeld, von Versace und so weiter und so weiter. Hochfeine Dessous und die schickesten High Heels. Ihr habt alle die Konfektionsgröße 34 und 36 und dementsprechend haben die Kombinationen diese Größe. Ich möchte euch jetzt bitten, geht in den Raum und stellt euch genau die Kombination zusammen, die ihr für richtig haltet. Drüben sind Umkleidekabinen, zwar nicht für alle gleichzeitig, ihr könnt euch aber ruhig so umziehen. Männer haben hier heute Hausverbot.

Es sind auch Schminktische vorhanden und alle hochfeinen Parfüms und Puder. Denkt daran, für wen ihr euch schick und verführerisch machen wollt. Nämlich für den, der dann an nichts anderes denkt, als euch zu besitzen. Er soll euch wollen! Vergesst das nicht. Ist das gut?»

«Jajaja.!»

«Toll, ihr werdet sehen, es wird wie bei einer Top-Modenschau in Paris sein. Ihr glaubt mir nicht? Madame Belmont und ich werden euch begleiten und auf Wunsch beraten. Wollen wir das Spiel beginnen?»

«Jaaa!»

«Dann gehen wir. Die eine oder andere vermutet hinter unserer Großzügigkeit Hintergedanken. Bingo! Richtig vermutet! Wir haben Hintergedanken. Wir wollen sehen, was euer Geschmack ist. Ihr sollt wissen, dass wir euch helfen wollen, wenn ihr euch unsicher fühlt. Das tun wir mit ganzem Herzen. Nicht wahr, Levana?»

«Ja, Lady Thora», antworte Madame Belmont und lachte.

*

In der Mitte des Raumes standen acht große, jeweils zwei Meter lange Garderobenständer, gefüllt mit Kleidung.

Jacketts, Röcke, Tops, Hemdchen, daneben einige Tische mit BH's, Korsagen, und Höschen. Auf Seitentischen lagen hunderte Schuhe mit hohen Absätzen und Stümpfe.

Susan war überwältigt. Nicht nur sie, sondern alle Mädchen hatten das nicht erwartet. Sie fühlte sich wie in einem der großen Modehäuser und hatte jetzt sogar die freie Auswahl.

Susan bahnte sich einen Weg durch das Gedränge und ging zu einem der hinteren Ständer. Sie stieß beim Durchstöbern auf ein weißes Jackenkleid mit schwarzen Borden.

Nahm es sofort heraus und wanderte zu den Tischen an den Wänden. Angel, das Mädchen, das sie im Bus kennengelernt hatte und bei der Einführung neben ihr gesessen hatte, stellte sich zu ihr. Gemeinsam durchwühlten sie die Stapel an Blusen.

«Gefällt mir nichts. Ich glaube, ich probiere mein Kostüm erst mal ohne an. Bis gleich», scherzte Susan und begab sich zu den Umkleidekabinen. Die waren aber alle besetzt.

Schulterzuckend ging sie zurück. Dabei kam sie an den Ständer mit den Dessous vorbei. Einen schicken BH?, fragte sie sich. Dann sah sie Korsagen. *Irre*, dachte sie. *Geil. Super. Wollte ich schon immer mal anziehen*. Eine schwarze Spitzenkorsage mit Strapsen faszinierte sie.

«Warum nicht!», murmelte sie, nahm die Korsage und schaute zu den Höschen. Angel kam, sah die Korsage und sagte zu Susan: «Du bist verrückt. Ein Korsett? Das trägt man doch heute nicht mehr.»

«Warum nicht. Ich habe gelesen, dass die reichen Frauen in Europa meistens Korsagen anziehen, wenigstens, wenn sie fein ausgehen. Außerdem, stört doch keinen und kosten tut's auch nichts.»

In diesem Moment kam Lady Thora zu den beiden.

«Na, ihr Hübschen, schon was gefunden? Was hast du da?» fragte sie Susan und ließ sich das ausgesuchte Kostüm zeigen.

«Oh, ein Chanel Kostüm Ich beglückwünsche dich zu deinen guten Geschmack. Wie heißt du?»

«Ich heiße Susan. Ich hatte keine Ahnung, dass

es von Chanel ist. Es gefällt mir.»

«Es ist auch bestimmt eines der teuersten hier. Toll, nicht wahr?» Lady Thora wandte sich an Angel: «Was hast du ausgesucht?»

«Ich weiß es. Ich habe das Etikett gelesen. Es ist von Versace.»

«Ja, auch gut. Und wie heißt du?»

«Angel!»

«Fein, Angel. Du bist 23-jährige MBA-Absolventin, nicht wahr? Ihr beide habt einen guten Geschmack. Was wollt ihr darunter tragen?»

Susan reichte ihr die Korsage, die sie ausgesucht hatte.

«Ouii», pfiff Lady Thora, «Geil, sagt man bei euch, nicht wahr? Aber toll. Sehr elegant.»

«Angel meinte, so etwas trägt man heute nicht mehr», antwortete Susan.

«Oh doch. Und wie. Jedenfalls bei uns. Elegante adlige Frauen tragen sie fast immer zu jeden gesellschaftlichen Anlass. Ich trage auch immer eine Korsage.»

«Siehst du!», sagte Susan schnell zu Angel.

«Du brauchst einen Slip dazu und Strümpfe», empfahl Lady Thora, «Dafür sind die Strapse da. Hier hängen einige in Schwarz, die passen dazu. Na, Angel, was meinst du?»

«Hmm, naja, wenn Sie meinen. Die beige Korsage ist schön. Die würde mir gefallen.»

«Dann nimm sie dir doch. Sei mutig. Denk daran, du willst doch bei unserem Gedankenspiel jemanden wichtigen überzeugen. Die Männer bei uns stehen auf Korsagen, das sag ich dir.»

«Ja, gut», antwortete Angel und schnappte sich die Korsage.

«Jetzt fehlen noch Slips», warf Lady Thora ein, «Keine Höschen. Zu Korsagen trägt man nur feinste Slips. Kommt mit.»

Lady Thora führte sie zu einem Tisch, auf dem nur Slips, Tangas und G-Strings lagen.

Angel stieß einen Pfiff aus: «Echt geil. Irre.»

Plötzlich zog sie lachend einen hauchzarten Slip hervor.

«Schaut euch den an, er ist zwischen den Beinen unten offen. Nur Bändchen. Ist ja unglaublich. Wahnsinn. Das habe ich noch nie gesehen.»

Lady Thora grinste nur. Aber Susan ergriff den Slip und schaute ihn sich genauer an. Er war hauchzart und sehr knapp geschnitten. Ein kleines schwarzes Dreieck war mit winzigen Röschen bestickt, aber sonst durchsichtig.

Da, wo es zwischen den Schenkeln hindurchgehen sollte, öffnete es sich und nur noch zwei dünne schwarze Bändchen liefen nach hinten, vereinigten sich wieder und schlossen zum Hüftband auf. Susan wurde klar, dass dies bedeutete, dass die Schamlippen offen sein würden, da die beiden Bändchen rechts und links der Lippen liegen würden. So ein Teil hatte sie noch nie zuvor in Händen gehabt. Echt geil, dachte sie.

Lady Thora, die die ganze Zeit Susan still beobachtet hatte, fragte sie leise: «Ist das nicht schick? Ist doch irre, nicht wahr?»

«Hmm», Susan wusste nicht, was sie sagen sollte. «Trägt man so etwas?»

«Ja», antwortete Lady Thora leise und schmunzelnd: «Die sind bei Frauen, die etwas erleben wollen, sehr beliebt. Es ist ein herrliches Gefühl, zu wissen, dass man so einen Slip unter dem Rock trägt. Probier es! Keiner stört dich und hier sind doch keine Männer.»

Susan zögerte. Lady Thora bemerkte dies und erklärte: «Ich werde euch beiden mal alleine lassen und schau nach den Anderen. Ich kann euch aber jetzt schon sagen, das, was ihr ausgesucht habt, ist alles perfekt.»

Und als wenn sie noch eine kleine Empfehlung geben wollte, fügte sie leise hinzu: «Auch das hier. Sei mutig», und deutete dabei auf den Slip den Susan in den Händen hielt.

Susan wunderte sich über nichts mehr. Diese Frau hat ein so einnehmendes Wesen, das spürte sie. *Ich glaube, sie mag mich,* dachte sie und entschied: *Wenn sie sagt, der sei gut, dann nehme ich ihn auch.*

Angel drehte sich zu Susan: «Du willst wirklich diesen Slip anziehen?»

«Ja, warum nicht? Ich glaube, diese Lady Thora hat mir zu verstehen gegeben, dass es passen würde. Wenn es die hohen Damen der Gesellschaft tun, warum wir nicht auch?»

«Hahaha, da hast du recht. Da liegt noch so einer. Hab ich eben gesehen. Etwas größer als deiner, aber auch unten offen. Also, ich stehe dir bei. Komm, wir wollen uns umkleiden.»

Kichernd und lachend gingen die beiden mit ihren Sachen zurück in den Seminarraum, der leer war. Zogen sich aus, schlüpften schnell in ihre Slips und Korsagen, fingen wieder an zu gackern und zogen dann ihre Jackenkleider an.

«Toll. Schick siehst du aus. Echt geil», sagte Angel zu Susan.

«Ich will dir was sagen», flüsterte Susan, «Es ist echt geil, eine nackte Muschi unterm Rock zu haben. Ich glaube, ich mag es.»

«Du bist total verrückt. Na ja, ist doch nur heute. Aber du hast recht. Irgendwie fühlt man sich anders. Ob die anderen das mitbekommen haben?»

«Glaube ich nicht. Komm, wir gehen wieder rüber. Ich brauche hohe Schuhe.»

Sie begutachteten sich in den aufgestellten Spiegeln, legten noch etwas Make-Up auf und gingen zum Diningraum.

Lady Thora stand am Eingang, begrüßte jedes der Mädchen mit Handschlag und ließ sich den Namen sagen.

«Hallo! Du bist Susan und du bist Angel, nicht wahr?

Willkommen zum Dinner. Ihr seht einfach toll aus. Dreht euch herum. So, rechts und links neben mir. Madame Belmont wird von mir und allen Mädchen jeweils ein Foto schießen. Ihr bekommt einen Abzug. Als Erinnerung: So elegant, wie ihr ausseht.»

Madame Belmont knipste sie, und Susan und Angel suchten sich einen freien Tisch.

Als alle Mädchen an den Tischen saßen, kam

Lady Thora auch zu ihnen. «Und, wie fühlt ihr euch? Ihr seid perfekt für ein Dinner gekleidet.»

«Danke, Lady Thora», antwortete Susan brav.

«Wie fühlst du dich? Hast du meine Empfehlung angenommen?»

Susan spürte instinktiv, dass Lady Thora genau auf diesen besonderen winzigen Slip anhob, den sie ihr bei der Anprobe empfohlen hatte.

Mutig antwortete sie: «Ich habe Ihre Empfehlung mit Freude angenommen. Ich fühle mich großartig. So frei.»

«Das ist gut, mein Kind. Das ist genau die richtige Einstellung. Wir machen nach dem Essen eine Prämierung, vielleicht gewinnt ihr einen Preis. Ich muss rüber zum anderen Tisch. Wir sehen uns nach dem Essen. Tschau, ihr beiden.»

*

Das Essen war wirklich vom Feinsten. Hummer, Lachsröllchen, feine Filetscheiben gebraten und verschiedenes gedünstetes Gemüse. Dazu wurde Weiß und Rotwein ausgeschenkt. Die Stimmung war gut und wurde immer ausgelassener.

Susan unterhielt sich hauptsächlich mit Angel, da die anderen beiden Mädchen an ihrem Tisch sich wohl auch schon im Bus angefreundet hatten. Sie erzählten aus ihrem Leben und von der Uni.

Nach dem Nachtisch hatte es eine kleine Modenschau gegeben. Lady Thora hatte alle Frauen aufgefordert, eine nach der anderen sich mit Namen vorzustellen und einmal auf und ab zu gehen. Die anderen sollten dann auf fertig ausgestellten Listen die ausgewählte Kleidung mit Punkten bewerten.

Susan wurde nach der Auszählung Dritte, Angel Siebte.

Die ersten drei bekamen einen goldenen Armreif von Lady Thora überreicht.

Lady Thora bat dann alle Teilnehmerinnen, ihr in die Hotelbar zu folgen. Diese hatte nur einen kleinen Tresen, dafür aber viele kuschelige gepolsterte Sitzgruppen, zusammengestellt aus dunkelroten Ledersofas im englischen Stil. Jeweils sechs konnten Platz nehmen und in der Mitte stand ein kleiner Glastisch.

Als die Damen hineinströmten, wurden ihnen von Madame Belmont die Plätze angewiesen.

Als alle jungen Damen in ihrer schicken Garderobe Platz genommen hatten, erschien Lady Thora.

Susan verschlug es den Atem. Lady Thora trug ein atemberaubendes extrem tief decolletiertes Jackenkleid, das ihren gesamten Busen bis unter den Brüsten freigab und dessen Seitenteile die Brustwarzen nur knapp bedeckten.

Sie stellte sich in die Mitte und sprach zu den Damen: «Meine Damen, das war ein fürstliches Dinner. Ich hoffe, es hat Ihnen allen geschmeckt. Wie ihr seht, geht Madame Belmont jetzt herum und reicht euch ein Glas echten französischen Champagner. Wir werden auf unsere fruchtbare und erquickliche Zusammenarbeit gemeinsam anstoßen.

Ein Tipp, schon mal vorweg. Champagner ist das Getränk der hohen Gesellschaft. Diejenigen von euch, die es bisher nicht sonderlich mochten, möchte ich dennoch bitten, das Glas leerzutrinken. Gewöhnt euch daran. In der noblen Gesellschaft werdet ihr es trinken müssen! Und ich sage das mit Nachdruck, ihr werdet euch daran gewöhnen müssen. Also, volle Gläser werden von Madame Belmont nicht zurückgenommen. Hahaha. Auf unser Wohl, Cheers.»

Als alle geprostet hatten, sagte Lady Thora: «Ihr könnt noch ein wenig plaudern, diejenigen, die noch etwas Champagner möchten, können sich gerne noch bedienen. Madame Belmont geht herum und schenkt nach. Aber, in einer Stunde gehen wir auf unsere Zimmer. Morgen wird ein anstrengender Tag für euch. Morgen beginnen wir mit dem Seminar. Ich verspreche euch, es werden lustige und lustvolle Seminartage.»

Susan saß mit Angel auf einem der runden Sofas in einer Ecke, die ihnen Madame Belmont zugewiesen hatte.

Lady Belmont kam und nahm ihre leeren Gläser zurück und stellte ihnen neue auf den Tisch. Im Unterbewusstsein wunderte sich Susan darüber, aber Angel lenkte sie mit Fragen zur Kleidung ab.

Susan beobachte Lady Belmont, die zwei noch stehende, sich unterhaltende Mädchen aufforderte ihre Gläser leerzutrinken und höflich, aber bestimmend darauf wartete, die leeren Gläser nachfüllen zu können. Aber auch dies vergaß sie schnell, denn Lady Thora kam mit einer Flasche Champagner und setzte sich zu ihnen.

«So, der erste Teil des Programms ist geschafft. Ich bin beruhigt, dass alles so gut geklappt hat. Jetzt trinke ich noch ein Glas in Ruhe mit euch beiden.»

«Wie viele Teilnehmerinnen sind wir eigentlich?», wollte Angel von ihr wissen.

«Genau 32, mein Kind. Und seid alle sehr schön. Ich bin ganz glücklich. Ich habe euch alle erst heute richtig ansehen können. Prost, ihr beiden.»

Susan, Angel und Lady Thora prosteten sich zu und tranken nach Aufforderung auch ihre Gläser ganz leer.

«Champagner ist mein Leben. Ihr werdet es noch lernen, ihn zu mögen. Es macht die Sinne so frei.»

Susan registrierte, das Lady Thora Susans und ihr eigenes Glas aus einer Champagner Flasche nachfüllte, während gleichzeitig Madame Belmont kam und Angels Glas aus einer anderen Flasche wieder füllte. Aber Susan wurde von ihren Gedanken abgelenkt, da sich Lady Thora an sie wandte: «Na, Susan, erzähl mir. Jetzt kannst du es mir ja sagen, wie fühlt man sich in so eleganter Kleidung, wenn man darunter freche Dessous trägt?»

«Es ist schon irre, Angel hat aber auch so einen Slip.»

Angel wollte protestieren, aber Lady Thora fiel ihr ins Wort: «Angel, wirklich?» Angel nickte verschämt.

«Ich beglückwünsche euch. Ihr beiden seid damit die wahren Prinzessinnen heute Abend. Denn es waren bewusst nur zwei solcher Slips dabei. Wir wollten sehen, wer sich traut. Das finde ganz toll von euch. Ihr bekommt einen Pluspunkt, beide. Prost.»

Madame Belmont schenkte Angel wieder das Glas voll und ging dann zu den anderen Sitzgruppen.

Auch Lady Thora füllte Susans Glas. «Oh, Danke. Bitte, nicht mehr. Mir ist schon ganz schummerig!»

«Das macht nichts, wir gehen doch gleich ins Bett», antwortete die Lady, «Champagner ist das Leben, die Liebe und die Lust.»

Susan bemerkte, dass alle Mädchen langsam aber sicher ruhiger wurden und sich leiser in ihren jeweiligen Ecken unterhielten. Einige gähnten auch.

Susan fühlte sich müde, war aber andererseits furchtbar erregt. War es der Gedanke an den Slip, den sie trug? Sie sah, dass Angel jetzt so seltsam lächelte, sich zurücklehnte und den Kopf zur Musik rhythmisch bewegte.

Der Tag war wohl für alle anstrengender als angenommen, dachte sie, als sie immer mehr Mädchen in den Sofaecken rechts, links und dahinter sich wie in Trance bewegen sah.

Elektrisiert fuhr sie aus ihren Träumen, als sie die Hand von Lady Thora auf ihrem Knie spürte. Ein Schauer durchlief ihren Körper. So etwas hatte sie noch nie erlebt. Sie wollte sich gegen die Hand der Lady wehren, aber irgendetwas in ihr hinderte sie daran. Sie empfand es sogar als äußerst wohltuend. Die Hand strich auf ihren Strümpfen unter ihren Rock, schob ihn hoch und erreichte die nackte Haut ihrer Schenkel. Susan spürte, dass sie sich unten sehr erregte. Noch einmal bäumte sich Susan etwas auf. Blickte um sich. Nahm wahr, dass anscheinend Angel und andere Mädchen müde und erschöpft ruhig auf den Sofas saßen oder sich nur noch leise kichernd unterhielten.

Sie fühlte, wie Lady Toras Finger zwischen ihren Schenkel höher rutschten, sich zwischen die Bänder ihres Slips zwängten und ihren Kitzler streichelten. Sie hörte Lady Toras Stimme in ihr Ohr flüstern: «Wie schön du bist, Susan. Soll ich dir etwas verraten. Ein Geheimnis?»

Susan spürte die aufkommende Erregung.

«Mein Geheimnis? Willst du es wissen?» Susan nickte.

«Mein Geheimnis ist, ich trage überhaupt keinen Slip.»

Susan stöhnte auf, sie wurde feucht und spürte es. Es war zu schön. Den zärtlichen Finger von Lady Thora an ihren Schamlippen nahm sie kaum wahr. Alles war wie in einem Traum. Das

Licht war irgendwie anders, dunkler.

Susan bemerkte in dem nun gedimmten und rötlich getrübten Licht, dass Madame Belmont zu ihnen kam.

Aber das war nicht die Madame Belmont von heute Abend.

Sie war irgendwie ganz anders. Sie war nur noch mit einer schwarzen knappen Leder-Korsage bekleidet, die ihre riesigen Brüste offen ließen. Sie hatte Stümpfe an, aber sonst nichts und Susan nahm auch wahr, dass sie deren blank rasierte Muschi sehen konnte.

Lady Thora zog Susans Kopf zu sich hinunter. Susan sah, das die Lady ihr Kleid ganz hochgezogen hatte und sie auf die nur wenige Zentimeter entfernten nackten rasierten Schamlippen der Lady blickte.

«Küss mich, Susan!», hörte sie die Lady sagen und bemerkte, wie die Lady sie mit festen Händen an den Schultern zwang, die Schamlippen zu küssen.

«Susan. Du musst gehorsam sein. Küss mich. Leck mich, mein Liebling.»

Dabei zog die Lady ihre Jacke aus und offenbarte Susan ihre prallen nackten Brüste, die von einer Unterbrustkorsage aus Leder hoch gepresst wurden.

Susan war mit einem Mal voller Erregung und Verlangen. Sie wusste nicht, was mit ihr geschah und begann den Kitzler der Lady zu küssen.

«Süß, meine Kleine. Küss mich fester. Leck mich!»

Einen letzten Gedanken des Zweifels folgend schaute sie sich um und sah Madame Belmont hinter ihr stehend, mit einer schwarzen Peitsche in der Hand.

«Du musst gehorsam sein, Susan. Das musst du lernen.»

Mit weit gespreizten Schenkel zog Lady Thora Susan Kopf wieder zu ihren Schamlippen. Susan küsste den Kitzler der Lady und spürte, dass ihr Kleid bis zur Taille hochgeschoben und Finger ihre Schamlippen streichelten.

«Fester, mein Kleines. Du musst lernen.»

Susan war hoch erregt und der Finger streichelte und massierte ihren Kitzler immer heftiger. Nur noch stöhnend vor Lust konnte sie die Lady lecken.

Sie spürte, wie sie ganz vom Taumel der Lust erfüllt wurde und die kräftige Hand ihre Schamlippen und ihren Kitzler massierte. Ihr Körper begann zu zittern.

Plötzlich erhielt sie einen Peitschenhieb auf ihren nackten Po. Sie zuckte zusammen, schrie kurz auf. Lady Thora hielt ihren Kopf fest und befahl ihr weiterzulecken. Sie spürte, wie flinke Finger ihre feuchte Muschi kraftvoll streichelten.

Es dauerte gar nicht lange und sie bekam einen überwältigenden Orgasmus – und im Taumel der Lust spürte sie kaum die zwei kräftigen Peitschenhiebe.

Auch Lady Thora schrie ekstatisch auf und zitterte am ganzen Leib, als Susan sie zum Orgasmus lecken konnte.

«Das war wunderschön von dir, Susan», sagte Lady Thora liebevoll zu Susan. «Komm setz dich zu mir.»

Als sie neben der Lady saß, reichte diese ihr wieder ein Glas Champagner und stieß mit ihr an.

Susan war innerlich aufgewühlt und doch merkte sie, dass sie Schwierigkeiten hatte, all das aufzunehmen, was um sie herum geschah. Ihr Kopf rotierte irgendwie, aber es war nicht unangenehm. Ganz im Gegenteil. Das, was sie sah, erregte sie wieder furchtbar. Sie sah, dass Madame Belmont zwei Mädchen splitternackt entkleidete und mit den ausgestreckten Händen ungeniert, deren Muschis rieb. Dann ließ sie eines der Mädchen hinknien und stellte sich mit ihrer nackten Scham vor deren Gesicht. Sie befahl den Mädchen irgendetwas, was Susan nicht verstand und das Mädchen begann die Scham der Madame Belmont zu küssen.

Als Susan die Hand der Lady Thora an ihrer Muschi fühlte, überkam sie ein Zittern.

«Ist das nicht schön, so zuzusehen?», fragte die Lady. «Du bist ja auch wieder ganz feucht, meine Kleine. Hier darfst du feucht sein.»

Lady Thora nahm Susans Hand. «Hier, fühl. Ich bin auch ganz feucht. Reibe mich. Ich möchte nochmal kommen.»

Susans Finger flog über Lady Thoras Kitzler, der richtig empor stand.

«Ahh», hörte Susan sie sagen. «Ich glaube, ich möchte mehr.»

Lady Thora sagte zu Madame Belmont etwas in einer Sprache, die Susan nicht verstand.

Lady Belmont ging daraufhin zu Angel, die apathisch in ihrem Sessel gegenüber saß. Sie ließ Angel aufstehen und zog ihr das Kleid und den Slip aus. Dann führte sie Angel her und befahl ihr, sich zwischen die breit gespreizten Schänkel der Lady zu knien.

«Meine liebe Angel. Küss meine Muschi. Zeig mir, was du kannst. Sei gehorsam.»

Nicht widerwillig, aber in einer Art Trance, begann Angel Lady Thora zu lecken, die deren Kopf fest auf ihre Muschi drückte.

Madame Belmont stellte sich neben Angel und Lady Thora gab ein Zeichen. Blitzschnell holte Madame mit der Peitsche aus und hieb auf Angels Po.

«Ach, ist das schön», stöhnte Lady Thora. Zu Susan gewandt, die fasziniert dem Schauspiel zusah und in ihren Trancezustand den Finger der linken Hand der Lady an ihrem Kitzler spürte, sagte sie: «Ist das nicht herrlich, wenn ein hübsches Mädchen zur Lust gepeitscht wird. Sieh genau zu, Susan. Die Peitsche erzeugt die Lust.»

Susan hörte Angel kurz aufschreien, als sie weitere Peitschenhiebe erhielt, aber sie sah, dass Angel brav weiterleckte, da sie von Madame gestreichelt wurde.

Angel stöhnte auf, als sie einen Orgasmus bekam und prompt zwei Hiebe auf ihren Po landeten. Angels Schreie begeisterten die Lady und sie rieb kräftig Susans Kitzler. «Schau zu

Susan. Angel ist lieb. Sind das nicht herrliche Schreie?»

Susan wurde so erregt, dass sie laut und unüberhörbar stöhnte.

Aber wieder wurde Angel von der Lady gezwungen weiterzulecken.

In ihrem eingeschränkten Blickfeld sah Susan, dass Madame Belmont mit beiden Beinen in eine Lederriemen-Anordnung stieg und sie hochzog. Ein schwarzer langer Dildo, der an Lederriemen befestigt war, stand herrisch hervor und Madame kniete sich hinter Angel.

Angel stieß nur noch Lustschreie aus, als ihre Muschi von Madame Belmont kräftig gestreichelt wurde. Und plötzlich führte Madame den Dildo ein, dass Angel laut aufschrie. Sofort schlug Madame von oben mit der Peitsche auf Angels Po und begann ihre Bewegungen.

«Ist das herrlich», stöhnte Lady Thora, die Angels Kopf fest auf ihre Schamlippen presste. «Leck, Angel. Ja, so ist es gut.»

Lady Thora wandte sich an Susan. «Sieh zu, Susan. Angel wird gefickt. Ist das nicht schön? Und die Peitsche wird sie gleich zum Orgasmus führen. Ach, ich kann mich gar nicht genug daran satt sehen, wenn ein hübsches Mädchen gefickt und gepeitscht wird.»

Lady Thoras Finger der ausgestreckten Hand strich kräftig über Susans Kitzler und sie spürte ihren aufkommenden Höhepunkt.

«Susan. Ja. Ich fühle, du bist geil. Das ist gut. Sei geil. Oh, ist das schön. Ist es nicht schön, zuzusehen, wie ein hübsches Mädchen gepeitscht wird. Später wirst du es auch erleben.»

Als Susan diesen Satz hörte, war es um sie geschehen. Ihr Körper zitterte in Wellenbewegungen und sie schrie ihre Lust hinaus. Susan wusste nicht mehr, was sie erfasste. Es war zu gewaltig und kurz wurde sie ohnmächtig. «Belmont! Geben Sie Susan ein Glas von dem Champagner!»

Als Susan das Glas auf Wunsch der Lady leer getrunken hatte, überkam sie ein wohliges ermattendes Gefühl. Sie sank zurück in die Rücklehne des Sofas.

Sie hörte noch die Sätze der Lady: «Ich liebe Vorführungen über alles! Ich freue mich auf die nächsten Tage und Nächte. Ich will alle Mädchen vorgeführt haben. Sie alle sollen sich winden unter der Peitsche und dem Dildo im Arsch.»

«Schlaf schön, mein Liebling.» Lady Thora zog Susan an ihre Schulter und ließ sie einschlafen.

«Belmont. Beginnen Sie mit der nächsten Vorführung! Nehmen Sie die Blonde, hinten rechts. Die gefällt mir. Sie will ich sehen.»

«Sehr wohl, Lady Thora.»

«Ich möchte jetzt eine richtige Auspeitschung erleben. Sie hat die richtige Figur dazu.»

Wenig später nahm Susan im Halbschlaf noch wahr, dass sie Peitschenhiebe und Schreie hörte und die Lady sich mit obszönsten Worten an dem Schauspiel ergötze.

*

Susan wachte auf. Sie lag unter einer hauchdünnen durchsichtigen Decke, die sie zwar wärmte, aber sie zugleich mit Erschrecken erkennen ließ, dass sie darunter vollkommen nackt war. Sie wälzte sich auf die andere Seite und bemerkte die Kette, die an einem Gitterstab mit einem dicken Ring befestigt war. Sie nahm die Kette in die Hand und fühlte mit Erstaunen, dass sie an einem festen harten metallenen Ring um ihren Hals endete. Susan schaute sich um und stellte fest, dass sie in einem riesigen Bett lag, das sich in einem seltsamen Raum ohne Fenster befand.

Die Türe ging auf und Lady Thora kam herein. Susan hätte sie fast nicht erkannt, denn die Frau, die hereintrat, trug einen aus Golddrähten gearbeiteten unterstützenden Halbschalen-Bh, der die Brustspitzen frei ließ und einen kunstvoll gearbeiteten Slip aus ähnlichen Material, der nicht nur herzförmig ihre Scham offen ließ, sondern bewusst mit dem großen Ausschnitt ihre Schamlippen zur Schau stellte.

Die Lady schloss mit einem Gerät unten an ihrem Bett die Kette los, nahm das Ende in die Hand und setzte sich zu ihr aufs Bett.

«Hast du gut geschlafen, mein Täubchen?»

Susan rieb sich Augen. «Ja, Lady Thora.»

«Erinnerst du dich noch an gestern Abend?»

Langsam kamen bei Susan einige Erinnerungen hoch und sie erschauderte. «Ich, ich...», stotterte sie, «ich weiß nicht.»

«Du bist sehr sinnlich, meine Liebe. Du hast gestern Abend zum ersten Mal die reine Lust erlebt. Du bist zwei oder dreimal gekommen. Und diese Nacht bei mir im Bett warst du himmlisch. Du hast mich wunderbar geleckt»

Susan verschlug es die Sprache und plötzlich kamen ihr einzelne Bilder von gestern Abend in den Kopf. Lady Thora hatte sie an der Kette mitgenommen. In einen anderen Raum. Diesen Raum? Sie war von der Lady gepeitscht worden. Daran erinnerte sie sich. Sie hatten sich gegenseitig geleckt. Die Lady hatte ihr einen kleinen vibrierenden Dildo in die Muschi gesteckt und ihren Kitzler weiter geleckt. Es war der Himmel gewesen und sie war mehrmals gekommen. Aber sie war am Schluss wieder gepeitscht worden. Die Lady hatte sie, auf den Bauch liegend, mit ausgestreckten Armen und mit weit gespreizten Beinen jeweils festgebunden. Am Bett hatte sie neben ihr gestanden. Susan war aufgefordert worden, den Kopf seitwärts zu legen und sie anzusehen.

Susan erinnerte sich. Sie hatte gesehen, wie sich die Lady einen Vibrator in ihre Muschi steckte. Und sie erinnerte sich, dass die Lady ihr einen vibrierenden Analplug in den Anus gesteckt und sie dann gepeitscht hatte.

«Du brauchst dich nicht zu schämen. Es ist doch wunderbar, die Lust zu genießen. Du warst richtig befreit gewesen. Das spezielle Elixier hat dein tief verborgenes Verlangen gefördert und von allen Hemmnissen befreit. Erinnerst du dich an den Vibrator in deinem Arsch?»

Susan nickte verschämt.

«Es war wunderbar, wie du dich gewunden hast. Es war zauberhaft, dass ich dich so peitschen konnte. Ich bin mehrmals gekommen. Genau wie du. Himmlisch, deinen süßen Arsch zu peitschen, wenn du kommst. Du bist sehr sinnlich. Das ist gut. Solche Mädchen brauche ich.»

Lady Thora spannte die Kette.

«Steh auf, Sklavin, schnell.»

Sklavin?, dachte Susan. *Was heißt das denn?*

Susan wollte eigentlich fragen, ob sie sich nicht anziehen soll, aber ein Blick in den Raum sagte ihr, dass nirgendwo irgendwelche Kleidung lag.

Lady Thora erkannte es. «Du wirst nur sprechen, wenn ich es dir erlaube oder dich frage.» In diesem Moment erhielt sie einen Hieb mit der Peitsche aus Lady Thoras Hand und schrie. Sie strich mit der Hand über Susans nackten Po und verirrte sich mit ihren Fingern an deren Schamlippen.

Susan war schockiert, aber rechtzeitig erinnerte sie sich an das Gebot, nicht zu sprechen.

«Dein Po ist so süß, Susan. Dein Fötzchen ist schon wider heiß. Heute Mittag werde ich dich wieder auf dieses Bett schnallen.»

An der Kette führte die Lady sie zu einer Türe, die mehr aussah, wie eine große Luke. «Folge mir!»

Davor stand Madame Belmont, übernahm Susans Kette und führte sie zu einer Reihe nackter Mädchen, die in einer Reihe aufgestellt und jeweils mit ihrer Kette am Halsreif ihrer Vorgängerin angekettet. Schnell hatte Madame Susans Kette an den Halsring des letzten Mädchens eingeklinkt.

«Folgt mir. Ihr erhaltet das Einführungsseminar!»

Madame Belmont ergriff die Kette des ersten Mädchens, führte die Gruppe durch einen seltsamen hell erleuchteten Gang, der bergauf zu gehen schien, bis sich eine Türe von selbst öffnete.

Es war nicht der Seminarraum von gestern, wie Susan sofort feststellte. Er war viel nüchterner. Zweiertische standen zwar auch hier in Reih und Glied, aber vorne war eigentlich gar nichts. Nur ein komisches gepolstertes Holzgestell mit ledernen Riemen an den Füßen, dessen Bedeutung für Susan unbekannt blieb. Zehn Mädchen saßen schon verteilt an ihren Tischen.

Nacheinander befahl die Belmont den Mädchen, sich zu setzen. Löste die Ketten und klickte diese in einen großen metallenen Ring, der in der Mitte der Tische angebracht war. Als Susan an der Reihe war, wurde sie von Madame Belmont zu einem Tisch geführt, an dem schon ein Mädchen angekettet war. Während sie sich setzte, erkannte sie, dass es Angel war.

Beide waren sie jetzt an den Tisch gekettet und wie Susan schnell erkannte, war dieses seltsame Schnappschloss an dem Ring wohl nicht zu öffnen.

Als alle Mädchen saßen und angekettet waren,

sprach die Belmont; «Keinerlei Unterhaltung. Wir werden hier auf Lady Thora warten, der, wenn sie euch etwas fragt, immer als Erstes mit *Herrin Thora* geantwortet wird.»

Einerseits hatte Susan Angst, aber so im Innern sagte ihr eine beruhigende Stimme, die sie sich nicht erklären konnte, dass alles gut werden wird.

Lady Thora erschien. Schnellen Schrittes ging sie nach vorne in die Mitte des Raumes. Susan war mehr als erstaunt. Wie Madame Belmont, trug sie eine enge Lederkorsage, die ihre riesigen Brüste freiließen und hoch pressten. Ihre Scham war rasiert und nackt und Susan sah ihre großen Schamlippen. Ihre Füße steckten in atemberaubenden hohen Schuhen mit Stilettoabsätzen und an den mit blinkenden Metallnieten verzierten Ledergürtel in der Taille baumelte eine ein Meter lange schwarze lederne Peitsche.

Susan war von diesem Bild ergriffen, das sie hier vor sich sah. Sie wollte ihren Kopf schütteln. Unfassbar das alles.

Aber sie traute sich nicht, sich zu bewegen.

Mehr als 30 nackte Mädchen mit ihr, angekettet an Tischen und zwei Seminarleiterinnen, die extreme Kleidung trugen, die Susan zuvor noch nie so gesehen hatte. Susan lief ein Schaudern über ihren Nacken. *Wo soll das hinführen?,* fragte sie sich.

Susan wurde aus ihren Gedanken gerissen, als

Lady Thora mit fester und energischer Stimme sprach: «Meine Damen, seien Sie gegrüßt. Ich heiße euch im Namen unseres Hohen Herrn und Meisters, des ehrenwerten Ragnar an Bord der Novano, und im Auftrag des Hohen Ligurious, des ersten Minister von Corcyrus willkommen.

Ich weiß, es ist jetzt alles für euch neu und überraschend, deswegen werde ich einen längeren Vortrag halten, der euch mit neuen Sitten und Gebräuchen und dem Warum und Wieso vertraut machen soll. Dazu werde ich teils übersetzte Worte aus meiner in eure Muttersprache in Einfachheit verwenden, um für euch das Verstehen zu erleichtern. Ich wünsche keinerlei Unterbrechung und Fragen. Verstanden?

Zu aller erst werde ich die sicher in eurem Innern gestellte Frage beantworten: ‚Wo bin ich?'

Ich hatte euch gestern gesagt, dass wir mit einem Schiff zum anderen Kontinent fahren werden. Nun, ihr befindet euch in einem Schiff, dem schweren Raumkreuzer Novano, einem Raumschiff, das diese Nacht die Erde verlassen hat und auf dem Flug zum Planeten Gor, der Gegenerde, unterwegs ist.

Die Reise wird etwa drei Monate dauern und uns und euch zum Ziel aller Wünsche führen.

Eure Frage wird auch sein, warum bin ich nackt und angekettet?

Ich werde euch auch diese Frage beantworten.

Ihr habt alle Kontakt mit uns aufgenommen, mit dem Wunsch, die Frau eines gutsituierten und vermögenden Mannes zu werden.

Ich will es vorab laut und deutlich sagen – und ich betone es ausdrücklich - euer Wunsch wird, letztendlich Dank unserer fürsorglichen Hilfe, in Erfüllung gehen.

Ihr werdet in jedem Fall einem solchen Mann aus den höchsten gesellschaftlichen Kreisen unseres Planeten eure Liebe schenken können. Wie das geschehen wird und wie ihr von uns darauf vorbereitet werdet, werde ich euch noch ausführlicher erläutern.

Ich habe euch gestern Abend nicht belogen, als ich euch sagte, dass wir euch euren zukünftigen Herrn in dem eleganten gesellschaftlichen Rahmen einer Auktion vorstellen werden. Das werden wir auch in etwa vier Monaten tun, wenn diese Auktion stattfinden wird. Es ist, wie ich sagte, ein hochkarätiges gesellschaftliches Ereignis und nur die allervornehmsten Männer und Frauen des Hohen Adels unseres Planeten werden anwesend sein. Der Unterschied wird nur sein, das diese Auktion von uns in unserem Hause durchgeführt wird und die Objekte der Schönheit, die meistbietend versteigert werden, nicht Kunstwerke, sondern ihr sein werdet.

Wie versprochen, werden wir euch den Interessenten unverbindlich vorstellen, allerdings nackt, wie euch der Schöpfer des Universums geformt hat und sie werden euch begutachten, prüfen und ihre Gebote abgeben.

Unverbindlich ist es aber allein für sie. Bei Verkaufsabschluss werdet ihr alleiniges Eigentum des Käufers. Unser Institut, die Kajira

Agency bildet, wie es der Name sagt, Kajiras, Tau-Kajiras aus und bietet sie auf diesen Auktionen an.

Tau-Kajira ist in unserer Sprache nicht die Bezeichnung einer normalen Sklavin, wie es etwa übersetzt in eurer Sprache heißen könnte, sondern bedeutet bei uns Dienerin der hohen Lust, also eine reine Lustsklavin und wir werden euch als Edel-Kajiras, als sogenannte Tau-Kajiras erziehen. Wir haben zu keinem Zeitpunkt erwähnt, dass wir eine Ehevermittlung betreiben. Eine Ehe in der Form wie auf der Erde gibt es nicht auf Gor. Auch haben Goreanische Männer keine Ehefrau, sondern mehrere Frauen und gerade in den gehobenen Gesellschaftskreisen, in denen wir uns bewegen, ist es üblich, dass sie dazu über mehrere Kajiras verfügen. Eure bisher anerzogenen Träume von einer Hochzeit in Weiß wird es nicht geben, haben wir auch niemals versprochen.

Daher wird sich auch die Hochzeitsnacht und der anschließende Honey-Moon wesentlich anders gestalten, als ihr es euch bis jetzt vorstellen könnt. Darauf werden wir euch die nächsten Wochen vorbereiten. In den täglichen Seminaren werdet ihr alles über unseren Planeten, dessen gesellschaftliche Strukturen und über die hohe Stellung und Bedeutung der Frauen für unsere Zivilisation kennenlernen. Darüber hinaus wird ein konsequentes Erziehungsprogramm euch auf eure Aufgaben als eine gehorsame Kajira vorbereiten. Das heißt, und das sage ich ganz offen, ihr werdet von mir und Madame Belmont alle möglichen sexuellen Liebesdienste und Techniken erlernen, die es euch ermöglichen, die Lust eures zukünftigen Herrn perfekt zu stillen und ihm volle Befriedigung zu ermöglichen. Denn das wird einzig und allein eure Aufgabe sein. Die Aufgabe einer Kajira. Solltet ihr irgendwann in der Zukunft eurem Herrn einen Sohn schenken, dann kann er euch zur Freifrau erklären, das heißt, ihr seid dann keine Sklavin mehr. Ihr seht, ich spreche da aus eigener Erfahrung.

Ihr fragt euch auch, warum trage ich diesen metallenen Halsring. Es ist ein sogenannter Ko-Lar. Ein Ko-Lar ist das Symbol für Freiheit. Für eure Freiheit, mit eurer angeborenen Weiblichkeit gehorsam dienen zu dürfen.

Dieser Ko-Lar ist ein ganz besonderer, denn er ist aus Titan und trägt neben eurer Registriernummer auch das Zeichen unseres Instituts, nämlich das Tau. Dieses Siegel ist nicht nur dafür da, damit ihr zukünftig als Lustsklavin sofort zu erkennen seid, sondern diese wertvolle Ausführung zeigt zusätzlich, dass ihr ausgebildete Edel-Kajiras der höchsten Klasse unseres Instituts seid, beziehungsweise noch werdet. Unser Haus, mit seiner Reputation für eine Ausbildung auf höchsten Niveau, hat sich dazu verpflichtet und verzeichnet eine 100 % Erfolgsquote - nicht zuletzt durch eine konsequente Erziehung mit entsprechenden Disziplinierungsmaßnahmen bei Uneinsichtigkeit.

Euer großer Schriftsteller Nietzsche schrieb

in *Also sprach Zarathustra:* «Ein Spielzeug sei das Weib, rein und fein, dem Edelsteine gleich, bestrahlt von der Schönheit einer Welt, welche noch nicht da ist. Der Strahl eines galaktischen Sternes glänze in eurer Liebe! In eurer Liebe sei eure Ehre! Dies sei eure Ehre, immer mehr zu lieben, als ihr geliebt werdet. Das Glück des Mannes heißt: ich will. Das Glück des Weibes heißt: er will. So ist die Welt vollkommen, denkt ein jedes Weib, wenn es aus ganzer Liebe gehorcht.»

Dies sagte schon euer großer Philosoph.

Soweit, denke ich, habe ich in diesen ersten Teil des Einführungsseminars alle eure Fragen beantwortet. Ihr habt eben von Madame Belmont einen Fragebogen und einen Stift bekommen. Ihr werdet diesen Fragebogen wahrheitsgemäß ausfüllen. Wer das nicht macht, wird gepeitscht, auf diesem Zuchtbock, der hier neben mir steht.

Mit der lieben Susan werde ich jetzt als Beispiel für euch den Fragebogen durchgehen. Schreibt noch nicht, sondern schaute her und hört gut zu! Erste Frage: Wie heißt du? Nur der Vorname!»

«Susan.»

«Wie alt bist du?»

«22 Jahre.»

«Wie groß bist du?»

«Einen Meter sechs und siebzig.»

«Deine Konfektionsgröße?»

«34.»

«Deine Körpermaße?»

«84 x 58 x 82 cm.»

«Deine Körbchengröße?»

«80 C.»

«Wie oft hattest du in den letzten sechs Monaten Geschlechtsverkehr mit einem Mann?»

«Viermal.»

«Oraler Geschlechtsverkehr?»

«Sechsmal.»

«Vaginaler Geschlechtsverkehr?»

«Viermal.»

«Wie oft bist du dabei zum Orgasmus gekommen?»

«Einmal.»

«Meine Damen. Dazu erwarten wir eine ehrliche Antwort, um eure Orgasmusfähigkeit beurteilen zu können. Wer unehrliche Antworten gibt, wird gepeitscht! Nächste Frage: Analer Geschlechtsverkehr?»

«Nein, nie.»

«Meine Damen. Auch hier verlange ich eine wahrheitsgemäße Antwort auf diese Frage. Wer Erfahrung in der analen Penetration hat, muss das schreiben, da es sich auf das Programm ihrer Ausbildung auswirkt. Diejenigen, die keine Erfahrung haben, werden es hier lernen.

Weiter. Wie oft hattest du in den letzten sechs Monaten Geschlechtsverkehr mit einer Frau?»

«Oh. Zehnmal oder mehr.»

«Orgasmus?»

«Ja. Immer.»

«Wie oft hast du dich selbst befriedigt?»

«Oh. Oft.»

«Zehnmal?»

«Öfter.»

«Bist du geschlagen oder gepeitscht worden?»

«Nein. Nie. Ich meine, gestern Abend...»

«Das lassen wir aus dem Spiel. Hast du zur Selbstbefriedigung Vibratoren benutzt?»

«Ja.»

«Hast du männliches Sperma geschluckt?»

«Nie.»

Die Lady lachte und blickte zu den Mädchen. «Das werdet ihr hier auch lernen. Es sind noch einige Fragen mehr auf dem Bogen. Schuhgröße, Augenfarbe und so, die könnt ihr jetzt alle ausfüllen. Für euren Gehorsam und besonderes Bemühen während der Ausbildung gibt es Pluspunkte. Susan hat gestern Abend bereits zwei erhalten. Es gibt auch Minuspunkte. Es wird erwartet, dass ihr eine wöchentliche Sollerfüllung auf eurem Pluspunkt Konto erreicht. Wer es nicht erreicht, wird gepeitscht.

Wer unaufgefordert etwas sagt oder fragt, wird gepeitscht.

Wer nicht sofort den Anweisungen folgt, wird gepeitscht.

Ihr bekommt jetzt Speisen gereicht, damit ihr euch stärken könnt. Geht zu der Durchreiche, stellt euch an und empfangt eure Teller. Es wird nicht geredet. Wer redet, wird gepeitscht. Danach werden wir mit den ersten Seminaren beginnen.»

Mit einem lauten Klicken öffneten sich alle Schlösser auf den Tischen und gaben die Ketten frei.

Susan schüttelte unmerklich ihren Kopf, als

sie in der Reihe stand. Nackte Mädchen vor ihr und hinter ihr und bei allen hing die einen Meter lange Kette zwischen den Brüsten hinunter. Es kam ihr alles Unwirklich vor.

Nach dem schweigenden Essen kam die Lady und ergriff Susans Kette. «Du kommst mit mir!»

In dem Raum von heute Morgen führte die Lady sie zu einem breiten Sofa. «Setz dich!»

Als sie sich neben Susan setzte, reichte sie ihr ein Glas mit der gelben, süß schmeckenden Flüssigkeit, die Susan auch gestern Abend getrunken hatte.

«Trink das. Ich möchte, dass du auch etwas Freude bekommst.»

Die Lady nahm ihr das leere Glas fort und setzte sich neben sie.

«Spreiz deine Beine!» Schnell war die Hand der Lady an ihrer Muschi und rieb sie kräftig, bis Susan zu stöhnen begann.

«Das ist doch schön, nicht wahr?»

Die Lady spreizte ebenfalls ihre Beine und führte Susans Hand an ihre Muschi. «Du musst mich auch streicheln. Kräftig. Ich brauche das. Wenn du artig bist, werden wir uns etwas unterhalten. Du darfst mir jetzt Fragen stellen, die dir am Herzen liegen. Überlege dir aber die Fragen gut.»

Susan nickte beflissentlich.

«Was sind das für Männer, an die wir versteigert werden?»

«Gute Frage. Sehr hohe Persönlichkeiten. Sehr vitale Männer, meistens mit sehr ausgeprägtem Glied und einem hohen Verlangen. Sie besitzen mehrere Frauen und halten sich Kajiras. Kajiras sind nur für die Genüsse da. Den Frauen machen sie Kinder. Deshalb müssen Ehefrauen und Kajiras immer ihre nackte Muschi zeigen, auch bei den Festlichkeiten der hohen Gesellschaft. Sie müssen immer zugänglich sein. Das wirst du bei der Auktion sehen. Alle Männer werden eine ihrer Frauen dabei haben, um eine neue Kajira zu kaufen. Nicht nur ihr werdet bei der Versteigerung nackt sein. Du wirst auch die nackten Brüste ihrer Frauen und ihre Muschis sehen und die Frauen werden eure Muschis und euren Po mit der Hand testen, ob sie den Kauf empfehlen können.»

«Oh.»

«Keine Angst! Es sind alles Leute mit Kultur und Stil. Die Männer kennen uns und unsere Agentur und erwarten auch etwas Außergewöhnliches. Das bieten wir ihnen. Dafür geben wir eine Garantie.»

«Eine Garantie?»

«Ja. Unseren guten Ruf hat unsere Agentur einzig und allein, dass wir eine Garantie für unsere Tau-Kajiras ausstellen. Dass ihr alle sexuellen Praktiken perfekt beherrscht, um euren Herren die höchsten Genüsse zu bieten. Wir geben auch eine Garantie auf eure Fähigkeit zu Mehrfachorgasmen. Das wird sehr geschätzt von den Herren und dazu werdet ihr von uns trainiert werden. Zu einigen Kajiras geben wir sogar eine Garantie auf echten Orgasmus bei Analverkehr. Das werden wir während eurer Ausbildung feststellen, wer dafür besonders trainiert wird.»

«Das ist unsere Ausbildung?»

Die Lady lachte. «Ja, was dachtest du denn? Die adligen Männer bei uns sind nicht nur sehr vital und wollen sich mehrmals am Tag befriedigen, sondern sie verlangen auch nach dauernder Abwechslung, nach neuen Frauen zum Liebesakt. Dazu sind Kajiras da. Ihr seid zum Ficken da und nur das wollen die Männer. Und zwar in allen exquisiten Variationen. Damit können wir Geld verdienen.»

«Wie teuer ist denn eine Kajira?»

«Unsere Agentur hat die staatliche Monopolverwaltung für Tau-Kajiras, weil die Minister ein Vorkaufsrecht auf neue Kajiras haben. Aber ich glaube nicht, dass viele bei der Auktion anwesend sein werden. Das liegt zum einen daran, dass alle genug Frauen, Kajiras und einfache Sklavinnen im Haus haben und zum anderen, dass ihr sehr teuer seid und das Jahresgehalt eines Ministers überschreitet. Ihr kostet nach eurer Währung etwa eine Million $. Deshalb sind wir mehr dran interessiert, euch an Unternehmer und Präsidenten großer Firmen zu verkaufen.»

«Eine Million?»

«Ja. Ihr seid wertvoll. Das ist auch von Vorteil. Eure Herren werden sich an euch verlustieren, aber euch auch pflegen und hegen, um den Wiederverkaufswert zu halten?»

«Einen Wiederverkaufswert?», staunte Susan.

«Kajiras werden oft weiterverkauft oder auch gegen eine Neue eingetauscht. Wir handeln auch mit gebrauchten Kajiras. Ihre Ausbildung wird bei uns aufgefrischt und sie erhalten eine Gebrauchtgarantie.»

«Sind die Mädchen hier immer aus Amerika?»

«Nein. Letztes Jahr waren alle aus Frankreich. Sehr anmutig. Ließen sich gut versteigern.»

Das alles verwirrte Susans Sinne und die, ihren Kitzler streichelnden Finger, taten das übrige.

«Erregt es dich, was du hörst?»

«Ja, Lady Thora. Es ist so unglaublich.»

«Du wirst dich schnell an dieses Leben gewöhnen. Ihr werdet täglich bestimmte Säfte bekommen, die eure Brüste entwickeln und eure Libido verstärken. Du wirst dich danach sehnen, von deinem Herrn gefickt zu werden. Glaube es mir.»

Die Lady ergriff vier Ledermanschetten und band sie um Susans Arme am Handgelenk und ihren Fesseln.

«Jetzt reibe wieder meinen Kitzler. Du hast ihn diese Nacht immer gut gefunden. Ich will jetzt geil werden.»

«Wofür sind die Manschetten?», traute sich Susan zu fragen.

«Na. Wofür wohl? Um dich gleich auf die Liege festzuschnallen.»

Entsetzte fragte Susan: «Werde ich gepeitscht?»

«Natürlich, mein liebes Kind.»

Susan bekam glasige Augen und als die Lady

das bemerkte, hob sie Susans Kinn und tätschelte ihre Wange. «Natürlich wirst du gepeitscht. Das ist deine Bestimmung. Streichle mich fester!»

Die ersten Tränen rollten über Susans Wangen.

«Oh, wie süß. Wie geil. Die ersten Tränchen. Reib mich, Susan, du kannst es. Ich will geil sein. Wir werden gleich zu der Liege gehen, damit ich dich dort peitschen kann.»

Jetzt begann Susan richtig zu weinen.

«Herrlich. Köstlich. Wie sie weint. Ach, ist das schön, sie weint, bevor sie den ersten Hieb bekommen hat. Zauberhaft, mein Kind. Reib meinen Kitzler, Susan. So mag ich es. So ist es geil. Hast du Angst, dass es weh tun wird?»

Mit lautem Schluchzen nickte Susan heftig mit dem Kopf.

«Ja, mein Kind. Es wird weh tun. Dafür ist eine Peitsche da. Sie soll dir weh tun.»

Susan heulte laut los.

«Reib meinen Kitzler fester, mein Kind. Ach, ist das geil, wie schön du weinst. Ich werde dir sehr weh tun. Ich will deine Schreie hören! Die Peitsche soll dir richtig weh tun! Weine, mein Kind. Oh, ist das geil. Ohhhjaaa, so will ich es. Jaaaa! Reibe mein Kind, weine meine Süße. Ich werde deinen nackten Po peitschen. Es wird sehr weh tun. Ohh, wie geil. Ohh, ich komme! Ich komme! Mach weiter! Ja! Ich! Mach! Oohh! Wie geil! Aaahhhh!»

Als sich Lady Thora von ihrem Orgasmus erholt hatte, sagte sie: «Oh, wie war das schön.

Das hast du gut gemacht, mein Schatz. Weine nicht mehr. Küss meine Brüste!»

Susan beugte sich vor und umspielte die Nippel der Lady mit ihrer Zunge.

«Das machst du gut. Hast du das mit deiner Freundin gelernt?»

Susan schaute etwas hoch und nickte, während sie weiter an den Brüsten saugte.

«Ja, das war ein erster guter Orgasmus. Ich hatte heute noch keinen. Aber ich bin noch lange nicht zufrieden. Ich brauche noch mehr. Ich liebe die Geilheit.»

Sie stellte Susan aufrecht.

«Erhebe dich, stell dich vor mir, bück dich, zeig mir deinen Po und zieh deine Pobacken auseinander.»

Susan tat wie geheißen.

«So ein süßer, niedlicher Arsch. Ein paar Striemen werden ihm guttun.»

Die Lady nahm einen kleinen schwarzen Analplug und führe ihn in Susans Anus.

«Wenn du in mein Zimmer kommst, wirst du zukünftig immer nach dem Plug fragen, damit ich ihn dir einsetzen kann. In meinem Zimmer wirst du dich immer mit den Plug im Hintern bewegen, damit du dich daran gewöhnst.»

An der Kette führte sie Susan zu der gepolsterten Liege. «Lege dich mit dem Bauch darauf und strecke deine Arme nach vorne!»

Schnell hatte sie Susans Arme mit den Manschetten an Karabinerhaken der Liege festgemacht. Dann zog sie Susans Beine weit auseinander und befestigte auch ihre Fußmanschetten.

«Hebe deinen Hintern!», sagte die Lady und schob ihr eine dicke Kissenrolle unter den Bauch.

«So steht dein Po lustig hoch. Wie süß, der Anblick.» Sie befingerte Susans Schamlippen und schlug ein paar Mal kräftig mit der Hand auf ihren Po. Dann ergriff sie eine dicke lange Peitsche aus geflochtenem Leder und zeigte sie Susan.

«Damit werde ich dich peitschen! Sie beißt. Sie wird sehr weh tun!»

Susan bekam einen Weinkrampf.

«Ja, weine nur. So mag ich es.» Dabei schob die Lady sich einen kurzen vibrierenden Dildo tief in ihre Muschi.

«Oh, ja. Das tut gut. Weine, mein Kind», und in diesem Moment setzte sie den ersten Hieb.

Susan stieß einen Schrei aus und zerrte mit den Armen an der Halterung der Manschetten.

Die Lady tätschelte ihren Po, streichelte ihre Scham, sagte: «Beruhige dich, mein Kind», und schlug mit der Peitsche wieder zu.

Schreiend warf Susan ihren Kopf in den Nacken, als sie diesen heftigen Hieb erhielt.

«Schrei, mein Kind. Ich will es hören. Es macht mich wieder geil», und der nächste brennende Hieb saß.

Susan stieß einen herzerweichenden Schrei aus und weinte lauthals.

«Wein, mein Kind. Das war ein schöner Hieb, nicht wahr? Ja, es gefällt mir. Ein richtig roter

Striemen. So schön. So geil. Oh, wie gefällt es mir, dich zu peitschen.»

Der nächste mehr als schmerzhafte Hieb saß exakt. Susan schrie wie am Spieß.

«Der war gut, nicht wahr? Schrei, mein Kind. Ich möchte deine Schreie hören!»

Hieb auf Hieb folgte und Susan schrie ununterbrochen.

«Süß, mein Kind. So geil. Ahhh, Ich spüre es schon wieder. Ach, ist die Geilheit süß. So ein süßer Arsch. Und du schreist so lieb. Noch ein paar Hiebe. Nein, wie geil! Ich fühle, wie ich komme. Ich will dich schreien hören! Spüre die Hiebe! Fühle, wie weh sie tun und schreie! Es ist so entzückend! So köstlich! So exquisit!»

Die Lady hieb nun immer fester auf Susans Po und ergötzte sich mit obszönsten Worten an Susans Schreien.

Susan nahm vor Schmerzen und ihren Schreien nicht wahr, wie die Lady ihren Orgasmus erreichte. Sie hörte die Hiebe, die pausenlos ausgestoßenen Ahs und Ohs der Lady, ihr Entzücken und ihre Worte in der höchsten Geilheit.

Erst als sie plötzlich keine Hiebe mehr erhielt, erkannte Susan, dass es vorüber war.

Die Lady rieb ihren Po mit einer Creme ein und streichelte zärtlich über ihren Kitzler.

«Das hilft. Die Striemen gehen ganz schnell weg.»

Sie machte die heftig weinende Susan los, zog sie an der Kette hoch und ging mit ihr zu ihrem breiten Bett. Dort legte sie sich mit angewinkelten weit geöffneten Beinen hin und zog Susans Gesicht mit der Kette zu ihrer Muschi.

«Du kennst mich noch nicht. Es war herrlich. Ich bin wunderbar gekommen. Dich zu peitschen hat mir Spaß gemach. Leck mich jetzt, bis ich komme. Ich muss immer dreimal hintereinander kommen. Hast du gehört?»

Susan wischte sich die Tränen weg, aber es kamen immer weitere. Zaghaft begann sie die Muschi von Lady Thora zu lecken.

«Ja, so ist es gut. Ach, war das schön, dich zu peitschen. Leck mich fester! Ich bin immer noch so geil. So aufgewühlt.»

Susan versuchte ihr Bestes. Ihr Hintern brannte immer noch heftig.

«Du leckst mich, bis ich komme! Verstanden?», und Susan deutete ein gehorsames Nicken an.

«So ist es schön. Morgen wirst du wieder gepeitscht.»

Susan musste wieder weinen und ihre Tränen tropften auf die Innenseiten von Lady Thoras Schenkel.

«Ach, wie süß du weinst. Ich fühle deine Tränen. Das ist lieb. Es ist geil. Morgen wirst du mich wieder mit deinen Schreien erfreuen und zum Orgasmus bringen.»

Immer mehr weinte Susan und bemühte sich die Lady zu lecken.

«Zauberhaft. Herrlich. Ich liebe es, wenn du weinst. Morgen werde ich dir weh tun. Es wird wunderbar. Ohhh. Deine süßen Schreie werden mich zum Orgasmus bringen. Ohh, ist das geil.»

Susan war außerstande richtig weiterzulecken.

«Mein Kind», kam die schneidende Stimme der Lady. «Du musst mich lecken. Sonst werde ich dich jetzt nochmal peitschen. Dein Popo ist richtig schön rot. So wird er morgen wieder. Jaaah, so ist es schön. Deine Zunge ist gut. So ist es richtig. Morgen werde ich dir richtig weh tun. Du wirst die Peitsche lieben lernen. Ohh, ist das schön. Ahhh, ich komme gleich. Leck mich. Ich werde dir weh tun, bis du richtig schreist. Jaaa, ist das geil. Jaaaa, leck meinen Kitzler. Wein, mein Kind. Dein Weinen macht mich so glücklich. Es ist so geil. Ich komme! Ohh! Ja! Himmel, ich komme. Ohhhh!»

Lady Thora zog Susan zu sich hoch, bedeckte ihr Gesicht mit Küssen und leckte ihre Tränen.

«Oh, war das schön!» Intensiv küsste sie Susan mit der Zunge tief in ihren Mund.

«Herrlich, wie du nach meiner Muschi schmeckst. Ganz zauberhaft. Du bist ein liebes Kind, mein Schatz. Ich bin richtig geschafft. Du hast mir brav mit deiner Zunge gedient.»

Sie nahm ein Tuch und wischte Susans Tränen. «War das nicht eine schöne Stunde der Geilheit?»

Susan nickte nur.

«Mein Kind, du musst noch viel lernen. Eine Kajira bedankt sich artig für die Peitschenhiebe.»

Entgeistert blickte Susan der Lady in die Augen, aber sagte nichts. Es war ihr zu ungeheuerlich, sich bedanken zu müssen.

«Ja, ich sehe, dass du das lernen musst. Morgen werde ich dir die Dankesworte mit der Peitsche beibringen. Das wird mir eine Freude sein.»

Susan stöhnte, aber sie erkannte eine Gelegenheit. Artig sagte sie: «Liebe Lady Thora, ich möchte mich ganz herzlich für die Peitschenhiebe bedanken. Danke, dass ich Sie mit meinen Schreien erfreuen durfte.»

«Oh, wie süß», kam es spontan von der Lady. «Lass dich küssen. Das hast du ganz lieb gesagt. Ja, so möchte ich es hören. Ich möchte von dir aber auch unter Tränen hören, dass du dich für die Schmerzen bedankst.»

Susan kamen wieder die Tränen, als sie diesen schlimmen Satz hörte. Aber sie fasste sich.

«Danke, Lady Thora. Danke für die schmerzhaften Hiebe», schluchzte sie. «Ihre Peitschenhiebe haben sehr weh getan. Danke dafür.»

«Mein Kind. Du bist lieb, richtig süß. Begreif es. Ich muss dir schmerzhafte Hiebe geben. Ja, sie tun sehr weh und sie müssen weh tun. Sie müssen richtig schmerzhaft sein. Schön, dass du das einsiehst und dich ehrlich bedankst. Das freut mich. Du lernst schnell. Für diesen schönen ersten Dank erhältst du einen Pluspunkt.»

Susan lag mit ihrem Kopf am Busen der Lady und weinte bitterlich. Ihr Po tat immer noch weh, sie spürte den Plug in ihrem Hintern und als sie den Satz hörte, die Hiebe müssen richtig schmerzhaft sein, stieß sie einen Schrei aus. Sie war sich bewusst, was morgen geschehen würde, dass es morgen auch wieder furchtbar weh tun würde.

Lady Thora streichelte zärtlich ihre Wange. «Du bist ein liebes Kind.»

Tränen über Tränen liefen ihr die Wange herunter, als sie aufschaute und mit ihren verweinten Augen der Lady ins Gesicht blickte.

«Danke, Lady Thora», schluchzte sie. Es war aber auch ein Weinen vor Glück dabei. Sie hat Lady Thora glücklich machen können und war ein wenig stolz auf sich.

Lady Thora wischte ihr mit einem Taschentuch die vielen Tränen von den Wangen. «Weine dich ruhig aus. Es wird nicht so schlimm, wie du es dir denkst. Du wirst mal eine wundervolle Edel-Kajira. Ich hatte gleich das richtige Gefühl. Als du dir das Höschen mit der Öffnung ausgesucht hast, habe ich dich bemerkt. Du bist sehr sensibel und überaus sinnlich. Das ist gut. Du hast eine tolle Figur. Schöne große Brüste, du bist schlank, hast eine liebreizende Muschi und einen süßen Po. Das wollen goreanische Herren. Keine Angst, die Männer bei uns peitschen nicht sehr oft, nur bei Bestrafungen, wenn eine Sklavin sich ihnen verweigert. Da Kajiras sich niemals einem Liebesakt verweigern, werden sie fast nie gepeitscht. Goreanische Männer wollen ficken. Es gibt bei uns aber auch dominante Frauen, Amazonen, die auch über eine hohe Libido verfügen und das ausgeprägte Verlangen nach täglich mehrmaliger Befriedigung haben und die ihre Sklavinnen zu ihrer Lust peitschen. Ich kenne einige, ich bin

Mitglied in solch einem Club. Da werden öfter die Sklavinnen vorgeführt und hart gepeitscht. Himmlisch. Aber Kajiras werden behütet, weil sie so wertvoll sind. Ich werde bei dir nur die weichen Wildleder-Peitschen, mit den soften Riemengeflechten verwenden. Sie lassen deinen Po wunderschön rot werden, aber es bleiben keine sichtbaren Spuren. Ja, auch sie tun weh. Ein beißender Schmerz, aber der vergeht. Dass ich dir weh tun muss, hat auch einen erzieherischen Wert. Nicht nur, dass ich mich daran ergötze, wenn du vor Schmerzen schreist und mir einen Orgasmus ermöglichst. Die Peitsche ändert dein Wesen, du wirst weicher, anschmiegsamer, so, wie jetzt.»

Susan konnte die neuen Tränen nicht verhindern, als sie das aus Lady Thoras Mund hörte.

«Ach, mein Kind. Weine nicht mehr. Ich erkläre dir doch, dass ich dich sehr rücksichtsvoll peitschen werde. Wenn ich dir mit der Peitsche weh tue, dann tue ich das auch, um dir zu helfen, in unserer Welt bestehen zu können, die so ganz anders sein wird, als die, aus der du kommst. Aufrecht die schmerzenden Hiebe zu ertragen. Dazu werde ich dich ausbilden. Schau mich an. Mir liegt sehr viel an dir. Du bist sehr schön und hast die Veranlagung, sehr brav zu sein. Aber ich muss dich zu mehr ausbilden. Darum muss ich dir sehr schmerzhafte Hiebe mit der Peitsche geben, die sich nicht nur auf deinem süßen Po einbrennen, sondern auch in deinem Geist. Ich will dich sehr fügsam machen und das geht nur mit richtigen Peitschenhieben, die dir sehr weh tun müssen. Schau hoch. Verstehst du das?»

Susan blickte hoch. «Ja, Lady Thora. Ich bin Ihnen sehr dankbar.»

«Das ist schön, mein Kind. Du kannst sicher sein, dass es für dich viele Vorteile bringen wird, wenn du das einsiehst und es verinnerlichst. Du wirst genauso schöne Bh's mit den durchwirkten Metallfäden bekommen, die deine Brustspitzen zeigen, so wie ich sie trage. Auch diese wunderschönen Slips, bei denen deine zierlichen Schamlippen zur Geltung kommen. Auch wirst du goldene Armreifen bekommen, wenn du brav deinen Vorgaben bei der Ausbildung folgt und mir Freude machst. Der Schmuck wird dich zieren.»

«Werde ich immer nackt sein müssen?»

«Ja, Susan. Eine Kajira zeigt immer ihre Brüste und ihre Muschi. Sie bekommt vielleicht ein Cape, wenn sie einem Herrn zu einer gesellschaftlichen Veranstaltung begleitet. Aber innerhalb der Häuser wird er immer wollen, dass du deine Körperöffnungen zeigst, weil er stolz auf dich sein wird und andere sehen sollen, wie schön du bist und welche Freude du ihm mit deinem Körper schenken kannst. Goreanische Männer verehren den nackten Körper einer Frau, besonders den einer schönen Kajira.

Als Kajira musst du erkennen, dass du nicht mehr frei bist, sondern dein restliches Leben als Sklavin, als Kajira verbringen wirst. Unser Training dient dazu, dich zu einer Edel-Kajira auszubilden. Einer Tau-Kajira. Das Tau ist das Markenzeichen unserer Agentur und in deinem Halsring eingeprägt. Eine Tau-Kajira ist die Königin im Liebesspiel. Sie beherrscht alle Variationen, um mit ihrem Körper und seinen Öffnungen ihrem Herrn die höchsten Genüsse zu bieten. Eine Kajira muss während ihrer Ausbildung immer wieder den Satz «Ich liebe es, eine Sklavin zu sein!» wiederholen. Auch wirst du ein paar wichtige Verhaltensmaßnahmen und Positionen erlernen. Eine davon heißt ‚Nadu'. Damit werden wir morgen beginnen.

Nadu ist die wichtigste Position einer Lustsklavin. Die Kajira kniet aufrecht auf ihren Fersen, den Rücken gerade, den Kopf angehoben und die Brust vorgedrückt. Ihre Knie sind weit, sehr weit gespreizt, um ihrem Herrn ihre Schamlippen zu zeigen, die Hände liegen mit der Handfläche nach unten auf den Oberschenkeln.

Es gibt einen Befehl für diese Position. Ich werde mit dem Finger schnalzen und deute mit dem Zeigefinger auf den Boden. Das Wort Nadu ist ein Befehl, der in der goreanischen Sprache «knien» bedeutet und dieser Position seinen Namen gegeben hat. Nadu wird als die eleganteste und bedeutsamste Position bezeichnet, in der Männer ihre Kajira sehen wollen, da es ihre Unterwerfung zeigt und sie zugleich ihrem Herrn ihren Körper zum Stillen seiner Lust anbietet. Na! Jetzt kannst du schon wieder lächeln.»

«Lady Thora?»

«Ja, mein Kind.»

«Ich liebe es, eure Sklavin zu sein!»

«Lass dich küssen. Du bist allerliebst.»

«Könntest du diese Position ausprobieren? Knie auf dem Teppich!»

Susan kniete sich mit gespreizten Beinen und setzte sich zurück auf ihre Fersen. Sie richtete ihren Oberkörper auf und präsentierte der Lady ihre Brüste und ihre Scham.

«Sehr gut, Susan. Ich bin begeistert, dass du das so schnell begriffen hast. Du solltest nur versuchen, deine Beine, deine Schenkel noch weiter zu spreizen und aufrechter zu sitzen, damit man deine Muschi besser sieht. So ist es sehr gut. Probiere auch mal die Position *Sula.*

In dieser Position liegt eine Kajira auf dem Rücken. Ja, auf dem Rücken, deine Hände an ihren Seiten, die Handflächen nach oben, deine Beine angewinkelt und jetzt weit spreizen. Sehr gut. Die Position Sula ist dafür da, um deinem Herrn die Schönheit deiner Muschi zu zeigen und dann sein Glied zu empfangen. Fein, Susan. Dann probiere auch die Position *Kara*.

Du kniest auf dem Boden, die Schenkel weit gespreizt. Noch weiter spreizen, Susan. Beuge dich tief vor und lege deine Brüste und deine Stirn auf den Boden, deine Arme sind ausgestreckt. Mit der Position Kara präsentierst du deinen Po ganz hoch, um Peitschenhiebe zu empfangen. Bei der erweiterten Position *Kara Li* musst du mit beiden Händen deine Pobacken auseinanderziehen, um deinem Herrn und seinem Glied ein leichtes tiefes Eindringen in deinen Anus zu einer ausdauernden analen Penetration zu ermöglichen. Das machst du gut. Komm, setzt dich wieder zu mir. War es schwer?»

«Nein, Herrin.»

«Süß, wie du das sagst. Es gefällt mir. Susan, ich habe sogar eine Bitte an dich. Ja, eine Bitte. Du hast dich nicht verhört. Morgen wollen Madame Belmont und ich mit den Seminaren beginnen. Unter anderem werden die Unterwerfungs-Positionen von allen Mädchen geübt werden. Würdest du vorne, auf einem Tisch, die Positionen vorführen, wenn ich sie erkläre? Vor allen Mädchen?»

Susan strahlte. «Herrin. Ja. Das würde ich gerne tun. Danke, dass ich das darf.»

«Sehr gut. Das ist sehr lieb von dir, mein Kind. Dafür wirst du auch heute nicht mehr gepeitscht.»

Susan nahm die Hand der Lady und küsste sie. «Herrin, ich danke Ihnen. Ich werde immer lieb sein und tun, was Sie wünschen. Ich will Ihnen dienen. Ich möchte ihre gehorsame Kajira sein.»

Lange Minuten zog die Lady ihre Hand nicht zurück, die von Susan ununterbrochen geküsst wurde und wurde nachdenklich.

«Du hättest die Veranlagung dazu. Ich glaube, du könntest mir viele glückliche Momente schenken. Du bist ein ausgesprochen liebes Kind. Ja, es könnte möglich sein. Welch exquisiter Gedanke! Aber um mir richtig zu gefallen, müsste ich dich erst ausbilden müssen. Das würde ein langer Weg werden. Dazu müsste ich dich sehr streng mit der Peitsche erziehen.»

«Bitte Herrin, erziehen Sie mich mit der Peitsche zu Ihrer Kajira.»

«Schau mich an. Aus deinen Augen spricht Ehrlichkeit. Du machst mich schon wieder feucht, mein Kind. Herrlich. Ein solch süßer Satz aus deinem Mund. Aber du weißt nicht, was es heißt, von mir streng erzogen zu werden, damit du mich glücklich machen kannst»

«Herrin!» Susan ergriff wieder die Hand der Lady, Tränen flossen aus ihren Augen und heftig schluchzend kam es leise aus ihrem Mund.

«Peitschen Sie mich hart, Herrin. Bitte! Erziehen Sie mich mit Peitschenhieben. Tun Sie mir weh, damit ich Sie glücklich machen kann. Ich möchte, dass Sie sich an meinen Tränen erfreuen können. Bitte, fügen Sie mir Schmerzen zu, die Sie mit Freude erfüllen. Ich bin dazu bereit. Ich werde Ihnen immer für die Peitschenhiebe dankbar sein und werde immer die Hand küssen, die mich peitscht.»

«Susan, Susan. Was sagst du da alles. Mein großer Gott. Wie verlockend. Ein solch liebes Kind. Welch einladende und köstliche Bitte. Heute Nacht werden wir uns in meinem Bett aussprechen, wie ich dir deine Bitte erfüllen kann.»

«Danke, Herrin», strahlte Susan glücklich.

«Aber wir müssen jetzt zum Seminarraum. Levana wird schon alle Mädchen platziert habe. Heute hört ihr allgemeine Informationen über das Leben auf unserem Planeten.»

*

Am Abend nach dem Abendessen, hatte Lady Thora Susan in ihr Zimmer gezogen und sie ein paar Mal mit der flachen Hand auf den Po geschlagen. Dann hatte sie sich auf Susans Gesicht gesetzt und sich von ihr lecken lassen. Sie hatte ihren Orgasmus bekommen, war aber noch lange nicht befriedigt.

Sie setzte Susan ein Glas Champagner an den Mund. «Trink. Ich hatte einen wundervollen Orgasmus.»

Die Lady spreizte Susans Schenkel weit auseinander und zog ihre Schamlippen auseinander.

«Ein wunderschönes Fötzchen. Das wird unsere Herren erfreuen. Und du bist so sinnlich, Wunderbar. Lass mich deinen Kitzler sehen.» Mit zwei Finger strich die Lady über Susans Kitzler und Susan begann mit ihrer aufkommenden Lust ihren Kopf zu wiegen.

«Du magst es, nicht wahr?»

Susan nickte nur. Die Lady reichte ihr ein Glas mit einem gelben Getränk. «Trink das. Es macht dich richtig fit. Wir nennen es Sklavinnenwein, Sklavinnenfeuer.»

Nach ein paar Minuten bemerkte Susan, wie sich ihr Körper verändert hatte. Sie fühlte sich wieder kräftiger und nicht mehr benommen. Allerdings stellte sie fest, dass sie nicht nur unheimlich aufgeregt, sondern extrem geil war. Sie fand es wahnsinnig erotisch, dass sie neben der Lady saß, sie beide die Schenkel weit gespreizt hatten und sich gegenseitig die Kitzler rieben.

Susan sah, dass Madame Belmont mit ihrem aufrecht vorstehenden Dildo, zwei Mädchen an den Ketten hereinzog und sie hinknien ließ. Aber irgendwie machte es ihr nichts, sondern sie fand es geil.

Lady Thora stand auf und zog Susan zu sich hoch. «Komm mit mir. Wir wollen uns die zwei hübschesten Mädchen aussuchen, die uns lecken sollen. Das möchtest du doch auch gerne, nicht wahr?»

Susan nickte wortlos. Sie wunderte sich etwas über sich, aber irgendwie hatte sie ein Verlangen unten in ihrer Scham, dass es ihr recht war. *War es dieses gelbe Getränk gewesen, dass mich so geil macht*? Ihr war alles egal. *Ja, ich will geleckt werden,* sagte sie sich und wunderte sich über sich selbst.

Lady Thora zog Susan an der Kette.

Sie wandte sich an Susan. «Welche möchtest du denn?»

Susan war viel zu überwältigt. Sie sah das hübsche Mädchen mit langen blonden Haare und deutete auf sie.

«Madame Belmont. Die für Susan!», befahl die Lady und zeigte auf das Mädchen.

Lady Thora hielt vor dem schwarzhaarigen Mädchen mit bildhübschem Gesicht. «Die nehme ich. Madame Belmont.»

Als die Belmont die Kette des Mädchens löste und sie hochzog, griff Lady Thora ihr sofort zwischen die Beine und befühlte ihre Muschi.

Lady Thora ging mit Susan zu einer anderen Sitzecke, in deren Mitte ein mit schwarzem Leder gepolsterter Bock stand und setzte sich mit ihr auf Sofa.

«Geht es dir gut, Susan?»

«Ja, Lady. Ich bin so erregt.»

«Das freut mich. Das gelbe Getränk ist ein Lebenselixier. Jetzt darfst du genießen. Das Elixier macht furchtbar geil. Warte es ab. Du kannst heute noch oft kommen.»

Madame Belmont kam zu ihnen und zog die zwei vollkommen apathischen nackten Mädchen an den Ketten hinter sich. Sie befahl ihnen, sich jeweils zwischen die gespreizten Schenkel von Susan und Lady Thora zu knien und die Muschis vor ihren Gesichtern zu lecken.

Das schwarzhaarige Mädchen bei Lady Thora schaute kurz auf und erhielt sofort einen Hieb mit der Peitsche. «Du sollst lecken!»

Susans Mädchen bemühte sich, sie zu lecken und Susan fühlte sich im siebten Himmel. Sie fand es plötzlich aufregend zu sehen, dass beide Mädchen mehrmals von Madame Belmont gepeitscht und angewiesen wurden zu lecken.

Susan kam schnell. Der Orgasmus überraschte sie förmlich.

Lady Thora lächelte, ergriff Susans rechte Hand und legte sie auf ihre linke, pralle Brust. «Knete meine Brust. Ich mag das. Ach, ist schön, wenn die Mädchen gut lecken und gepeitscht werden. Lass dich weiter lecken Susan, genieße es. Du hast noch nicht genug.»

Das blonde Mädchen hatte nicht aufgehört zu lecken. Susan knetete Lady Thoras Brust und zwirbele an ihrem Nippel, dass sie vor Lust aufschrie. «Das ist gut, Susan. Das kannst du. Mach weiter, meine Liebe. Du bist ein Glücksfall.»

Susan merkte ihre erneute Anspannung. Sie wurde wieder unglaublich geil.

«Madame», sprach die Lady, «Sie können mit der Vorführung beginnen.»

Wenig später zog Madame ein drittes zierliches Mädchen mit großen Brüsten an der Kette in die Mitte zum Bock. Sie gab ihr drei heftige Peitschenhiebe auf den Po, die das Mädchen trotz ihres apathischen Zustands aufschreien ließ.

«Knie dich über den Bock!» Madame zog die Kette stramm hinunter und als das Mädchen sich über den Bock gebeugt hatte, befestigte sie die Kette eng unten am Bock. Dann lege sie dem Mädchen zwei lederne Manschetten um ihre Fesseln, spreizte ihre Beine und befestigte die Manschetten jeweils weit außerhalb des Bocks.

Susan war hochgradig erregt. Sie sah vor sich das Mädchen über den Bock gebeugt und blickte auf deren nackte Schamlippen.

Madame schlug mit der Peitsche mehrmals auf den Po des Mädchens. Dann streichelte sie lange deren Scham, bis sie wieder anfing, das Mädchen zu peitschen.

«Ist das nicht ein einmaliger Anblick, Susan. Ich es nicht geil.»

Madame hieb immer heftiger und der Po des

Mädchens und der obere Bereich ihrer Oberschenkel färbte sich rot.

Lady Thora delektierte sich förmlich an dem Geschehen.

«Schön. Wunderschön», stöhnte sie und drückte den Kopf des sie leckenden Mädchen fest auf ihre Muschi.

Immer mehr Peitschenhiebe trafen das Mädchen auf dem Bock und es begann laut zu weinen.

«Ach, ist das ergötzlich. Oh, wie geil», schrie die Lady und begann zu zittern. «Madame Belmont», schrie sie in ihrer Ekstase. «Zeigen Sie es mir. Ficken Sie sie!»

Auch Susan wand sich unter der fleißigen Zunge ihres Mädchens und sah gebannt und hoch erregt der Vorführung zu.

Madame Belmont peitschte nochmals die Kleine auf dem Bock, beugte sich dann über das Mädchen und führte von oben den Dildo in ihren Anus.

Das Mädchen schrie aus Leibeskräften und Madame begann sie heftig zu ficken.

«Oh, wie schön», stammelte die Lady, die jetzt auch eine Reitpeitsche in der Hand hatte. «Oh, was für ein Anblick. Ich bin so geil.» Von oben peitschte sie ihr Mädchen. «Leck mich. Kräftiger. Leck meinen Kitzler. Ja, Belmont», rief sie. «Ficken Sie die Kleine. Ohh. Ahhh. Ficken Sie sie in den süßen Arsch. Wie liebe ich das zu sehen. Oh, oh. Ich komme. Belmont peitschen Sie das Mädchen!»

Madame zog schnell den Dildo aus dem Po des Mädchens, stellte sich neben sie und schlug unbändig zu. Die Schreie des Mädchens hallten durch den ganzen Raum.

«Ja, Belmont», stöhnte die Lady. «Ja, so ist es richtig. So ist es geil», stammelte sie. «So will ich sie schreien hören. Zauberhaft. Peitschen Sie kräftiger. Ohhh, Ahhh. Ich komme. Ich komme. Peitschen Sie das Mädchen! Ohh, diese Schreie, wie zauberhaft. Ja, ich komme. Ahhh, ist das schön. Ohhh.»

Lady Thora sank erschöpft zurück in die Lehne. «Ach, ein wundervoller Orgasmus. Herrlich.»

Sie wandte sich an Susan. «Bist du erregt? Bist du geil, liebe Susan?

«Ja», stöhnte Susan.

«Möchtest du mir nicht auch eine kleine Vorführung gönnen. Du machst mich sehr geil.»

Susan erschrak. Sie war mit einem Mal nüchtern. Sie wurde sich bewusst, was sie gesehen hatte. Aber sie war auch geil. Der Finger der Lady tanzte auf ihren Kitzler. Sie wusste nicht, was sie denken sollte.

«Liebe Susan», flüsterte die Lady zu ihr ins Ohr. «Biete mir eine kleine Vorführung. Du bist sehr geil. Du wirst Erfüllung finden. Jedes Mädchen, wird in den nächsten Tagen so wie eben vorgeführt. Es ist wunderbar.»

Susan stöhnte laut, als sie diese Sätze hörte. Ihr Kitzler pulsierte unter den flinken Fingern der Lady.

«Ich bin so geil auf dich, meine Kleine», hörte sie die Lady leise an ihrem Ohr. «Du bist so schön. Ich will sehen, wie du gepeitscht wirst. Es macht mich so geil. Ich will nochmal kommen.»

Dabei zog sie Susans Kette stramm und übergab sie der Madame, die Susan abrupt hochzog und aufstehen ließ.

Madame griff in Susans Halsband und stellte sie vor die Lady. Sie blickte erstaunt und fragend zur Lady, aber die streckte ihre Hand aus und betastete ihre Muschi. «Ach, bist du schön.»

Die Lady hatte nun das blonde Mädchen vor sich knien lassen und ließ sich jetzt lecken, während sie mehrmals den Finger in Susans feuchter Muschi gleiten ließ und die Schwarzhaarige an den Brüsten der Lady saugen musste.

«Zeig mir deinen Po, Susan!» Madame drehte Susan und zog an der Kette, damit sie sich vorbeugte.

«Was für ein süßer Arsch», stöhnte die Lady in ihrer Geilheit und griff zu. «Nicht wahr, Belmont? Ein solcher Po ist gemacht für die Peitsche.» Sie befingerte von hinten Susans Muschi. «Wie süß, wie zauberhaft.»

Susan wusste nicht, wie um ihr geschah. Einerseits war sie hochgradig geil und hörte kaum die Sätze der Lady, andererseits fühlte sie im Innern, dass die Sätze sie ängstlich machten. Sie schaute fragend hoch zur Madame.

Ein Peitschenhieb auf ihren Po beantwortete ihre nicht gestellt Frage. «Komm mit zum Bock», befahl Madame und zog siemit sich. Da sich

Susan nicht sofort über den Bock beugte, erhielt sie zwei brennende Peitschenhiebe.

«Susan. Du willst doch lieb sein», hörte sie die Lady. «Beuge dich über den Bock und lass dich vorführen.» Unter weiteren Hieben beugte sich Susan nieder und wurde sofort von Madame festgeschnallt. «So ist es brav, Susan. Du bist wunderschön. Es sieht geil aus. Belmont, peitschen Sie sie!»

In folgenden Moment erhielt Susan eine ganze Reihe von brennenden Hieben und stieß laute Schreie aus.

«Oh, ein schöner Anblick. Mein süßes Mädchen. Belmont, peitschen Sie weiter!»

Die folgenden zehn Hiebe ließen Susan vor Schmerzen fast zusammenbrechen und sie begann laut zu schreien und zu weinen.

«Ja, Susan. Es ist so geil, zu sehen, wie mein Liebling gepeitscht wird. Ich werde schon wieder richtig geil. Ist es nicht schön, gepeitscht zu werden? Belmont, prüfen Sie, ob sie geil wird!»

Heftig weinend spürte Susan die Finger der Madame, die mehrmals über ihre Scham strichen. «Noch nicht so richtig», sagte die Madame. «Peitschen Sie sie weiter! Es wird sie geil machen.»

Susan wusste nicht mehr richtig, was mit ihr geschah. Die Hiebe schlugen wie Blitze auf ihren Po und schmerzten erbärmlich.

Wieder spürte sie die Hand der Madame an ihre Muschi, die sie jetzt kräftig rieb. «Sie ist feucht, Lady. Soll ich beginnen?»

Die Lady stöhnte. «Ja, Belmont. Führen Sie mir meine hübsche Susan vor!»

Susan erhielt zwei schmerzhafte Hiebe und spürte dann, wie die Belmont ihren Dildo in ihre Muschi schon.

«Ach, Susan. Wie schön zu sehen, dass du gefickt wirst. Ja, das gefällt mir. So ist es richtig.»

Susan erhielt von Madame zwei Hiebe mit der Peitsche von oben auf ihren Po, während der Dildo immerzu in sie hineinstieß.

Susan konnte es nicht verhindern. Irgendwie wollte sie es auch gar nicht. Die Geilheit überkam sie und anstatt zu schluchzen, musste sie immer mehr stöhnen.

Die Lady hörte es. «Sie wird geil. Belmont, ficken Sie sie und schlagen sie kräftiger. So will es haben.»

Susan wandte sich unter den Stößen des Dildos und den Hieben der Peitsche. Sie merkte die vorhandene Geilheit des gelben Getränks. Sie stöhnte immer mehr und schrie bei jedem Peitschenhieb. Ihre Muschi pulsierte und sie keuchte.

«Ja, ist das schön», schrie die Lady hoch erregt. «Belmont, zeigen Sie ihr die wahre Liebe!»

Während sie weiter gefickt wurde, spürte Susan, wie sich ein Finger der Madame in ihren Anus schob. Aber sie war mittlerweile so geil, dass es ihr gefiel, gefickt zu werden. Sie spürte, dass sie gleich kommen würde. Sie schnappte nur noch nach Luft. Sie hörte, wie die Lady geile Satzfetzen stöhnte, «Wie süß, die Kleine. So geil. Ficken Sie sie kräftig, Belmont. Schön, so schön,

Peitschen Sie den Po! So muss ein Mädchen gepeitscht werden!»

Die Lady war hoch erregt und ergötzte sich an dem Spiel. Sie schrie: «Jetzt, jetzt. Ogg, wie geil! Ohh, wie mag ich es! Jetzt, Belmont!»

Im selben Moment zog Madame den Dildo aus Susans Muschi und Susan spürte, wie Madame ihre Pobacken auseinander zog und das Ding an ihren Schließmuskel setzte.

Fragend schaute Madame zur Lady.

«Ja, Ja, Belmont», rief die Lady. «Ficken Sie sie in den Arsch! Jaaa, das liebe ich!»

Madame schob den Dildo gewaltsam in Susans Anus. Susan schrie aus Leibeskräften, sie dachte, sie würde zerrissen.

«Tief in den Arsch», schrie die Lady. «Ohh, ja. Das ist wunderbar. So will ich es sehen. Ja, Ja! Ich will es sehen! Ficken Sie meine Susan! Ficken Sie mein liebes Mädchen! Ohhhh! Jaaa! Ich komme! Wie geil. Ich komme!»

Nach langen Minuten und brennendem Po, wurde Susan losgeschnallt und von der Madame hochgehoben. Sie rieb sich heftig ihren schmerzenden Hintern und wischte sich die Tränen aus dem Gesicht. Das hatte sie nicht erwartet. Sie stand förmlich unter Schock und ließ sich bereitwillig zur Lady führen.

Lady Thora nahm sie in die Arme und küsste sie. «Das war eine ganz süße Vorführung, Susan. Deine Schreie, zuckersüß. So mag ich es. Setz dich neben mich oder kannst du nicht sitzen?»

«Es tut sehr weh.»

«Das muss es, Susan. Das ist das Exquisite. Es hat mich sehr geil gemacht und mir einen wundervollen Orgasmus beschert. Herrlich, zu sehen, wie du gefickt wurdest. Ganz famos. Ich bin so erfreut.»

Sie beorderte das schwarzhaarige Mädchen, Susan zu lecken. Susan stöhnte.

«Sie leckt wunderbar, Susan. Du bist doch noch geil Du hattest keinen Orgasmus. Ich gönne dir einen. Sei brav und lass dich lecken. Sonst wirst du wieder gepeitscht.»

Susan gab sich dem widerstandslos hin. Es stimmte, sie hatte kurz vor einem Orgasmus gestanden, als Madame den Dildo wechselte und ihre Geilheit hielt nach wie vor an.

Es dauerte nicht lange und sie ergab sich dem Zungenspiel des schwarzhaarigen Mädchens, das mehrmals von der Belmont aufgefordert wurde anständig zu lecken und ein paar Peitschenhiebe erhielt.

Die Schmerzen ihres Pos vergessend, schrie Susan laut, als sie kam und vollkommen erschöpft zusammenfiel.

Die Lady fing sie auf und streichelte ihre Brüste. «Du bist ein braves Mädchen. Es hat mir riesigen Spaß gemacht, deine Vorführung zu sehen. Du hast brav gehorcht.»

Heftig weinend, schluchzte Susan: «Danke, Lady Thora, dass Sie mich gepeitscht haben.»

«Wie süß. Du lernst schnell.»

«Danke, dass ich kommen durfte.»

«Das war schön, nicht wahr? Das hast du dir auch verdient. Dafür erhältst du einen weiteren Pluspunkt. Du darfst heute Nacht bei mir schlafen.»

«Danke Lady Thora. Ich bin gerne Ihre Sklavin.»

«Diesen Satz will ich hören. Wenn du dich weiterhin so kooperativ verhältst, dann kann aus dir etwas werden. Wir beide werden uns an jedem Abend an zwei oder drei Vorführungen ergötzen. Ich liebe deine ausdauernde Zunge. Jedes Mädchen wird auf dem Bock vorgeführt werden und dabei darfst auch du kommen. Du wirst schnell lernen, wie geil es macht, zuzusehen.»

*

Zwei Abende später war Angel vorgeführt worden. Da Lady Thora einen überwältigenden Orgasmus bekommen hatte, durfte Susan der heftig weinenden Angel den Po eincremen und sie anschließend zum Orgasmus streicheln, was die Lady wieder entzückte.

An den künstlichen Tagen an Bord erhielten sie strengen Unterricht. An verschiedenen Dildos mussten sie lernen, wie sie ihre Hände, Münder und Muschis einsetzen mussten. Aber sie erhielten auch einen Einblick in die Welt, die auf sie zukommen würde.

Susan lernte, dass die Gesellschaft auf der Welt Gor von einem großen Ehrenkodex bestimmt wird. Neben der Ehre spielen Sexualität und Kampf eine maßgebliche Rolle. Üblich sind in den Kriegen der Männer, Schwerter, Pfeil und Bogen, Lanzen und als wohl modernste Waffe die Armbrust. Im Zusammenspiel der starken, ehrenhaften und überlegenen Männlichkeit mit der weichen, schönen und lustvollen Weiblichkeit ist es eine aufregende Welt voller Abenteuer, Liebe und Pathos, bestehend aus Dominanz und Unterwerfung, aus Mystik und Magie und aus der Sklavinnenhaltung mit Fesselspielen und der körperlichen Züchtigung mit permanent erzwungener Nacktheit.

*

Die Auktion nach der Landung, der Susan, als persönliches Eigentum ihrer Herrin Lady Thora beiwohnen durfte, war ein riesiges luxuriöses Spektakel. Mehr als hundert Männer mit ihren Frauen oder Kajiras waren anwesend und gaben ihre Gebote für die einzeln nackt vorgeführten neuen Mädchen ab.

Ihre Freundin Angel war auf der Auktion die Kajira von Rask aus Treve geworden, einem hochherrschaftlichen Mann, mit maskulinem Körper. Bei einem wenige Tage später stattfindenden Empfang traf Susan für einen kurzen Moment allein mit Angel zusammen. Sie berichtete ihr kurz, das Rask, ihr Herr, ein sagenhaft potenter Mann sei, besser gebaut als all die Dildos der Madame Belmont, er ein ungebremstes Verlangen nach ihr habe und sie jedes Mal zum Höhepunkt führe, was sie sehr glücklich mache.

Susan musste Lady Thora zu etlichen Empfängen und Partys begleiten. Es gab wundervolle Speisen und sie durfte, zu Füßen der Lady sitzend, dabei sein, wenn Lady Thora sich mit den hochadligen Herren oder deren Frauen unterhielt. Emsig hatte Susan täglich die goreanische Sprache gelernt und konnte nach einigen Tagen den Unterhaltungen, wenn auch mit Mühe, folgen. Sie war jetzt Lady Thoras Sklavin und zugleich Geliebte.

Auf einer der Partys in einem hochherrschaftlichen Haus, war ein Mann sehr von Susan ergriffen, die in der Nadu-Position vor ihrer Herrin kniete.

«Lady Thora», sprach er. «Ihre Kajira ist bezaubernd. Ist sie zu haben?»

«Nein, nein», lachte die Lady. «Dieses süßeste aller Kinder ist mein Eigentum und wird es bleiben.»

«Lady Thora! Ich biete Ihnen das doppelte, was sie auf einer Auktion für sie bekommen könnten.»

«Ach, Nemando. Sie können es nicht lassen. Aber Susan ist unverkäuflich.»

«Ich biete Ihnen das Dreifache!»

«Nein und nochmals, nein. Sie hätten zur Auktion kommen sollen. Ich hatte viele schöne Mädchen.»

«Ich konnte nicht. Ich war im Süden.»

«Nemando. Warten Sie, bis ich das nächste Mal wieder neue Mädchen bringe. Ich verspreche Ihnen, ich werde für Sie die schönste zur Kajira ausbilden und Ihnen anbieten. Vielleicht werden wir in ein paar Wochen wieder fliegen. Die Auktion war ein voller Erfolg und wir brauchen viel mehr Kajiras.»

«Ja. Da haben Sie recht, Lady Thora. Dieses Land braucht die schönsten Kajiras und Sie haben zweifellos die beste Auswahl.»

«Ich bemühe mich auch, die Schönsten zu finden.»

Am Abend, zurück in das luxuriöse weiträumige Appartment der Lady, warf Susan ihren Umhang ab und kniete nackt auf den Boden.

«Herrin. Ich danke Ihnen, dass Sie mich nicht verkauft haben. Ich bin Ihre Sklavin. Bitte peitschen Sie mich.»

«Oh. Wie lieb von dir.» Lady Thora ging zu einer Anrichte, schenkte in ein Glas etwas Sklavinnenfeuer ein und reichte Susan das gelbliche Getränk. Dann entledigte sie sich ihrer Kleidung und ergriff eine armlange feste Peitsche, die an ihrem Ende ein langes, nicht geflochtenes Leder Bändsel besaß.

«Steh auf und bück dich!» Sofort schlug die Lady zu.

«Bleib ganz ruhig stehen und stütze dich mit deinen Händen auf den Knien ab.» Es folgten harte Peitschenhiebe und Susan begann zu weinen.

Lady Thora setzte sich aufs Sofa und öffnete weit ihre Beine. «Komm zu mir und leck mich!»

Susan gehorchte und gab sich schluchzend Mühe.

«Nimm meinen Kitzler richtig zwischen deine Lippen. Oh, ja. So ist es gut.»

Von oben hieb die Lady auf Susans Po und das dünne Ende der Peitsche biss bitterlich, bis Susan so sehr weinte, dass sie kaum noch lecken konnte.

«Leck mich, Susan. Mach mich glücklich. Es ist so schön. Weine, mein Kind. Nichts ist schöner, als von einem weinenden Mädchen geleckt zu werden. Ja. So ist es gut. Mach weiter! Heftiger! Deine Zunge ist wunderbar. Oh ja. Ich spüre deine Zunge. Es ist wundervoll. So geil, so schön. Ohhh.»

Laut schreiend gab sich Lady Thora ihrem kaum enden wollenden Orgasmus hin.

Bitterlich schluchzend saß Susan auf dem Schoß von Lady Thora, die begierig ihre Tränen leckte. «Wie süß sie schmecken. Du machst mir viel Freude. Es sind die süßesten Orgasmen, wenn ich dich peitsche.»

Beruhigend liebkoste und streichelte die Lady Susan.

«Du bist wirklich ein ganz liebes Kind. Gut erzogen. Du kannst wahrscheinlich nicht erahnen, wie geil mich deine Tränen machen, während du mich leckst. Es ist herrlich.»

Susan musste wieder weinen.

Lady Thora leckte wieder Susans Tränen auf ihren Wangen. «So süße Tränen. Du machst mich schon wieder geil. Lass dich küssen.»

Es war der erste Kuss, den Susan von der Lady erhielt und es war ein intensiver Zungenkuss mit heftigem Zungenspiel.

Susan war sich bewusst, was es bedeutete. Artig bedankte sie sich für diesen Kuss. Ihr Weinkrampf verebbte etwas, auch weil die Lady mit ihren Fingern an ihrem Kitzler spielte und sie es nicht verhindern konnte, sich zu erregen. Sie wusste, dass es an dem gelben Getränk lag, dass sie jetzt trotz der Schmerzen gieriges Verlangen nach einem Orgasmus bekam.

«Wie brav, mein Mädchen. Wie brav du geil wirst.» Die Lady zog die Peitsche heran und reichte sie Susan.

«Siehst du das dünne Lederbändsel am Ende. Das hat dich so wunderbar zum Weinen gebracht. Es erzeugt so eindeutig herrliche Schmerzen, die blitzartig brennen. Es ist ein schmaler, nicht geflochtener Lederstreifen, der die süß brennenden Schmerzen verursacht. Damit bekomme ich dich dahin, wohin ich dich haben will. Schmerz ist etwas, was du unbedingt nach außen zeigen sollst…, so lernst du es zu akzeptieren. Mit dieser Akzeptanz, durch Lust und durch Schmerz, mache ich dir den Weg frei, um den Lustschmerz wirklich erleben zu können. Es ist Schmerz und Lust, Lust und Leid, es ist Qual, aber auch Erlösung, Sehnsucht und Dankbarkeit, Hingabe und Ohnmacht. Der Schmerz wird zu deinem Freund. Deine Leidenschaft wird entflammt, der Schmerz ein treuer Begleiter deiner Lust. Ich werde dich noch oft trainieren, wie du mir Befriedigung verschaffen kannst.»

Obwohl sie heftig und lustvoll gestreichelt wurde, bekam Susan, als sie diese Sätze aus dem Mund der Lady hörte einen Weinkrampf.

«So mag ich meine Sklavin», flüsterte die Lady und legte Susans Arme um ihren Hals und drückte sie an sich.

«Ach, wie schön. Es ist diese gierige Leidenschaft in mir, dich weinen zu sehen. Ich schlage dich langsam, in Abständen. Du sollst jeden Schlag auskosten und in seiner ganzen Wucht spüren. Welch Genuss, zu hören, wie du dabei schreist. Der Schmerz ist der große Lehrer, wie du mir Genuss verschaffen kannst. Unter seinem Hauche entfaltest du dich und zeigst mir mit deiner Zunge und deinen Tränen deine Hingabe, die mich kommen lassen.

Als Susan immer noch weinend auf dem Schoß der Lady saß und getröstet wurde, sagte Lady Thora. «Susan. Du bist mir sehr ans Herz gewachsen und du zeigst mir immer wieder, wie gehorsam du als meine Sklavin sein kannst. In zwei Wochen werden wir mit Kommandant Ragnar zur Erde fliegen. Nach Las Vegas und dort neue Mädchen abholen. Wir werden dort eine Woche bleiben, um die Vorbereitungen durchzuführen. Ich denke, du kannst mir bei der Auswahl der neuen Mädchen gut helfen, die wir dann zu einem Abend einladen werden. Einer unserer Agenten hat bereits über einhundert Bewerbungen vorliegen, die wir sortieren müssen. Wir nehmen nur Mädchen größer als einen Meter fünfundsiebzig, sehr schlank, mit guten Brüsten und hübschem Gesicht und ohne familiären Anhang. Sie müssen dem verlangtem Schönheitsideal goreanischer Männer entsprechen. Das ist viel Arbeit. Du kannst mir dabei helfen. Du kannst allerdings nicht auf der Erde bleiben, dafür weißt du zu viel. Du bekommst einen besonderen Halsring, der dich töten würde, falls du versuchst zu fliehen.»

«Herrin. Ich verspreche, nicht zu fliehen. Ich bin gerne Ihre Sklavin. Es gefällt mir hier auf Gor.»

«Das höre ich gerne.»

«Werde ich bei der Ausbildung der Neuen während der Rückreise dabei sein dürfen?»

«Gefällt dir das?»

Susan lief rot an. «Ja Herrin. Ich möchte Ihnen gerne dabei dienen.»

«Ja», antwortete die Lady schmunzelnd. «Ich glaube, es wird eine wundervolle Rückreise. Wir beide mit zwanzig oder dreißig Mädchen, wunderbar.»

«Kommt Madame Belmond nicht mit?»

«Nein, sie ist krank. Eine Freundin aus meinem Amazonen Club wird uns begleiten. Sie beherrscht es unbeschreiblich eine Peitsche präzise zu führen. Es wird Genuss pur. Ich werde dich lehren, wie wir die Seminare durchführen werden und wie du die Ketten der Mädchen zur Vorführung anschnallen kannst. Und ich werde dich lehren, wie du mit einem Umschnalldildo ficken kannst.»

«Oh!»

«Du wirst es schnell lernen. Es wird dir Spaß machen, mir zu zeigen, wie glücklich du mich machen kannst, wenn ich mich dabei von einer der neuen Schülerinnen lecken lasse. Du möchtest doch, dass ich mich daran erfreuen kann?»

«Ja, Herrin. Danke, Lady Thora. Danke, dass Sie mich gepeitscht haben. Ich bin Ihre Sklavin.»

«Ach, ist das lieb. Du bist eine wirkliche Kajira.»

«Danke, Herrin.»

«Mein liebes Kind, lass uns ins Bett gehen. Wir werden uns gegenseitig streicheln und uns dabei aufregend unterhalten. Ich bin so geil. Ich möchte deine Finger mit Ausdauer spüren, bis ich komme.»

«Ja, Lady Thora», antwortete Susan devot. «Ich bin Ihre Sklavin. Ich bin dankbar, dass ich Sie streicheln darf.»

«Du hast eine solch süße Muschi. Du bist ganz nass. Das ist sehr gut. Du wirst eine brauchbare Kajira. Komm mit mir. Ich möchte von dir hören, wie du mich geil machen möchtest, während du kräftig meinen Kitzler bearbeitest.»

Susan hatte sich sehr schnell mit ihrer neuen Rolle angefreundet. Als persönliche Sklavin von Lady Thora bekam sie sehr viel Bewegungsfreiheit. Sie durfte auch alleine einkaufen, wenn Lady Thora sie dazu beauftragte.

Das führende Kulturgebiet von Gor war das machtvolle Ar. Eine Stadt, ähnlich wie

Manhattan, mit hunderten von seltsam geformten Hochhäusern. Ar war geschützt vor den vielen wilden menschenfressenden Tieren, die auf Gor lebten und deshalb war es innerhalb der gewaltigen Stadtmauern sicher. An Flucht war nicht zu denken. Abgesehen davon, dass Susan an dem metallenen Halsreif als Kajira Sklavin zu erkennen war und jederzeit kontrolliert werden konnte, war sie sich bewusst, dass sie es nie aus dieser Stadt schaffen würde. Wohin sollte sie denn auch gehen?

Susan lernte auch viel über das Leben auf Gor und schrieb alles Wissenswerte in ihr Buch. Weit unter dem Dschungel Äquator, hinter den Ta-Tassa Bergen lebten die Wagenvölker. Ab und zu würden Kriege gegen einzelne Stämme der Wagenvölker geführt, die, wenn sie besiegt wurden, junge Männer und Mädchen als Sklaven abgeben mussten, um den Bedarf in der Metropole zu decken. Die halbjährlichen Entführungen schöner Mädchen von der Erde wurden ausschließlich für die Männer der Führungselite durchgeführt, um sie zu reinen Lustsklavinnen auszubilden, die hohen Ansprüchen genügen konnten. Susan lernte auch die Gesellschafterstrukturen kennen und wie sie sich als Kajira in der Öffentlichkeit und in hoher Gesellschaft zu bewegen hatte. All ihr Wissen, insbesondere die sprachlichen Besonderheiten, trug sie artig in ein Buch ein, das ihr die Lady gegeben hatte. Ab und zu kontrollierte Lady Thora Susans Buch und lobte sie für ihren Fleiß.

Am nächsten Tag brachte Lady Thora eine junge hübsche Frau mit in das Apartment und Susan erkannte an dem stählernen Halsring sofort, dass sie eine Kajira war. Wie die Lady erklärte, war sie zurückgenommen worden, um in ein paar Tagen an einem bestimmen Interessenten verkauft zu werden. Bis dahin durfte Susan mit ihr zusammensitzen und sie konnte weitere Besonderheiten von ihr lernen, die sie geflissentlich in ihr Buch eintrug.

Als Susan mit ihr die Speisen vorbereitete, erfuhr sie, dass Saliah seit zwei Jahren auf Gor war und bisher als Kajira zwei Eigentümer hatte. Ohne Scheu erzählte Saliah, dass es sehr großzügige Herren gewesen waren, die sie, wie es in deren Natur war, einzig zu ihrer Lustbefriedigung benutzt hatten.

Lady Thora hatte nach dem Essen zu tun und kam erst am späten Nachmittag zu ihnen ins Wohnzimmer. Nur mit einer kunstvoll verzierten Korsage bekleidet, stellte sie sich vor der niedergeknieten Saliah und befahl ihr auf goreanisch, sie zu lecken.

«Susan! Hole mir die lange schwarze Peitsche! Und du, Saliah! Kara!»

Sofort drehte sich die Frau, kniete sich auf alle Viere, beugte ihren Oberkörper und Kopf tief hinunter und hob ihren Hintern hoch an. Susan erinnerte sich an diesen Befehl. Kara war die Position, die eine Kajira einzunehmen hatte, wenn sie gepeitscht werden sollte.

Lady Thora nahm die Peitsche entgegen und

schlug unvermittelt mehrere Male zu. Die Peitschenhiebe waren heftig und der Hintern färbte sich langsam rot. Die Lady schlug sehr hart zu und es dauerte lange, bis sie Saliah zu leisem Schluchzen brachte.

«Brav, Saliah. Du bist eine wohlerzogene Kajira.» Lady Thora setzte sich aufs Sofa, spreizte ihre Beine und befahl Saliah, sie zu lecken.

«Zeig mir, dass du es nicht verlernt hast. Ja, so ist es gut. Leck mich kräftig und druckvoll. Ja, so brauche ich es.»

Die Lady reichte Susan einen schwarzen Dildo. «Susan, stecke ihn in ihren Hintern.»

Zwei Tage lang befriedigte sich Lady Thora daran, Saliah zu peitschen und sich von Susan zum Orgasmus ficken und lecken zu lassen. In dieser Zeit fasste Susan einen Plan, ihre Erlebnisse aufzuschreiben. Auf Zetteln begann sie in den Tagen bis zum Abflug, während sie an ihrem Buch arbeitete, in einer winzigen Schrift den Werdegang ihrer Entführung und Erziehung zu einer Kajira zu beschreiben. Nach und nach wurden es fünfzig Blätter und Susan war sich sicher, dass es ihr irgendwie gelingen würde, den Briefumschlag mit den Seiten, den sie in einem ihrer Umhänge eingenäht hatte, an einem Redakteur des Bosten Globes zu schicken. Ohne Absender und ohne Hinweise auf ihre Person.

*

Gogar, Ltg. II/43 Abtlg. C

Anlage: Geheimstufe 4, Text-Auszug aus der auf der Erde sichergestellten Akte.

Vertraulich – nur für den persönlichen Gebrauch bestimmt!

An den Hohen Herrn

Ligurious, der erste Minister von Corcyrus

Mitglied des Hohen Rates.

Herr Minister!

Als Geheimdienstchef für interplanetarische Sicherheit möchte ich Ihnen folgenden Bericht schicken.

Die Information, dass auf der Erde eine Geschichte über eine Kajira Ausbildung kursiert und dabei ihr werter Name, Kommandant Ragnars Name und der von Lady Thora genannt wird, kann von uns bestätigt werden. Sie erhalten eine Kopie der Geschichte anbei.

Noch ist nicht geklärt, welche Identität der anonyme Verfasser besitzt, er schreibt unter Pseudonym und woher er die detaillierten Informationen, die teilweise den tatsächlichen Ausbildungspraktiken des noblen Tau-Instituts entsprechen, erhalten hat.

Unser Stab kommt jedoch zu dem Schluss, dass hiervon keine Gefahr für die Sicherheit unseres Planeten ausgeht. Man kann davon ausgehen, dass Geschichten mit solchen Inhalt keine Chance auf Veröffentlichung haben, weil sie innerhalb der verweichlichten westlichen

Kulturen, aus den wir hauptsächlich importieren, als politisch unkorrekt und sexistisch bezeichnet, sofort verboten würden. Sollte es doch den einen oder anderen irdischen Mann geben, der unsere gesellschaftlichen Strukturen beachtenswert hält, so ist es eine verschwindend kleine Minderheit, die vom Aussterben gezeichnet ist. Die geistige Versklavung von Männern ist in der Tat in dieser Welt bereits soweit fortgeschritten, dass sogar eine Verminderung der Virilität der männlichen Bevölkerung eingetreten ist und damit die Reproduktionsrate in diesen Ländern soweit unter Erhalt gesunken, dass wir aufgrund unserer Berechnungen mit einem Aussterben der westlichen Kultur spätestens in 500 Jahren rechnen können. Wir werden die Entwicklung aufmerksam verfolgen und Ihnen weitere Informationen zukommen lassen, wenn wir sie vorliegen haben.

P.S. Der Raumkreuzer Novano hat nach erfolgreicher Mission an Pier 6 festgemacht und die behördliche Einfuhrerlaubnis für achtundzwanzig weibliche Menschen zur Kajira-Ausbildung auf Gor bei ihrem Ministerium beantragt. Wir bitten um eine bevorzugte Bearbeitung, da die Auktion der Tau-Agency schon nächste Woche am Abend vor unserem Nationalfeiertag stattfindet.

Die Party

Er hatte nicht gewollt, dass ich mit ihm auf die Party zu seinem Freund Frank gehe. Aber ich tat es trotzdem und habe die unglaublichste Strafe dafür bekommen.

Wir hatten uns den ganzen Sommer über immer wieder getroffen. Hatten erfüllenden und lustvollen Sex. Aber ich hatte einige persönliche Probleme und war irgendwie durcheinander. Er ist ein erfolgreicher Arzt und ich hatte immer das Gefühl, ich passe nicht wirklich zu ihm als seine Freundin. Trotzdem schienen wir es zu genießen, die Zeit miteinander zu verbringen, zu trinken, zum Essen auszugehen und Sex zu haben.

Ich wollte ihn. Ich wollte ihn unbedingt zufrieden stellen, ich wollte seine Zuneigung. Ich wusste es damals noch nicht, aber mein Verhalten war in jeder Hinsicht unterwürfig. Ich war so unterwürfig, wie er immer dominanter wurde. Er traf die Entscheidungen und ich wartete mit angehaltenem Atem auf seinen nächsten Satz. Ich folgte, ich stellte mich zur Verfügung und ich ertrug auch manch unhöflichen Kommentar oder folgte seiner Aufforderung. Und wir sind ohne Frage immer zusammen im Bett gelandet.

Ich bin 22 und in voller Blüte. Rote Haare, blaue Augen, etwa 5'4 Fuß groß, mit vollen C's und schlankem Körper. Ich war schüchtern und hatte keine Ahnung von all der sexuellen Energie, die in dieser Zeit in mir schlummerte. Abgesehen von ihm. Er hat es geahnt. Ich konnte nicht genug von ihm bekommen. Ich war auf der Suche nach einer Intensivierung unserer Beziehung, oder besser gesagt, ich wartete auf seinem Weckruf, und wenn er mich nicht brauchte, verbrachte ich meine Zeit damit, im nächsten Moment zu fantasieren, ob er mich wollte. Mein Wunsch nach ihm war so groß, dass ich immer nach Wegen suchte, wo er war, wie ich ihn treffen konnte.

Ich hatte gehört, dass er auf die Party ging, wo ich niemanden von seinen Freunden kannte. Deshalb wollte er nicht, dass ich mitkam. Ich wusste, dass er mich dort nicht haben wollte, aber ich ging trotzdem. Das hatte ihm wirklich missfallen. Es war mein grober Ungehorsam. Zehn auf einer Skala, von eins bis zehn.

Ich war hingefahren, zu diesem Haus in Long Island. Kannte die Adresse und wurde mit Erstaunen eingelassen. Ein supermodernes Haus mit einem luxuriös eingerichtetem Wohnzimmer. Die Hausherrin fragte mich, wer ich bin und ich antwortete: «Sally, die Freundin von Gerry.»

Sie führte mich zu ihm. Er saß auf einem Sofa neben einer hübschen Frau und einem Mann.

Als er mich sah, stand er auf und kam zu mir. Er ergriff wortlos meine Hand und zog mich durch die Glastüre auf die Veranda.

«Was soll das? Warum spionierst du mir nach?»

«Nein! Bitte, Gerry! Ich wollte so gerne bei dir sein. Verzeih mir. Schick mich nicht weg. Ich werde ganz brav sein. Deine Freunde sind auch meine Freunde. Bitte!»

Er sagte nichts und zog mich zurück in das Wohnzimmer zu einem kleinen Bartresen. Wir mischten uns zu den anderen Gästen, aber er stellte mich nicht vor. An den Blicken der anderen merkte ich, dass ich beäugt wurde.

Die Hausherrin bot mir ein Glas Champagner an und ich stieß mit seinem Bourbon an.

Gerry mixte mir danach einen Bloody Mary, der es in sich hatte. Mindestens die Hälfte war Wodka und er befahl: «Trink ihn aus! Ex!»

Ich tat es. Er schmeckte sogar. Ich versuchte ihn wieder zu besänftigen. «Bitte, Gerry. Verzeih mir. Aber ich bin so glücklich bei dir zu sein.»

Er antwortete nicht, sondern drehte meinen Kopf zum hinteren Teil des Wohnzimmers. Lange schauten wir eng tanzenden Paaren zu. Einige küssten sich hemmungslos zu leiser Tanzmusik. Bei anderen ergriff die männliche Hand schamlos den Po der Partnerin und knetete ihn.

Ich traute meinen Augen nicht. Ein gutaussehender Mann, mit richtig grauen Schläfen, setzte sich auf einen der am Rand stehenden Sofas und zog seine junge Frau zu sich. Er hatte sie über seine Knie gelegt und schlug mit der Hand auf ihren Hintern. Ein eng tanzendes Pärchen blieb in ihrer Nähe stehen und schaute zu, wie der Mann den Rock der Frau hochzog und kraftvoll auf ihren blanken Hintern schlug. Der stehende Mann öffnete den Reißverschluss am Rock seiner Tanzpartnerin und ließ ihn fallen. Seine Hand legte sich auf den nackten Hintern, streichelte ihn und schlug zu. Er beugte seine Tanzpartnerin vor, sodass sie sich mit den Händen auf die Lehne des Sofas abstützen musste. Er schlug sehr fest und ausdauernd. Der Po der Frau färbte sich leuchtend rot. Das gleiche geschah mit dem wunderschönen schlanken Hintern der Frau, die über den Knien ihres Partners lag.

Deswegen wollte Gerry mich nicht mitnehmen, schoss es mir durch den Kopf. Sein geheimes Verlangen. Die Schläge waren echt und heftig, und die Frauen stöhnten laut und schrill.

Aufgeregt stieß ich ein: «Och!», aus.

«Ist es das, was du wissen wolltest, weshalb du heute Abend gekommen bist?», fragte Gerry, während er meine Brüste gierig durch meine Bluse knetete.

Ich blickte ihn an und sah ihn schmunzeln.

«Ich gehöre dir», antwortete ich nur und gab ihm einen Kuss.

«Schau zu!» Seine Hand legte sich auf meinen Po und griff fest zu.

Ich war begeistert und dachte, dass er nun glücklich ist, mich neben sich zu haben. Er mich an seinem geheimen Leben teilhaben lässt und dass wir anschließend eine heiße Nacht bei ihm zu Hause haben würden.

Ich war verwirrt, aber so erregt, so glücklich, dass ich bei ihm war. Ich war bereit. Er schlang seinen Arm um mich und öffnete meine Bluse. Er entfernte sie nicht, stellte aber sicher, indem er meine Brüste aus dem BH hob, dass mein Körper von allen gesehen werden konnte. Nur noch Kerzen erhellten das Wohnzimmer. Es war gespenstisch. Ich hörte aus einer anderen Ecke Schreie. Gerry schnippte und zog grob an meinen Nippeln, ohne ein Wort zu sagen.

Bevor ich es wusste, führte er mich zu einem Sessel in einer dunklen hinteren Ecke. Er beugte mich über die Lehne, drückte mit seinem Arm meinen Rücken nach unten, während seine andere Hand meinen Rock hoch und mein Höschen von hinten herunterzog. Er streckte mich nur aus und schlug mich. Ich fror plötzlich. Er schlug zu. Fest und unerbittlich. Und immer wieder. Er verprügelte mich gut zehn Minuten lang und mein Hintern brannte. Dann verwandelte sich die Prügel in ein Befingern meiner Muschi, die mich wie auf seinen Schwanz reiten ließ. Und jedes Mal, wenn er wieder zuschlug, sagte er laut, ich sei sehr unartig. Das Gefühl seiner Hand auf meinem nackten Hintern war reinigend. Ich wollte mehr. Irgendwann tat es so weh, dass ich beinahe gebeten hätte, aufzuhören, ich stieß einen kleinen Schrei aus. Er schlug mich stärker und je härter es war, desto besser fühlte ich mich.

Ich hatte nicht einmal gehört, wie er seinen Reißverschluss öffnete, aber ich spürte, dass er seinen Schwanz zwischen meinen Pobacken rieb.

Er glitt leicht in mich hinein und fickte mich tief und lang, bis er schließlich mein Haar zurückzog und kam, während er mir einen einsamen Kuss auf meinen Hals gab.

Als es vorbei war, drehte ich mich um und wusste nicht, ob ich lächeln darf oder nicht. Er lobte meinen roten Hintern. «Dein hübscher Arsch ist herrlich rosa. Es gefällt mir.»

Gerry führte mich mit meinem hochgeschlagenen Rock zur Bar. Ich war zuerst erschrocken. Ich hatte an die anderen Partygäste gar nicht mehr gedacht. Ich sah zwei Paare tanzen. Die Röcke der Frauen waren ebenfalls hochgezogen und zeigten einen leuchtend roten Hintern. Alle anderen Frauen saßen ebenfalls ohne Röcke oder ohne Kleider bei ihren Partnern. Gerrys Gesicht strahlte volle Zufriedenheit aus. Das machte mich glücklich. Ich wusste in dem Moment, ich hab ihn. Nah an seinem Ohr hauchte ich: «Zeig ihnen meinen Po!»

Er tat es und sagte zu seinen Freundes-Paaren: «Ihr allererstes Spanking!» Ich bekam einen roten Kopf, als Applaus zu hören war und Gerry gab mir einen dicken Kuss.

So landeten wir zusammen nach dieser seltsamen Party in einem Gästezimmer. Ich hatte in dieser Nacht den besten Sex meines ganzen Lebens. Er hatte meinen Arsch erneut versohlt, mich bestraft, brennend, meine Muschi heiß gemacht und die Art und Weise, wie wir miteinander verschmolzen, wurde schließlich in purer Geilheit ausgedrückt.

Mit ihm will ich immer mehr. Ich werde diese Party nie vergessen. Meine allererste Prügel.

Facel Vega

Abrupt trat Peter auf die Bremse.

«Das gibt's doch nicht!», stieß er aus, als sein Wagen stehen bleibt.

Langsam setzte er die 100 Meter zurück und schaute nach rechts aus den Seitenfenstern.

«Ich werde verrückt. Ein Facel Vega. Ich kann's nicht glauben.»

Im Vorbeifahren hatte er nur in Sekundenbruchteilen registriert, dass dort dieses Auto inmitten anderer Gebrauchtwagen stand, hinter einem Zaun am Rand der finsteren Landstraße.

Staunend, mit offenem Mund, betrachtete er aus seinem Auto heraus die drei Wagen, die hinter dem heruntergekommenen löchrigen Zaun standen und von zwei, auf Masten angebrachten schwachen Scheinwerfern angestrahlt wurden.

Zwei alte Jaguar XJ und davor, an erster Stelle - er wagte es kaum auszusprechen - «Ein Facel Vega! Tatsächlich!»

Sein Blick ging den Zaun entlang und hinter zwei Tannen verdeckt befand sich eine Einfahrt. Er brauchte nicht mit sich zu diskutieren, das musste er sich ansehen. Nichts, aber auch gar nichts könnte ihn jetzt aufhalten, obwohl es schon elf Uhr abends und dunkel war und er nach Hause wollte.

Er legte den ersten Gang ein, gab langsam Gas und rollte zu der Einfahrt. Die Tore waren geöffnet und sahen, so wie sie in ihren Angeln hingen, aus, als wären sie nie bewegt worden. Er sah das riesige Schild über der Einfahrt mit dem verwaschenen Schriftzug *Gebrauchtwagenhandel Dracal Vlad, An- und Verkauf.*

Peter rollte hinein und parkte seinen Wagen vor dem Facel Wega, sodass der von seinen Scheinwerfern zusätzlich angestrahlt wurde. Im hellen Licht erstrahlte ein dunkelrot lackiertes Sportcoupé, mit Weißwandreifen und reflektierenden Chromleisten.

Eine ganze zeitlang blieb Peter stumm und sprachlos sitzen, bis er sich dazu aufraffte auszusteigen und bewusst das Licht seiner Scheinwerfer anließ.

Fast ehrfürchtig schritt er auf das Auto zu und berührte als erstes den linken Kotflügel mit seiner Hand. Zärtlich strichen seine Finger den Holm hoch zum Dach und schließlich hinunter zum Türgriff.

Natürlich war die Türe verschlossen, aber das hatte er auch erwartet. Er versuchte ins Innere zu schauen, entdeckte in dem diffusen Licht der Scheinwerfern aber nur die hellbraunen Ledersitze.

Peter schritt um den Wagen herum, der erstaunlich gut erhalten war. «Mensch, ist ja fast neuwertig! Und diese Chrom-Stoßstange! Genial!»

Eine tiefe Männerstimme riss ihn aus seinen Träumen: «Guten Abend, mein Herr. Seien Sie willkommen!»

Peter drehte sich um und erblickte einen stattlichen Mann, wohl zwei Meter groß, elegant sportlich gekleidet in einem dunkelblauen Blazer und Jeans, der ihm freundlich die Hand entgegenstreckte.

Peters entgegenkommende Hand wurde von einer Kraft gedrückt, die ihn kurz erschrecken und an die riesigen Hände eines kanadischen Holzfällers erinnern ließen.

«Sie kennen den Wagen!», sprach der Mann mit einer freundlichen Stimme, aber auch mit einem fremden Akzent.

«Ja, Ja!», antwortete Peter aufgeregt, «Ein Facel Vega!»

«Ja, das ist richtig! Es ist ein Facel Vega, Facel II.»

«Mensch, Wahnsinn. Ein Facel II. Ich kann's nicht glauben!»

«Es ist ein Facel II mit der 400PS Maschine, Baujahr 1964!»

«400PS, 1964! Das ist unglaublich, grandios!»

«Sie kennen diesen Typ, er ist heute nicht mehr so bekannt.»

«Ja, und ob ich ihn kenne. Mein Onkel in Frankreich hatte einen. Als Kind, ich glaub', da war ich sechs oder sieben, da durfte ich mal hinterm Steuer sitzen. Es war für mich immer das schönste Auto der Welt.»

«Das stimmt! Das schönste der Welt!», erwiderte der Mann mit ruhigem Ton, «Aber auch das exklusivste Auto der Welt, das als das schnellste vier-sitzige Coupé der Welt galt. Selbst der Schah von Persien hatte einen, auch Ringo Starr von den Beatles.»

«Ja, ich weiß. Ist das die Version mit der 6,7 Liter Maschine?»

«Ja, ein Facel II mit dem 6,7er, V8. Sie kennen sich aus! Nicht wahr?»

«Und ob. Hab immer alles gelesen. 8 Zylinder Chrysler-Typhoon-Maschine. Von dem sind nur 184 Stück gebaut worden. Mit dem Wahnsinns-Drehmoment von 413 Newton-Meter, was heute kein moderner Wagen schafft. Mein Onkel hatte einen. Er war aber damals plötzlich verstorben und ich weiß nicht, was aus dem Wagen geworden ist.»

Gedankenverloren strich Peter wieder mit seiner Hand über das Dach. Das Auto war immer der Mittelpunkt seines Interesses gewesen, vor vier Jahren hatte er einen Facel Vega auf der Internationalen Automobil Ausstellung in Frankfurt gesehen. In der Oldtimer Halle, für sage und schreibe 250.000.- €.

«Forges et Ateliers de Construction d'Eure et Loir , abgekürzt FACEL, so hieß die Firma. Ein französischer Automobilhersteller. Hat, glaube ich, Ende der 60iger Konkurs angemeldet», erklärte Peter dem Mann.

«Das stimmt. Aber bis dahin war es das exklusivste Auto aus Europa. Tony Curtis, Ava Gardner, Fantomas Darsteller Jean Marais und die Regisseure Louis Malle und Francois Truffaut fuhren mindestens einen Facel. Selbst Rennfahrer wie Stirling Moss und Maurice Trintignant rasten gerne im schnellsten Viersitzer der damaligen Welt durch die Gegend. Sind Sie interessiert?»

Peter schaute sich den Autohändler genauer an. Ein Kerl wie ein Baum. Vielleicht knapp 50 Jahre alt, lange silbriggraue Haare, die hinter dem Kopf zu einem Zopf zusammen gebunden waren. Mehr als sein Körper, drückte sein Gesicht eine Kraft aus, die aus den smaragdgrünen Augen sprach, deren Blicke Peter hypnotisch fixierten.

Zögerlich antwortete Peter: «Sind Sie der Händler? Was soll er denn kosten?»

«Ja. Der Wagen ist gerade erst reingekommen. Ein Schnäppchen, das kann ich Ihnen sagen. Alles erster Klasse. Kein Rost, immer Garagenwagen. Wenn Sie den Chrom prüfen, werden Sie zu Ihrer Überraschung keinen Rost finden. Egal wie ein Facel sonst aussieht. Der Chrom ist nämlich kein Chrom, sondern Edelstahl! Facel war eben ein echter Spezialist für perfekte Blechverarbeitung.

Auch die Sitze und Verkleidung sind original. Für das luxuriöse Interieur des Facel Vega wurde Conolly Leder verwendet. Die Conolly Brothers waren die Hauslieferanten von Rolls-Royce, Bentley, Aston Martin und Ferrari. Dieses Auto ist Vollkommenheit in reinster Form und das wird ewig die Gedanken fesseln. Es gibt Dinge, die aus der Vergangenheit in unsere Gegenwart hineinreichen und plötzlich zu einem Bestandteil in unserem Denken werden. Auch die Vergangenheit wird immer vollkommener, je länger wir sie in Gedanken tragen und dies formt unser Verlangen. Unser Verlangen nach Perfektion.

Der französische Autor Gavin Lyall schrieb über den Facel Vega: ‚... amerikanischer Motor, französische Karosserie. So wie ein Facel Vega muss ein Wagen gebaut sein. Frauen vielleicht auch ...!‘ Das hat er geschrieben. Und schauen Sie auf dieses Auto - ist diese Karosserie nicht perfekt, wie der Körper eine Frau?»

Peter blickte verwirrt zu der hünenhaften Gestalt des Händlers hoch. Allein die Tatsache, dass er zu ihm aufblicken musste, behagte Peter nicht so ganz - vielleicht auch von dem hypnotischen Zwang der grünen Augen. Aber der Mann hatte recht - die Vollkommenheit und Perfektion eines weiblichen Körpers war ein gutes Beispiel, das ihm gefiel. Solche philosophischen Gedanken hatte er dem Hünen gar nicht zugetraut.

Peter entriss sich seinen Gedanken und kehrte zurück in die Wirklichkeit: «Was soll er denn kosten?»

«Das ist wirklich ein Zufall. Wir haben noch gar nicht über den Preis gesprochen. Die Eigentümerin hat den Wagen gerade gebracht, sie sitzt hinten im Büro-Container. Kommen Sie mit.»

Der Händler ging zum arg dunklen hinteren Bereich seines Areals und Peter erkannte dann einen vergammelten Container, bei dem aus einem kleinen Fenster ein schwaches Licht austrat.

Bevor der Mann die Türe öffnete, drehte er sich um: «Sie haben wirklich Glück. Aber ich sage Ihnen gleich, wenn wir über den Preis verhandeln, ich will eine angemessene Provision. Wenn wir uns darüber einig sind, können wir gerne mit der Dame zusammen sprechen.»

«Ja, natürlich», antwortete Peter, «Aber, ich weiß ja noch nicht, ob ich ihn kaufen will.»

«Na ja, das werden wir sehen. Treten Sie ein!»

Das Innere des Containers wirkte unaufgeräumt und total verstaubt. Nur eine kleine Schreibtischlampe goss den Raum in ein gespenstisches Licht. Vor dem Schreibtisch saß eine Frau, die Peters Aufmerksamkeit sofort fesselte. Sie war vielleicht Ende 40, hatte schwarze hochgesteckte Haare und trug ein hochgeschlossenes helles Jackenkleid. Ganz besonders fielen Peter die schlanken Beine auf, die von dem kurzen Rock nur knapp bedeckt wurden und in atemberaubenden schwarzen High Heels steckten.

«Madame, ich glaube, ich habe schon einen Käufer für Ihren Wagen», sprach der Hüne und deutete Peter an, sich einen Stuhl zu nehmen, «Darf ich bekannt machen? Das ist Madame Orsolya Vasilescu, sie ist die Eigentümerin des Facel Vega.»

Peter reichte erst der Dame die Hand, holte sich dann den Stuhl heran und setzte sich. Die Frau schaute ihn lächelnd und warmherzig an und Peter war fasziniert von der Sanftheit und Makellosigkeit ihres Gesichtes und den perfekten Linien ihrer Nase und des Mundes mit den hellroten Lippen.

«Der Herr kennt Facel Vega. Auch alle technischen Details. Er hat schon mal darin gesessen.»

Peter unterbrach: «Nein, Ja. Nur gesessen und mitgefahren. Als Kind, das ist lange her.»

Die Frau sah ihn an, legte ihre Hand auf seinen Schenkel und sagte sanftmütig: «Ist das Ihr Kindheitstraum? Ist das nicht schön? Jetzt haben Sie die Möglichkeit diesen Traum in Erfüllung gehen zu lassen. Ich würde mich freuen, wenn ich den Wagen in liebevolle Hände übergeben könnte.»

Peter wiegte seinen Kopf hin und her. «Ja, es ist mein Traumwagen. Aber, es ist doch ein Oldtimer. Der kostet doch ein Vermögen. Das habe ich nicht.»

«Was würden Sie sich denn vorstellen? Ich hatte Herrn Vlad auch schon gefragt, was so ein Wagen wert ist. Ich habe überhaupt keine Ahnung von Autos», erwiderte sie mit einem kindlich unschuldigen Lächeln in ihrem Gesicht.

Den Wagen im Kopf und diese mehr als attraktive Frau vor sich, das brachte Peter ins Stammeln: «Ich weiß es auch nicht. Ich habe auch keine Ahnung. Es ist ja ein Liebhaberwagen. Ich meine, wie hoch ist der Wert?»

«Aber Sie würden ihn gerne haben wollen, nicht wahr? Ich kann es in Ihren Augen sehen.» Die Hand der Frau wanderte über Peters Schenkel hoch und ergriff seine Hand.

Es war, als würde es ihm die Sinne rauben. Diese sanfte Berührung und dann der feste, auffordernde Druck nahmen Peter gefangen.

«Wissen Sie, mein Mann hat ihn zu Lebzeiten gefahren und zuletzt stand er immer in der

Garage. Ich spüre, dass Sie ein ganz besonderes Verhältnis zu diesem Wagen haben und glauben Sie mir, ich würde Ihnen sehr entgegenkommen, denn es geht mir nicht um das Geld. Ich möchte nur wissen, dass der Wagen einen würdigen Eigentümer findet. Das ist mir sehr viel wichtiger. Meinen Sie dass 10.000.- € zu viel wären?»

Elektrisiert schreckte Peter auf. 10.000.- €, das ist geschenkt und das könnte er sich auch spielend leisten.

Fast ungläubig wiederholte er den Betrag: «10.000.- Euro?»

Die Hand der Frau rutschte wieder auf seinen Schenkel und streichelte ihn leicht. «Wissen Sie, Sie sind mir sehr sympathisch und ich lasse mich immer, ausnahmslos immer, von Gefühlen leiten. Ihnen würde ich den Wagen geben.»

Peter stieg das Blut zu Kopf, ihm wurde fast schwindlig und er wusste nicht mehr, was er sagen sollte.

«Wollen Sie nicht eine Probefahrt machen?», fragte der Autohändler, «Madame Vasilescu hat nämlich den Kraftfahrzeugbrief vergessen. Ich würde vorschlagen, Sie fahren mit Madame Vasilescu zu ihrem Haus, mit dem Facel Vega und ich schließe hier ab und komme mit Ihrem Wagen nach. Heute war ich lange genug hier. Dann können wir bei Madame alles Weitere besprechen.»

«Das ist ein sehr guter Vorschlag, Vlad! Dann können wir bei mir in Ruhe bei einem Glas Champagner weiterreden. Ach, das würde mich freuen.»

Peter musste lächeln: «Aber, gnädige Frau, Alkohol? Ich muss doch noch fahren?»

«Ach, ein Gläschen in Ehren. Wie auch immer Ihre Entscheidung sein wird, ich würde mich sehr geehrt fühlen, wenn ich Sie nicht nur als Käufer sehen müsste, sondern auch durch Ihre Gesellschaft erfreut würde. Sie sollen wissen, ich spürte in meinem Innersten, dass Sie dieses Auto lieben und sich der Ausstrahlung hingeben können. Und volle Hingabe mit ganzem Herzen zu etwas Perfektem, Schönen, das ist etwas, was man heutzutage selten findet. Ich bin sicher, dass Sie Schönheit und Stil zu schätzen und würdigen wissen und dass Sie einer Schönheit, wie dieses Auto, die entsprechende Huldigung entgegenbringen, die es verdient.»

«Es ist nicht weit. Sie können mit Madame zur Autobahnauffahrt auf die A4 bis zur Abfahrt Engelskirchen. Dann können Sie den Wagen richtig testen.»

«Ein Stück Autobahn?», fragte Peter aufgeregt zurück.

«Ja. Testen Sie ihn. Madame mag es auch, schnell zu fahren. In Engelskirchen an der Abfahrt rechts und dann, nicht weit entfernt, ein Waldweg zu ihrem Anwesen.»

Peter stieg in den Wagen und machte es sich hinter dem Steuer bequem. Die Frau auf dem Beifahrersitz lächelte ihm freundlich zustimmend zu und reichte ihm den Wagenschlüssel.

Er nahm ihn, steckte ihn in das Anlasserschloss

und startete. Der Wagen erbebte und vibrierte.

Der dumpfe sonore Ton der acht Zylinder umfasste Peter's ganze Wahrnehmung. Gab es etwas Herrlicheres, als ein solches Motorengeräusch? Sein Fuß tippte auf das Gaspedal und die 400 PS schrien auf.

«Wahnsinn!»

Langsam rollte er aus der Einfahrt und da wurden auch schon die Scheinwerfer des Händlers ausgeschaltet.

Peter schaute sich um, aber den plötzlich verschwundenen Container und die Jaguars konnte er in der Dunkelheit nicht mehr entdecken. Er wunderte sich ein wenig, dass es jetzt im Licht seiner Scheinwerfer so aussah, als wäre er auf einem Waldparkplatz und überhaupt, er sich nicht daran erinnern konnte, auf diesem Stück schon mal den Autohändler entdeckt zu haben - und er fuhr hier fast täglich diese Strecke - aber ein Blick zur Seite, zu seiner Beifahrerin, ließ ihn das schnell vergessen. Ihr sowieso schon kurzer Rock war hochgerutscht und Peter's Blick wurde magisch von den schwarzen Ansätzen der Nylonstrümpfe angezogen und den schwach blinkenden silbrigen Clips der Strumpfhalter, die hervorschauten.

Die Frau erkannte seinen Blick, machte aber keinerlei Anstalten, ihren Rock zu korrigieren, sondern ermunterte ihn mit einer warmherzigen Stimme: «Sie dürfen losfahren. Genießen Sie dieses Fahrgefühl! Seien Sie ganz zärtlich zu diesem Wagen und fahren Sie vorsichtig. Er ist ein gezähmtes Ungetüm. Gezähmte Ungeheuer muss man fest im Griff haben.»

Peter bog in die Landstraße ein und gab Gas. Auf der A4 beschleunigte er. Kraftvoll wurde er in den Sitz gedrückt, als der Wagen innerhalb von fünf Sekunden auf 160 km/h war.

«Woh! Ha. Wahnsinn. Irre. Das ist ein Auto. Ein Facel Vega II. Ich kann es immer noch nicht glauben. Dass ich den Wagen einmal fahren darf, das habe ich mir immer gewünscht. Ein Traum.»

«Sehen Sie, manchmal werden Träume wahr. Man muss nur fest daran glauben. Und Träume darf man immer haben, egal wie aufregend sie sein können. Haben Sie öfter aufregende Träume?»

«Ja, sicher. Hat man halt so als Mann.»

«Das ist gut gesagt, als Mann. Ich glaube, Sie haben oft erregende Träume, nicht wahr?»

Die Worte der Frau nahmen Peters Aufmerksamkeit mehr in Anspruch, als das Fahren dieses außergewöhnlichen Autos.

Nach wenigen Minuten hatte er die Ausfahrt erreicht und wurde wieder langsamer.

«Ist das nicht ein herrliches Gefühl?», sagte die Frau neben ihn, «Sagen Sie mir, wie ist es, wenn man als Mann in Schönheit und Eleganz verpackte Energien entfesseln kann?»

«Ich weiß gar nicht, wie ich es beschreiben soll. Einfach herrlich, schlicht unbeschreiblich. Es ist fast wie ein ...»

«Sagen Sie! Fast wie ein ...?

«Ha, verzeihen Sie mir. Ich wollte sagen, äh, wie ein Orgasmus.»

Wie vorhin in dem Büro des Händlers, legte die Frau ihre Hand auf Peters Schenkel: «Das haben Sie sehr schön gesagt. Ich verzeihe es Ihnen gerne. So stelle ich mir das auch vor. Das muss für einen Mann wirklich ein außergewöhnliches Gefühl sein. Ich werde Sie gleich nach Ihren Träumen fragen. Ich mag Träume.»

Peter warf wieder einen kurzen intensiven Blick auf die Schenkel der Frau und war sich sicher, dass ihr Rock noch höher gerutscht war. Oberhalb der Strumpfansätze und der Strumpfhalter erkannte er in dem schwachen Licht der Armaturenbeleuchtung die nackte Haut.

Dies brachte ihn von dem Gedanken ab, den er gerade gehabt hatte. Dass nämlich dieses Stück schmale Landstraße durch einen immer dichter werdenden Wald gar nicht enden wollte

«Fahren Sie langsamer. Jetzt kommt gleich eine Abbiegung. Da müssen wir nach rechts.»

Peter bog in einen schmalen Weg, der in den dichten Forstwald hineinführte.

«Biegen Sie da vorne gleich auf dem Weg nach links. Der führt zu meinem Anwesen.»

Ein schmaler Weg im dichten Wald und erst nach hunderten Metern erschien im Scheinwerferlicht des Wagens ein großes Gehöft und Peter hielt direkt auf der Zufahrt zu einem großen Tor.

Als wenn sie erwartet worden wären, öffnete sich das Einfahrtstor und ein buckliger alter

Mann schob die hohen Flügeltore zur Seite.

Peter rollte langsam in einem Innenhof, der rundherum von Stallungen und scheunenartigen Gebäuden umschlossen war und hielt vor einem weißen Herrenhaus.

Als er mit der Frau die Treppe hochschritt, öffnete sich die Türe und ein hübsches Mädchen im klassischen schwarzen Dienstmädchen Outfit mit weißer Schürze, ließ sie eintreten.

Mit den hohen Absätzen war die Frau fast so groß wie Peter. Ihr Parfum roch süß und exotisch, ein leichtes Parfum, ein ganz feiner Duft, nicht aufdringlich, geradezu ein Hauch. Betörend.

Sie drehte sich im Eingangsbereich um: «Kommen Sie herein, mein Herr. Schließen Sie die Türe», und ging voran.

Jetzt konnte Peter sie von hinten ansehen. Der ultrakurze Rock des Kostüms erlaubte ihr, viel Bein zu zeigen. Peter musste ob der ihm dargeboten Pracht solcher schlanken Beine in diesen High Heels, mit diesen noch schärferen Stiletto Absätzen, schlucken und es machte ihn ziemlich nervös.

Sie geleitete ihn in ein großes Wohnzimmer mit offenen Kamin und zwei große Fenster mit vielen Blumentöpfen auf der Fensterbank. Die Holzrolladen waren ganz herunter gelassen, Licht wurde von mehreren Wandleuchten und einem gläsernen Kronleuchter an der Decke gespendet. Edle Vitrinen mit Kristallgläsern und Karaffen standen an einer Wand, eine alte

Messing-Comtoiseuhr hing daneben, eine kleine Leseecke mit Stehlampe und Ohrensessel und dunkelrote Ledersitzgarnituren um einen niedrigen Glastisch zeugten von Stil.

Offenherzige Ölgemälde leicht bekleideter junger Frauen in transparenten Gewändern und antiquarische Waffen zierten die Wände.

Peter schaute sich neugierig um, als er den Raum betrat und ließ sich auf einem roten Sofa nieder.

Madame Vasilescu setzte sich ihm gegenüber in einen der ebenfalls roten Sessel und schlug die Beine übereinander. Dieser Anblick raubte Peter sofort wieder den Atem, aber die Art, wie sie ihn anlächelte, ließ ihn entspannter werden.

Das Dienstmädchen kam mit einer Flasche Champagner aus einem Nebenraum, entnahm der Vitrine zwei Gläser und stellte sie auf den Glastisch vor Peter.

Als das Dienstmädchen sich bückte, um einen kleinen Stehkandelaber mit Kerzen zu ergreifen, rutschte ihr überaus kurzer schwarzer Rock mit der weißen Schleife hoch über ihren nackten Po und Peter erschrak. Er erblickte in dem kurzen Moment ihre Schamlippen und musste schlucken.

Das Mädchen hatte die Gläser gefüllt.

«Danke, Antoinette!», und zu Peter gewandt, fragte Madame. «Sie mögen doch Champagner?»

«Selten getrunken», gab er geistesabwesend zu.

«Na, so was!», wunderte sie sich. «Das können

wir ändern.»

«Haben Sie eine Freundin?», fragte sie plötzlich unverblümt.

«Nein, zur Zeit nicht.»

Etwas irritiert saß Peter auf dem Sofa und wartete. Als sie sich vorbeugte, um ihm sein volles Glas zu reichen, fielen ihm fast die Augen aus dem Kopf. Sie hatte nicht nur ihr Jackett abgelegt, sondern auch die obersten Knöpfe ihrer Bluse geöffnet, was ihm einen sehr tiefen Einblick in ihr ziemlich beeindruckendes Dekolleté erlaubte. Er konnte sogar einen Teil ihres schwarzen BHs erkennen. Sie lächelte verschmitzt, als sie seinen Blick bemerkte.

«Zum Wohl!», hörte er sie leise sagen, als sie ihm sein Glas reichte.

«Zum Wohl. Danke!»

«Wie gefällt Ihnen denn der Wagen?»

«Oh, phantastisch. Gestern dachte ich noch, es sei ein Traum, jemals in einem solchen Wagen zu sitzen.»

«Das Leben kann jetzt Träume wahr werden lassen, die gestern noch Illusionen waren. Greifen Sie zu. Träume in die Realität umzusetzen, ist eine Herausforderung, an der alles scheitert oder zu einem großen Abenteuer wird.»

«Ja, da haben Sie recht. Aber ich weiß nicht ... Soll er wirklich soviel kosten, wie Sie gesagt haben?»

«Ich habe es Ihnen zugesagt. Aber, erzählen Sie mir etwas über sich. Was empfinden Sie für den Wagen, wie würden Sie ihn behandeln. Vielleicht kann ich Ihnen sogar noch entgegen kommen.»

Es verschlug Peter fast die Sprache. Hieße das etwa, er könnte den Wagen noch preiswerter bekommen?

«Als ich noch klein war, besuchte meine Mutter mit mir einen Onkel in Frankreich und ich stand immer staunend vor diesem großen Auto. Immer wieder, wenn ich in den letzten Jahren über Facel Vega irgendetwas gelesen habe, dann habe ich daran denken müssen und die Fotos gesammelt. Auf der IAA habe ich vor Jahren einen gesehen. Es war überwältigend.»

«Sie sind verliebt in dieses Auto, nicht wahr?»

«Ja, das gebe ich unumwunden zu. Ich liebe es.»

«Was lieben Sie denn so besonders an dem Auto?»

«Ach, diese Perfektion, diese geballte Kraft.»

«Glauben Sie denn, dass Sie diese Kraft bändigen und im Zaum halten können? Männer sind oft in der Lage an die Grenzen des Machbaren zu gehen. Doch was geschieht, wenn das Machbare außer Kontrolle gerät, wenn das scheinbar Beherrschbare sich verselbstständigt?»

«Man muss ihn verantwortungsvoll fahren können und ich denke, ich habe sehr viel Fahrpraxis, da ich beruflich jeden Tag auf der Straße bin.»

«Ist es denn nur die Kraft, die Sie fasziniert?»

«Oh, nein. Diese Eleganz, diese Linien, diese weichen Formen, die ziehen mich an. Es ist vielleicht schlicht und einfach, die Schönheit, die mich fesselt.»

«Schönheit kann als solche nur existieren, wenn Sie mit einem gewissen Grad von Phantasie betrachtet wird. Würden Sie es mit der Schönheit einer Frau verbinden?»

«Ganz sicher. Ja, das ist vergleichbar. Der Autohändler sagte mir auf dem Platz, dass ein französischer Autor sich über den Facel Vega auch so in einem Buch geäußert habe.»

«Hmm, das stimmt. Ich habe das Buch. Schönheit ist eine furchterregende und geheimnisvolle Sache, dies sagte auch Dostojewskij. Furchterregend ist die Kraft dieses Autos und geheimnisvoll die Ausstrahlung. Finden Sie, es hat eine geheimnisvolle Ausstrahlung?»

«Ja, ich gestehe. Der Wagen hat eine für mich ungemein erregende Ausstrahlung, die ich nicht leugnen kann und will. Er verzaubert mich irgendwie, vielleicht sind es Illusionen.»

«Das haben Sie schön gesagt. Sie sind sinnlich, nicht wahr? Ach, streiten Sie das nicht ab, ich fühle es. Aber das ist doch gut. Durch das Schöne wird die Sinnlichkeit des Menschen geadelt. Schauen Sie sich die Bilder hinten an der Wand an. Was empfinden Sie?»

Durch das Gespräch hatte sich Peters Nervosität in Luft aufgelöst. Die Frau verstand es irgendwie, ihm das Gefühl zu geben, dass es sie wirklich interessierte, was er zu erzählen hatte und was er empfand. Auch wenn ihm das alles so unwirklich vorkam.

Sie sah ihn erwartungsvoll und ermunternd an - und zögerlich antwortete er, als er sich die Bilder genauer angesehen hatte: «Es sind sehr schöne Frauen auf den Bildern, nahezu perfekte Schönheiten und ich denke, so wie sie dort dargestellt sind und sich berühren, sind sie auch sehr sinnlich.»

«Ja, das sehen Sie richtig und darüber bin ich erfreut. Es ist sinnliche Schönheit und Lust - und Lust zaubert tausend Illusionen. Stoßen Sie mit mir an. Zum Wohl.»

Peter wusste, dass er nicht mehr trinken durfte, aber irgendwie, war es ihm egal.

«Glauben Sie denn, ich wäre der geeignete Besitzer?», fragte er mit ein wenig enttäuschter Stimme.

Aber die Frau wechselte ihre Beine und lächelte ihn an. «Oh doch, ich denke, Sie würden diesen Traum gut behandeln und seinen Wert würdigen», beruhigte sie ihn. «Das konnte ich schon an Ihrem sehnsuchtsvollem Blick erkennen.»

«Aber ...?», wollte Peter wissen, der wieder etwas nervös wurde, weil er sich das Verkaufsgespräch so überhaupt nicht vorgestellt und erwartet hatte.

«Wie heißen Sie?», änderte die Frau plötzlich das Thema.

«Peter Huber!»

«Wie alt sind Sie, wenn ich das fragen darf?»

«32 Jahre.»

«Sie sind nicht verheiratet?»

«Oh, das wissen Sie?»

«Nein, ich sah keinen Ring an Ihrem Finger und da nahm ich das an.»

«Ja, das stimmt.»

«Peter. Ich darf Sie doch so nennen? Sie haben mich überzeugt. Ich denke, Sie sind ein sehr sinnlicher Mann, mit vielen Wünschen. Denken Sie daran, jede Illusion lebt, alleine weil wir sie uns gewünscht haben. Sie bekommen den Wagen und über den Preis werden wir bei einem weiteren Glas Champagner reden.»

Sie lächelte ihn an, als sie aus dem Sessel aufstand, zu einer Anrichte ging und eine Glocke betätigte.

Mit einer zweiten Flasche Veuve Clicquot erschien das Dienstmädchen und zeigte sie der Hausherrin. Sie wischte über das angestaubte und vergilbte Eitkett. «Oh ja. Ein 1921er. Der ist gut!»

Als sie sich setzte, wofür sie sich ungewöhnlich viel Zeit zu nehmen schien, spreizte sie die Beine weiter auseinander, als es notwendig war.

Peter konnte einfach nicht widerstehen und ließ seinen Blick ganz kurz nach unten gleiten. Er bewunderte ihre makellosen Beine und konnte sogar das Ende ihrer schwarzen Strümpfe und der Strapse erkennen.

Diese hocherotische Ausstrahlung benebelte ihn, diese Stöckelschuhe, dieses klassische Kostüm mit diesem mehr als aufregenden kurzen Rock.

Nachdem das Mädchen eingeschenkt und die Frau Peter zugeprostet hatte, ließ sie von einem Sideboard eine große Kerze in einem silbernen Kerzenständer holen und in die Mitte auf den Glastisches stellen. Sie zündete sie an und löschte anschließend das elektrische Licht. Jetzt wurde das Wohnzimmer fast mystisch nur von der Tischkerze und den Kerzen im Kandelaber erhellt.

Peter bemerkte, dass die Frau ihre Bluse bis zur Taille geöffnet hatte und einen freien Blick auf wunderschöne feste Brüste in einer schwarzen Spitzen-Corsage freigab.

Ihm schoss sofort das Blut ins Gesicht, obwohl er fühlte, dass der Champagner bei ihm schon seine Wirkung zeigte.

«Gefallen Ihnen meine Brüste?»

Geschockt und überrascht von dieser sehr direkten Frage, hätte er sich fast verschluckt.

«Ja, ja. Ich finde sie sehr schön. Tut mir leid, wenn ich Sie so angestarrt habe», stotterte er.

«Das braucht Ihnen nicht leid zu tun. Ich mag es, wenn sie angestarrt werden, außerdem bin ich sehr stolz auf meine Brüste.»

«Das dürfen Sie auch sein. Sie sind mit Verlaub, eine sehr attraktive Frau. Eine Schönheit.»

«Die Schönheit der Zauberwelt ist von der realen Welt meist nur durch die Flamme einer Kerze getrennt. Mögen Sie Zauberwelten, Peter?», dabei sah sie ihm so direkt und eindringlich in die Augen, dass Peter unruhig auf dem Sofa hin und her rutschte.

«Zauberwelten?»

Anstatt zu antworten, kam sie um den Glastisch und setzte sich neben Peter. «In Zauberwelten kann man Schönheit be- und ergreifen. Wollen Sie in Zauberwelten abtauchen?»

Peter schluckte angespannt und konnte ihrem Blick und den Versuchungen ihres Körpers nicht standhalten, sodass er wieder auf ihre Brüste sehen musste.

Sie zog ihre Bluse aus und sah Peter forsch an: «Ich mag es, wenn man sie anfasst. Sie brauchen sich nicht zu genieren. Vertrauen Sie mir ganz und gar. Dann führe ich Sie in die Zauberwelten.»

Sie ergriff seine Hand und führte sie zu ihrem Busen.

Die Nähe dieser wunderschönen Brüste, knapp eingehüllt in schwarze Satinspitze, verfehlten nicht ihre Wirkung und Peters Hose wurde bedeutend zu eng. Er konnte nicht anders und sah gebannt zu, wie seine Hand von der Frau auf ihre linke Brust gelegt wurde. Sie saß dabei ganz entspannt da und hatte ihre Augen geschlossen. Die schwarze Corsage konnte die Fülle kaum bändigen.

Was für Traumtitten. Alle möglichen Gedanken schossen ihm durch den Kopf. Er kämpfte innerlich mit sich, aber irgendetwas schien ihn zu beherrschen. Er wurde schwach und griff einfach zu.

Ihr Lächeln wurde breiter. Wunderbar weich fühlten sie sich an. So üppig. So zart.

Sanft begann er das Dekolleté und die Brüste

zu streicheln. Die Brustwarzen unter der dünnen Spitze waren bereits hart. Mit den Fingern umfasste er sie und begann sie zu kneten.

Wieder schien sie Gedanken lesen zu können.

«Warten Sie, Peter», unterbrach sie ihn. Hastig zog sie ihre Bluse ganz aus und hob mit ihren Händen ihre Brüste aus den Körbchen.

Als sich ihm die Frau mit nacktem Oberkörper zuwendete und ihm die ganze Pracht ihrer Schönheit darbot, stürzte er sich auf diese herrlichen Brüste. Er massierte sie hingebungsvoll, küsste sie, saugte und biss an den Brustwarzen.

Ihre Hand strich dabei über seine Brust hinunter zu seinen Schenkeln und legte sich in seinen Schritt. Behutsam begann sie seine erstarkte Männlichkeit zu kneten.

Peter konnte sein Glück kaum fassen. Jeden Moment erwartete er, dass sie ihn wieder zurückweisen könnte. Aber das einzige, was er von ihr hörte, war ein leises Stöhnen.

Ihr Rock war ganz weit hochgerutscht, die Beine nicht mehr übereinandergeschlagen, sondern einladend gespreizt.

Mit der rechten Hand strich Peter vorsichtig an den Innenseiten der Schenkel entlang. Erst die Kühle der schwarzen Nylons, dann die helle, warme Haut. Ein herrlicher Kontrast, den er in seinen Fingerspitzen fühlte und immer wieder durch hin und her streicheln genoss.

Die schwarzen Strapse leiteten seine Finger verführerisch höher, bis seine Hand auf den Schritt des Tangas landete, der sich straff gegen ihre Schamlippen drückte. Der Stoff war durchweicht.

Mit kreisenden Bewegungen der Fingerspitzen massierte er sie, bis sie laut aufstöhnte. Peter ließ sich Zeit, traute sich auch nicht zu mehr.

Unvermittelt stand der Gebrauchtwagenhändler im Raum und zog das sich zierende Dienstmädchen hinter sich. Es war für Peter unfassbar, was er sah. Der Händler stand mit freien muskulösen Oberkörper und trug nur eine schwarze lederne Hose. Aber eigentlich war es keine Hose, es waren einzelne Hosenbeine, die an einem Gürtel befestigt waren, sein Geschlecht frei ließen und ein aufrecht stehendes Glied zeigten.

«Madame», grüßte er und blickte zu dem Mädchen. «Sie hat schon wieder vergessen, was ich ihr aufgetragen hatte. Sie benötigt eine Lektion.»

Madame lachte. «Vlad, tu, was du tun musst.» Dabei öffnete sie Peters Hose und holte sein steifes Glied hervor.

Peter war in einem Bann gefangen. War es der Champagner, der so seltsam gut schmeckte, oder diese unglaublich erotisierende Atmosphäre. Widerstandslos, ja beglückend, spürte er die zarte Hand der Frau um sein Glied und wie sie begann es zu massieren.

Der Händler schob das Mädchen zu einem Tisch und beugte es mit dem Oberkörper auf die Tischplatte. Dann hob er ihren Rock an, schob ihn hoch bis zu ihrer Taille und befahl ihr, die Beine zu spreizen. Schnell hatte er eine Reitgerte in der Hand und peitschte den nackten Po des Mädchens, das laut aufschrie.

Peter vergaß alles um sich herum, zu sehr war er von der Szenerie vor ihm erfasst, und die kräftig massierende Hand dieser aufregenden Frau raubte ihm schier den Verstand.

Sie wurde ungeduldig, stand auf und stellte sich vor ihn. Ihre Hände auf dem Rücken öffneten schnell den Reißverschluss des Rocks und mitsamt dem Tanga streifte sie ihn hinunter über ihre Füße.

Schweigend stand sie vor Peter, mit ihren Händen hob und massierte sie ihre Brüste und drehte sich dann einmal ganz um sich herum. Peter stand der Schweiß auf der Stirn.

Er hatte es aufgegeben, ob er das glauben kann, was er vor sich sah und erlebte. Er war wie in Trance. Sie war makellos, absolut perfekt. Das lange schwarze Haar hatte sie gelöst und bedeckte ihre Schultern. Das ebenmäßige Gesicht, die leicht geschminkten Augenlider und diese stechenden grünen Pupillen, die schlanke Nase und diese hellroten verführerischen Lippen des Mundes, der schlanke Hals, diese wohlgeformten Brüste, die helle Haut, im Gegenspiel zu der schwarzen Corsage, den Strapsen und den Nylons - all dies raubte ihm die Sinne.

«Mein Gott, sind Sie schön!», stammelte Peter.

Leise, fast andächtig, fragte sie: «Schön, wie

ein Facel Vega?»

«Nein, Sie sind noch schöner, noch vollkommener. Sie sind der Inbegriff von Schönheit.»

«Ich verlange von Ihnen keine Entscheidung, was schöner ist. Die Zauberwelt gehört jenen, die an die Schönheit in Ihren Träumen glauben. Schönheit ist immer ein Traum, hier wird er Wirklichkeit. Schönheit ist ein Spiel, spielen Sie es, sie ist ein Abenteuer, dann erleben Sie es und sie ist ein Kampf, nehmen Sie ihn an.»

Die Frau reichte ihm ihre Hand und forderte ihn auf, aufzustehen.

Eng aneinandergepresst standen sie eine Weile zusammen und Peter ließ seine Hände über ihren Rücken streichen und ihren nackten Po ergreifen, während der Händler weiterhin das Dienstmädchen peitschte.

Madame löste sich von ihm und zog ihn mit sich zu einer schmalen, länglichen, kniehohen, fast zwei Meter langen Bank, die dick gepolstert und mit dem gleichen dunkelroten Leder bezogen war, wie das Sofa und die Sessel. Fast unbemerkt hatte sie sein Hemd und seine Hose geöffnet, sodass sie zu Boden fielen.

«Alle Schönheit wird zu einer Quelle der Lust, wenn man sie liebt», sagte sie und bedeute ihm, sich mit dem Rücken auf die Lederbank zu legen.

Sie nahm seine Männlichkeit wieder zärtlich in ihre Hand: «Lust erleben, Zeit vergießen, Ewigkeit trinken, Schönheit schmecken, das ist die Zauberwelt. Tritt ein!» Sie spreizte seine Beine, sodass sie über die Bankseite herunterhingen, beugte sich über ihn und nahm sein Glied in den Mund. Im Nu stand seine Männlichkeit ihr in voller Größe entgegen.

«Beim Luzifer, was für eine Pracht, was für eine Schönheit!»

Zur Seite blickend, sah Peter das vor dem Händler kniende Mädchen, erkannte die roten Striemen auf ihren Po und an den Bewegungen ihres Kopfes, dass sie mit ihrem Mund dem Koloss dienen musste.

Madame richtete sich auf, ihre Augen leuchteten. «Zeigen Sie mir die Kraft Ihrer Träume.»

Sie stieg über ihn, setzte sich auf sein Glied, nahm es zur Gänze in ihren Körper auf und grunzte vor Geilheit und Wollust.

«Zeigen Sie mir die Kraft Ihrer Lust», stöhnte sie und begann auf Peters Schwanz zu reiten.

Peter spürte kaum den Schmerz ihrer Fingernägel, die sich in seinen Oberarmen bohrten. Sie presste ihn auf die Bank mit ihrem Körper und ihren Armen und brachten Peter vollends um seinen Verstand.

Peter hörte noch die Worte aus ihrem Mund: «Wahre Schönheit ist ewig», und laute Schläge hinter ihr.

Hysterisch schrie sie ihre Wollust hinaus.

In den Zuckungen seiner Muskelkontraktionen nahm er auch noch wahr, dass der Autohändler sich neben die Frau gestellt hatte und sie kräftig peitschte.

Kurz vor seinem Höhepunkt bekam Peter

nicht mehr mit, dass der Mann sich hinter die Frau gestellt hatte, sie vor Lust gellend aufschreien ließ, als auch er in sie von hinten eindrang und mit der Hand auf ihren Po schlug.

Ein Orgasmus durchzog Peters Körper explosionsartig, wie er ihn noch nie zuvor erlebt hatte. Er sah auch nicht mehr, wie der vom Orgasmus zuckenden Madame zwei sehr lange spitze Zähne aus dem Mund wuchsen, sie sich vorbeugte und im Moment ihrer höchsten Ekstase ihre Zähne in seinen Hals bohrte.

Sie bedauerte, sich nicht im Spiegel betrachten zu können, wie sie von zwei Männern gleichzeitig geliebt wurde.

Sie hätte so gerne ihre Schönheit gesehen. Wie so oft in den Jahrzehnten zuvor, war sie nun wieder verjüngt, um ihr ausschweifendes Leben weiter führen zu können.

Komisch nur, dass die Sterblichen immer wieder auf denselben Trick hereinfielen, dachte sie und schaute ihren Freund, den Autohändler an: «Unser neuer Freund ist sehr kräftig, hat genügend Blut und es wird die nächsten Nächte eine Lust sein. Er wird schnell lernen, unseren Champagner zu mögen.»

Sie hatte Peter bei Facebook entdeckt, mit seinen unzähligen Fotos von Facel Vegas. Er war jung, sah gut aus, war sehr gut gebaut, das brauchte sie. Jetzt nach dem Biss war er für immer ihr Lovetoy. Er wird an nicht anderes mehr denken, der Biss hat ihn gefügig gemacht und der besondere Champagner mit ihrem Lustblut wird seine Kraft mehrmals pro Nacht verfügbar machen.

«Morgen kommt der Wagen auf den Autotransporter», sagte sie zu Vlad. «Jakob kann ihn ins Chateau bringen. Wir fahren noch diese Nacht.»

Vlad grinste zufrieden und Madame wusste warum. In ihrem Chateau, Roche-Charles-la-Mayrand, in dem menschenleeren Waldgebiet südlich Clermont-Ferrand in der Auvergne, warteten zwei weitere Dienstmädchen, die sie in Paris gebissen hatte.

Vlad kann es hervorragend, die Mädchen mit der Peitsche dazu zu erziehen, dass sie mich richtig und vor allen Dingen stundenlang lecken, bevor ich wieder zwei Schwänze in mir spüren will.

Marion lernt Disziplin

Eine Stunde nach unserem erstem Date war sie im Chat gewesen.

«Danke für die Einladung bei den *XII Aposteln.* Italienisches Flair mitten in der Kölner Altstadt. Hätte ich nicht erwartet. Elegantes Restaurant und hat mir gut geschmeckt. Wusste gar nicht, dass ihr eine so hübsche Altstadt habt.»

«Köln hat Stil!»

«Wir haben auch eine Altstadt.»

«Ich weiß. Aber dass du aus Düsseldorf bist, hätte ich nie gedacht. Du hattest am Anfang gemailt, du seist aus Aachen.»

«Ich bin geborene Düsseldorferin und seit dem Studium in Aachen wieder zurück. Schlimm für dich?»

«Hmm, für einen Kölner...»

«Ist das schlimm?»

«Ist die schäl Sick!»

«Was?»

«Die schäle, die falsche Seite, des Rheins.»

«Was soll das denn?»

«Hätte nicht gedacht, dass es da eine so attraktive Frau gibt,»

«Danke. Wenn das ein Kompliment ist.»

«Ist es!»

«Ich gebe das Kompliment zurück.»

«Danke. Ein Kompliment von einer Düsseldorferin. Toll!»

«1288 haben wir Düsseldorfer euch Kölner in

der Schlacht bei Worringen verhauen.»

«Warst du dabei?»

«Ja. In meinem früheren Leben.»

«Hab dich gar nicht gesehen.»

«Wie?»

«Ich war damals auch dabei.»

«Schade, dass ich nicht auf dich getroffen bin.»

«Ich? Mich von einer Düsseldorferin verprügeln lassen? Niemals.»

«Was hättest du gemacht?»

«Ich hätte sie in meine Burg mitgenommen und ihren nackten Hintern kräftig verhauen.»

Es dauerte einige Minuten, bis eine Antwort kam: «Wirklich?»

«Eine Frau, die mir nicht gehorcht, wird übers Knie gelegt!»

«Sagst du das nur so?»

«Nein, das meine ich ernst.»

«Wirklich? Das würdest du machen?»

«Nur, wenn sie mir gefällt.»

«Gefalle ich dir?»

«Ja. Sehr.»

«Und trotzdem übers Knie legen?»

«Und zwar regelmäßig.»

«Oh.»

Am folgenden Wochenende war sie wieder zu mir gekommen. Wir waren zum Rhein bei Königswinter gefahren, den Berg hinauf zum Drachenfels gewandert, hatten wieder in der Kölner Altstadt zu Abend gegessen und waren anschließend bei mir im Bett gelandet.

Wir hatten uns schon den ganzen Tag prächtig verstanden und erst recht im Bett. Ein paar Klapse auf den nackten Hintern, wie Kölner das nun mal so tun, hatte sie zwar wahrgenommen, aber nicht kommentiert. Dafür wurde es eine sehr heiße Nacht und wir beide haben unsere Erfüllung gefunden. Wir haben uns verstanden und wollten beide mehr.

Wir hatten uns in einem mehr oder weniger eindeutigen Internetportal kennengelernt. Abteilung ‚Schwache Frau sucht starken Mann'. Auch die drei folgenden Wochenenden sind wir kaum aus dem Bett heraus gekommen. Sie ist eine sehr sinnliche junge Frau.

Die letzte Woche hatte es jeden Abend Chats und jede Menge Emails gegeben. Es war von Tag zu Tag intensiver und erotischer geworden. Ich hatte ihr gestanden, dass ich mich in sie verliebt hätte und sie hatte mir geschrieben, dass sie sich auch verliebt hätte und die Nächte bei mir unbeschreiblich gewesen wären.

Und auch noch am Donnerstag. Nach ersten Allgemeinheiten im Chat:

«Du bist in deinen Emails von Mal zu Mal dominanter geworden.»

«Ja. Stimmt.»

«Du bist in Wirklichkeit sehr dominant!»

«Stimmt auch.»

«Ich habe es letztes Wochenende bei dir bemerkt. Es war schön.»

«Du magst es und du willst es?»

«Ruf mich an!»

«Ja, sofort.»

Am Telefon war es leichter gewesen.

«Ich mag deine Stimme!»

«Ich deine auch. Mein dominanter Herr.»

«Ich würde sagen, dass ich sehr romantisch bin, ich glaube wirklich, dass Romantik einer der wichtigsten Schlüssel zu einer erfolgreichen Beziehung ist, eine alltägliche Romanze, und das fängt bei den kleinsten Details an.»

«Ja, du liebst Romantik. Wie du mich auf dem Drachenfels geküsst hast, so verliebt und doch so herrisch ...! Dann im Bett. Aber glaub nicht, dass ich die Klapse nicht gespürt habe.»

«Die fallen bei mir unter Romantik. Ich habe diese idealisierte Vision einer Beziehung, in der beide ihr Bestes geben. Ich bin ein Mann der Kontraste, romantisch und dominant ... aber ich denke, dass beides gut zusammenpasst. Ich kann es nämlich auch anders. Und das ist für mich eine Bedingung für eine zukünftige Partnerschaft.»

«Uiih! Jetzt wird es ernst. Hat sich was geändert zwischen uns?»

«Nein. Aber ich möchte, dass du weißt, auf was du dich einlässt. Wir hatten schon darüber im Chat geschrieben und in den Mails.»

«Über gegenseitige Disziplin?»

«Ja. Was ich an unserem Austausch in E-Mails und am Telefon schätze, ist, dass du meine Vorstellung von Disziplin in einer Beziehung teilst. Ich glaube, ich habe dir gesagt, dass ich von meiner Partnerin eine gewisse Disziplin erwarte und du hast es akzeptiert.»

«Was habe ich akzeptiert?»

«Dass du, wenn du ungehorsam bist, von mir übers Knie gelegt wirst.»

«Hahaha. Stimmt, das hab ich. Aber meinst du das ernst?»

«Ja, Marion.»

«Oh.»

«Wenn du morgen zu mir kommst, dann wirst du übers Knie gelegt. Du hast mir in etlichen Mails und im Chat ein paar Respektlosigkeiten an den Kopf geworfen, die ich nicht ungestraft hinnehmen will.»

«Bestrafen?»

«Ja. Dafür werde ich dich bestrafen. So wird es zukünftig in unserer Partnerschaft sein. Du kannst es dir überlegen. Ich will es dir klar und deutlich sagen, für mich kommt eine innige Bindung nur infrage, wenn meine Partnerin meine Dominanz in gewissen Dingen akzeptiert.»

«Welche Dinge?»

«Wie du dich kleidest, wie wir privat zusammen leben und im Schlafzimmer. Wobei das symbolisch gemeint ist.»

«Was heißt das denn?»

«Es muss nicht immer im Schlafzimmer sein. Ich weiß, dass du keinen Warmduscher willst. Du hast gesagt und geschrieben, dass du gerne einen Mann hättest, der führen kann. Das werde ich verantwortungsvoll tun, aber zu meinen

Bedingungen. Überleg es dir. Wenn du kommst, zeige ich dir auch, wie sehr ich dich verehre und liebe. Aber ich denke, dass du wissen solltest, unter welchen Bedingungen ich bereit bin, eine Beziehung dauerhaft einzugehen. Ich will zu dir ehrlich sein. Ich bin so, ich werde mich nicht ändern und in der Beziehung nicht ändern lassen. Nicht von einer Frau und schon gar nicht von einer Düsseldorferin.»

Sie hatte mindesten fünf Minuten gelacht.

«Du bist unmöglich!»

«Ja, stimmt. Andererseits, mich kannst du haben. Ich würde dir ein schönes sorgenfreies Leben ermöglichen, ich würde dich lieben, dich mit roten Rosen überhäufen und dich in Gesellschaft und im täglichen Leben hoch achten. Aber im Schlafzimmer, da gehörst du mir!»

Langes Schweigen.

«Bist du noch da?»

«Klaus!»

«Ja?»

«Es gefällt mir, was du sagst. Ich hatte es dir doch schon geschrieben. Ich will einen richtigen Mann. Du hast mir an den Wochenenden gezeigt, dass du ein richtiger Mann bist. Du hast mich einfach hergenommen.»

«Aus deinem Mund habe ich gehört, dass es dir gefällt.»

«Ja. So hat mich noch nie ein Mann in den Himmel gebracht.»

«Ich verspreche dir, ich werde es immer tun.»

«Das klingt so verlockend.»

«Zu meinen Bedingungen!»

«Und die wären?»

«Wenn du morgen kommst, wirst du nicht nur für deine Ausrutscher übers Knie gelegt, sondern du erhältst eine Bestrafung. Um mir zu beweisen, dass du meine Dominanz akzeptierst.»

«Mein Gott. Auf was lass ich mich da ein? Mit so einem Mann war ich noch nie zusammen!»

«Aber du möchtest es doch.»

«Ja … schon ... aber ...»

«Kein Aber.»

«Ich bin entsetzt. Ich bin noch nie bestraft worden.»

«Dann ist es eben das erste Mal. Du träumst doch von einem dominanten Mann.»

«Ja, ja. Ich mag dich. Ich habe ja gespürt, dass du eine dominante Ader hast. Das gefällt mir auch. Aber an den Gedanken muss ich mich erst gewöhnen.»

«Du hast bis morgen Nachmittag Zeit. Wenn du kommst, verspreche ich dir ein Wochenende bis Sonntag oder sogar bis Montagmorgen, in dem du den Himmel erleben wirst, wie du es zuvor noch nie erlebt hast. Ich verspreche dir, ich werde dich Gefühle erleben lassen, die dir höchste Erfüllung geben werden.»

«Oh. Klaus, was sagst du da! Wie erotisch. Wie verlockend!»

«Ich weiß doch, was mein Liebling will. Aber! Zu meinen Bedingungen.»

«Auch Bestrafung?»

«Bedingung!»

Es hatte eine Pause am Telefon gegeben.

«Willst du nicht zu mir kommen?», hatte sie sich wieder gemeldet. «In meinen vier Wänden fühle ich mich sicherer.»

«Gut. Okay. Aber zu meiner Bedingung.»

«Und die wäre?»

«Du wirst den Abend und die Nacht bis zum nächsten Mittag absolut gehorsam sein. Dich hübsch machen, mich mit Sir anreden und mich um die notwendige Bestrafung bitten.»

Ich hatte gehört, wie sie nach Luft schnappte.

«Und dann?»

«Werde ich dich lieben.»

«Das klingt schon besser.»

«Am Samstag werde ich dich mit zu mir nehmen, wir werden viel unternehmen, Theater, Konzert, oder Museen, was immer du möchtest. Wir werden shoppen gehen. Ich will dir ein paar hübsche Sachen kaufen, die ich an dir sehen möchte.»

«Wie großzügig.»

«Nein. Egoistisch. Weil ich es verlange und auch wann du die Sachen für mich tragen wirst.»

«Klingt erotisch.»

«Ist Erotik pur, mit Eleganz und Stil. Es wird dich noch schöner machen.»

«Klingt wirklich verlockend.»

«Ich will dich glücklich machen.»

«Und bestrafen.»

«Ja. Du sollst mir gehorchen, vom Abend bis zum Mittag, damit du weißt, wie wir in Zukunft zusammenleben können. Ich würde es mir wünschen, mir dir zusammen zu leben. Du bist die schönste Frau der Welt.»

«Oh. Danke.»

«Ich hole dich morgen um sieben bei dir zu Hause ab und wir gehen fein essen. Danach gehen wir zu dir, weil du vor einem Kölner Angst hast und dich da sicher fühlst.»

Sie hatte sich fast totgelacht.

«Ich hole dich ab. Absoluter Gehorsam! Ja?»

«Ja, Sir!»

*

Sie ist gekleidet, wie ich es ihr noch per Mail befohlen hatte, als ich sie abhole. Ein einfaches, aber elegantes schwarzes Kleid. Schwarze Strümpfe in High Heels. Ihr langes, glattes blondes Haar hochgesteckt.

«Du siehst bezaubernd aus, mein Liebling», sage ich zu ihr, als sie in meinen Wagen steigt und wir uns innig küssen.

«Danke, Sir!»

«Oh. Du lernst. Das freut mich. Ich habe einen Tisch im *Berens am Kai* reserviert.»

«Kenne ich gar nicht.»

«Ich war auch noch nicht da. Lassen wir uns überraschen. Es liegt im Medienhafen, ist mit einem Michelin-Stern ausgezeichnet.»

Als ich sie zu einem kleinen runden Zweiertisch führe, gebe ich ihr einen nicht sehr harten, aber immer noch festen Klaps auf ihren Po.

Sie schaut mich überrascht an.

«Eine erste Einführung. Das machen Kölner mit Düsseldorferinnen.»

«Du bist bekloppt!»

«Ja. Das stimmt zwar, aber das ist jetzt eine Respektlosigkeit mir gegenüber. Dies wird extra bestraft.»

Sie lacht. «Aber doch nicht im Lokal!»

«Wir haben Stil! Warte es ab.»

Ungläubig schüttelt sie den Kopf.

Es ist sehr ruhig hier, nicht ungewöhnlich für einen Freitag. Im Medienhafen sind unzählige Büros und Freitags strömen die Leute in alle Winde. Wir tauschen ein paar höfliche Sätze aus, aber nach ein paar Minuten möchte ich das Interesse, das uns hier zusammengeführt hat, in den Mittelpunkt des Gesprächs stellen. Vor allen Dingen meine Interessen. Sie will mich und ich muss herausfinden, wie weit sie bereit sein wird, meine speziellen Wüsche zu erfüllen. Die Liebesspiele im Bett sind schön, aber das ist nicht alles, was ich will. Ich will wesentlich mehr.

«Von jetzt an erwarte ich, dass du dich wie eine brave junge Dame benimmst, Marion, du weißt, was passieren wird, wenn du es nicht tust.»

Sie dreht ihr hübsches, blond umrahmtes Gesicht zu mir und lächelt schüchtern.

«Ich werde mein Bestes geben, Sir.»

«Ich verlange, dass du jetzt etwas für mich tust, Marion! Es ist die extra Bestrafung für die

Respektlosigkeit von eben. Ich möchte, dass du in die Damentoilette gehst, dein Höschen ausziehst, gleich zurückkommst und es in deiner Hand versteckst. Dann möchte ich, dass du es mir gibst und dich auf den Stuhl setzt, in dem du dein Kleid hinten anhebst, um mit nacktem Po zu sitzen. Geh jetzt!»

Ungläubig starrt sie mich an.

Sie ist nicht geschockt, blickt aber mit einem verwirrten Lächeln zurück.

«Ja, Marion, ich verlange es. Wenn du mir nicht gehorchst, stehen wir auf und ich bringe dich nach Hause.»

Zwei Minuten später kommt sie zurück, ihre rechte Hand macht eine Faust. Ich stehe auf und richte ihr den Stuhl. Sie sieht mich nicht direkt an, aber sobald sie ihren Stuhl erreicht hat, streckt sie langsam ihre rechte Hand zu meiner aus und ich fühle den zarten Stoff in meiner Handfläche.

Als ich das winzige schwarze Höschen in meine Jackentasche stecke, hält sie mit einer einfachen Geste den Saum ihres Kleides fest und sitzt direkt auf dem kalten Ledersitz.

«Sitzt du gut?»

«Es ist kalt!»

«Das kann stimmen, junge Dame», sage ich flüsternd zu ihr. «Ich möchte, dass du weißt, so kalt dein kleiner Hintern jetzt ist, und so heiß wird er heute Abend sein.»

«Klaus!»

«Wer bin ich?»

«Verzeihung, Sir.»

«Das gibt einen Hieb mehr.»

Sie schüttelt ungläubig den Kopf und nimmt die vom Kellner gereichte Menükarte entgegen.

«Such dir das beste aus, was dir gefällt.»

«Danke, Sir.»

Ich lächle sie an. Sie ist bezaubernd. Und das sage ich ihr auch, worauf sie mich freudig ansieht und heftig errötet.

Wir bestellen für uns in Salzbutter gebratene Langoustines und als Hauptgericht knuspriges Münsterländer Spanferkel mit eingelegten Datteln, Zitronenjus und Speckkartoffeln.

«Wie ist das Gefühl, so zu sitzen?»

«Unglaublich, Klaus. Äh, ich meine, Sir.»

«Ich mache dir einen Vorschlag. Du hast mir jetzt schon etwas Gehorsam gezeigt. Wir machen eine Pause in unserem Spiel. Kein Sir. Solange wir hier sind. Wir werden uns ganz normal unterhalten.»

«Danke», stöhnte sie. «Der Kellner hat es bestimmt gesehen.»

«Ja. Das soll er ruhig. Wenn ich dich das nächste Mal vor einer Bestrafung ausführe, wirst du ein Lederhalsband mit einem Ring tragen.»

«Du meinst, wie in dem Film *Geschichte der O*?»

«Ja, genau. Hast du den gesehen?»

«Den Teil zwei. Eine Frau musste auch ihren roten Lederrock anheben, als sie sich setzen durfte. Wahnsinn.»

«Aufregend oder?»

«Dass du so was von mir verlangst?»

«Ab und zu. Nicht immer.»

«Aber dann sieht das doch so aus, als sei ich deine Sklavin.»

«Du wirst nie meine Sklavin sein. Du wirst mir nur hin und wieder zu Willen sein.»

«Oh!»

«Ich habe dir gesagt, ich verlange Gehorsam, nicht nur im Schlafzimmer. Nur bei bestimmten Gelegenheiten, zu denen ich es verlangen und dir vorher sagen werde. So, wie jetzt, dass du mir dein Höschen geben und auf einem kalten Stuhl sitzen sollst. Dein Po wird nachher genügend heiß werden.»

«Was heißt das?»

«Du wirst bestraft und das heißt, du bekommst ein paar ernsthafte Hiebe auf deinen nackten Hintern.»

«Ernsthaft?»

«Sie werden weh tun.»

«Du bist verrückt!»

«Da ich dir eine Pause in unserem Spiel zugestanden habe, werde ich diese Äußerung nicht extra bestrafen.»

«Du bist unmöglich. Wenn das jemand an den Nachbartischen hört!»

«Hört keiner. Wenn du es nicht akzeptierst, dann sag es mir jetzt und dann brauchst du auch morgen nicht mehr mit zu mir zu kommen.»

«Das heißt, du willst dann Schluss machen?»

«Ja, Marion. Ich werde einer Frau nur dann meine Liebe schenken, und das aus vollem

Herzen und umfassend, wenn sie sich meiner Disziplin unterwirft.»

«Du willst mir wirklich weh tun?»

«Bei einer Bestrafung muss man meine Peitsche spüren.»

«Och. Nachher?»

«Ja. Ich habe sie dabei.»

Schweigend essen wir und es schmeckt vorzüglich. Ich lasse sie bewusst mit ihren Gedanken allein. Sie soll das erst mal verarbeiten.

Ich bemerke, wie es ihre Gedanken erfasst hat und wenn sie aufschaut, blicke ich sie offen an.

Als sie fertig gegessen hat und das Geschirr weggeräumt wurde, sprudelt es förmlich aus ihr heraus.

«Womit?»

«Mit einer schottischen Tawse. Eine Lederklatsche, sechs Zentimeter breit und 40 Zentimeter lang. Sie erzeugt keine Verletzungen.»

«Wie beruhigend. Du willst mich nervös machen. Nicht wahr?»

«Ja. Ich möchte dich mental darauf vorbereiten. Physisch und psychisch. Es wird weh tun.»

«Du bist ein Sadist!»

«Vielleicht im Gespräch, aber nicht, wenn ich dich peitsche.»

«Och. Wie hört sich das denn jetzt an!»

«Ich habe dir gesagt, ich bin ein dominanter Mann und ich werde es tun. Es wird dir gefallen.»

«Ich weiß nicht.»

«Erlebe es, dann weißt du es. Es wird dir ungeahnte Genüsse geben, von denen du bisher nur geträumt hast. Das verspreche ich dir.»

«Du machst mich ganz wuschig.»

«Das will ich. Ich werde zahlen und dann gehen wir. Kommst du mit mir? Oder soll ich dir ein Taxi rufen lassen?»

Sie reagiert für ein paar Sekunden nicht, aber ich kann sie langsam und tief atmen hören.

Sie senkt die Augen. «Ich komme mit, Sir.»

«Brav! Du bist übrigens sehr weise, mich Sir zu nennen. Ich erwarte, dass du mich den Rest des Abends so ansprichst.»

«Ja, Sir. Ich würde sie nur gerne bitten, sanft zu sein, Sir, es wäre meine erste echte Bestrafung.»

«Das verspreche ich dir!» Ich kann jetzt sehen, dass sie es akzeptiert hat, dass sie dabei ist, sich meinem Willen zu unterwerfen und sie sieht mich sehr nervös an.

Wir verlassen das Restaurant und plaudern auf dem Weg zum Parkhaus. Es ist ein wirklich außergewöhnlicher Abend, warme Sommernacht, schöne Brise. Der Hafen ist voll mit Leuten. Ich halte sie an und verlange einen Kuss. Sie lächelt und gehorcht freudig.

Wenige Minuten später erreichen wir mein Auto und ich halte die Tür für sie auf, während sie auf das glatte Sattelleder des Cabrio Lexus rutscht.

«Jetzt gilt die wieder Regel, direkt auf dem Sitz zu sitzen, auch im Auto, Marion. Zieh dein

Kleid ganz hoch.»

Sie braucht ihre Zeit und ich fahre nicht los, sondern ich warte.

«Ich habe gesagt, ich verlange Gehorsam! Nicht nur im Schlafzimmer!»

Gehorsam hebt sie ihre Hüften und hebt den Saum ihres Rockes auf die Höhe ihrer Taille, während sie sicherstellt, dass die Oberseite ihrer Oberschenkel vorne bedeckt bleiben.

«Und vergiss den Sicherheitsgurt nicht!»

Ich schnalle sie an. Ihren Atem zu fühlen ist sexy. Ihr Duft ist zart und passt perfekt zu ihr. Ich fühle mich wie in einem Zauber. Sie ist so schön und ihre Stimme ist sanft und beruhigend, sehr weiblich. Ich berühre ihre nackte Scham. Sie stöhnt und schaut ängstlich zu den anderen Autos.

«Bist du gehorsam?»

«Ja, Sir.»

Mein Wagen hat Automatikschaltung und das ermöglicht es mir, ihren Kitzler während der Fahrt zu ihrer Wohnung zu streicheln. Sie ist sehr brav, wird feucht und stöhnt nach kurzer Zeit laut.

Wir haben Glück, dass wir einen Platz direkt vor ihrem Wohnhaus gefunden haben. Ich gehe um das Auto herum, um ihr die Tür zu öffnen, und sie wird rot, als sie aus dem Auto steigt, das eine Bein herausstreckt und ich ihre nackte Muschi sehe.

«Du bist schön!»

«Danke, Sir.»

Die Fahrt mit dem Aufzug zu ihrem vierten Stock dauert unendlich. Ihre Tür liegt direkt gegenüber des Aufzuges, sie schiebt ihren Schlüssel ins Schloss, öffnet die Tür, und wir sind drinnen. Marion schaltet das Licht an. Ihre Wohnung sieht sehr gemütlich aus, mit zwei bequemen alten Ledersesseln, einem Bücherregal, das die ganze Länge des Wohnzimmers einnimmt, und einem dicken Perserteppich. Mit beiden Armen umschlinge ich Marion und küsse sie so heftig, dass sie förmlich an meinem Mund klebt. Weich in meinen Armen hängend, sagt sie:

«Willkommen in meiner Welt, Sir!»

Sie kennt meine Regel zu der geplanten Bestrafung, die ich bald beginnen will.

«Du erinnerst dich, was du zu tun hast, Marion? Wir haben es besprochen.»

Marion kommt näher, kniet direkt vor mir, zieht ihren Rock zur Taille hoch und hält beide Hände hinter ihren Rücken.

«Danke, dass Sie heute Abend gekommen sind, Sir, und dass Sie mich in das schöne Restaurant eingeladen haben. Möchten Sie, dass ich Ihnen einen Drink serviere?»

Sie sieht nach unten und behält ihre unterwürfige Position.

«Das ist sehr brav, wie du vor mir kniest. Das rechne ich dir an.»

Ich schaue sie an und ihre Schönheit fällt mir besonders auf, als würde ich sie zum ersten Mal sehen. Ihr Gesicht ist sehr unschuldig für eine

28-jährige, ihre Augen haben die Farbe von Jade und scheinen fast zu groß für den Rest ihres Gesichts, ihre langen blonden Haare sehen bezaubernd aus, ihre schwarzen, halterlosen Strümpfe kontrastieren schön gegen die blasse Haut ihrer Oberschenkel. Ihre süßen Schamlippen glänzen von der Feuchte, die sie durch das Streicheln im Wagen bekommen hatte.

«Du bist sehr schön, Marion. Deine rasierte Muschi sieht wundervoll aus.»

Sie schaut erschrocken hoch.

«Und so wie du vor mir kniest, erfreut mich das ungemein.»

«Danke schön.»

«Spreiz deine Beine. Zeig mir deine Muschi.»

Sie zeigt sich mir wie gewünscht und blickt verschämt zur Seite.

«Du bist wirklich eine Schönheit. Du bist zauberhaft.»

«Danke, Sir.»

«Wenn sich die Dinge so entwickeln, wie ich es hoffe, will ich, dass sich dein Vertrauen in mich nach dem heutigen Abend verzehnfacht. Ich fühlte mich fast in Symbiose mit dir, als wir unsere tiefsten Geheimnisse online und dann am Telefon teilten, und jetzt geht die Magie persönlich weiter. Spürst du es auch?»

«Ja, Sir. Es ist aufregend.»

«Wir beide wissen jedoch, dass wir ein großes Geheimnis vor uns haben. Dass ich dich bestrafen werde und dass ich dir ein paar schmerzhafte Hiebe mit der Peitsche geben werde. Nicht wahr?

Das weißt du.»

Sie schaut mich erschrocken an.

«Du weißt es, oder?»

«Ja, Sir», murmelt sie.

«Du weißt auch, warum?»

«Ja, Sir. Ich habe die Liste meiner Verfehlungen gelesen. Ich war sehr respektlos. Es tut mir leid.»

Ich strecke meine Hand zu ihr aus und sie ergreift sie. Ich will sie foltern. Mit Worten.

«Ich möchte, dass du mich respektvoll um die Strafe bittest, die du verdienst, Marion.»

«Bitte, Sir, bestrafen Sie mich.»

«Wie wirst du bestraft?»

Sie blickt mich lange an. Sie merkt, dass es ein Spiel ist, dass es mir Spaß macht, sie zu foltern.

«Sag mir, wie ich dich bestrafen soll.»

«Mit der Peitsche.»

«Wie sollen die Hiebe sein, dass du zur Einsicht kommst?»

Ich höre ihr tiefes Ein- und Ausatmen.

«Spürbar, Sir.»

«Brav. Ja, du wirst sie spüren. Komm hoch und leg dich über meine Knie.»

Als ich ihren Po handlich vor mir habe, beginne ich, sie zu schlagen. Sie schreit ab und zu auf. Ich schlage mehrmals heftig zu, zwei, drei Auas kommen aus ihrem Mund und ich befingere dann ihre Muschi. Sie stöhnt laut.

«Dich mit der Hand zu schlagen, nennt man Spanking. Es ist schön, wenn eine liebende Frau beim Spanking so feucht wird.»

Nach drei heftigen Hieben stecke ich meinen Finger in ihre Muschi und ficke sie mit dem Finger. Sie stöhnt vor Lust.

«Wenn wir zusammenleben, wirst du öfter ein Spanking erhalten. Dein wunderschöner Po ist prädestiniert für ein Spanking.»

Ich gebe ihr einige Hiebe und verwöhne sie gleichzeitig wieder mit dem Finger. Sie ist klatschnass.

«Jetzt gehörst du mir. Sag: Ja!»

«Ja, Sir», keucht sie. Sie mag es. Sie windet sich. Ich halte sie an der Taille fest. Schlage sie und streichele sie wieder. Mein Finger ist tief in ihr. Sie beginnt zu zittern.

Als ich ihr zwei sehr kräftige Hiebe gebe, schreit sie laut, Aua.

«Mit diesen Schlägen wird dein Po aufgewärmt, damit du die Peitsche verträgst.»

Sie keucht unüberhörbar, als ich sie wieder mit Hieben bearbeite. Ich ficke sie mit meinem Finger, bis ich sie stöhnen und schreien höre. Ich schlage hart und höre die Schreie ihres Orgasmus.

Ermattet bricht sie über meinen Knien zusammen. Ich richte sie auf und lasse sie auf meinen Schoß sitzen.

«Du bist eine sehr sinnliche Frau. War es schön?»

Sie keucht und schnappt nach Luft. Sie kann nicht antworten.

«Ich gebe dir eine Pause, mein Schatz. Du warst sehr brav.»

Ich streichle ihren Hals und ihren Rücken und küsse sie.

«Klaus! Was hast du mit mir gemacht?»

«War das nicht schön? Es war so schön, zu sehen, wie du gekommen bist.»

«Oh, Klaus. Ich weiß gar nicht, was ich sagen soll.»

«Du brauchst nichts zu sagen. Es war herrlich. Ein paar Schläge auf deinen süßen Po und du bist gekommen.»

«Mein Gott. Das ist mir noch nie passiert. Ich schäme mich.»

«Marion! Du brauchst dich nicht zu schämen. Bei mir brauchst du dich für überhaupt nichts zu schämen. Du sollst mich lieben und gehorsam sein.»

«Danke, Sir.»

«Steh auf, geh zum Kühlschrank und hole die Flasche Champagner, die ich mitgebracht habe und zwei Gläser. Und zieh dein Kleid ganz aus. Auch deinen BH.»

Nackt, nur mit den halterlosen Strümpfen bekleidet kommt sie mit dem Champagner.

«Bleib einen Moment stehen!»

Sie steht still.

«Es ist ein wundervolles Bild. Du bist die Schönheit, nackt, mit einer Flasche Champagner in der Hand. So mag ich dich. Diesen Anblick will ich genießen.»

«Sie sind sehr romantisch, Sir.»

«Nein! Furchtbar egoistisch.»

Sie strahlt mich mit einem breiten Lächeln an. «Nein, Sir. Das sind sie nicht. Es ist sehr erotisch.»

«Dreh dich mal!»

Sie zeigt mir ihren hübschen Hintern.

«Du hast einen ganz süßen Po und er ist herrlich rosa.»

«Wirklich?»

«Das ist wunderschön. Komm her. Setz dich neben mich. Wir werden uns ein wenig unterhalten, bevor ich dich bestrafe.»

Als sie die Gläser einschenkt, fragt sie: «War das eben keine Bestrafung?»

«Nein, mein Schatz. Nur ein Vorspiel. Die Bestrafung bekommst du noch. Ich habe dir deinen Po nur etwas aufgewärmt. Zum Wohl.»

Sie stößt mit mir an und legt ihren Kopf an meine Schulter.

«Du hast mich mit deinen Worten am Anfang richtig gefoltert.»

«Das musste sein, um eine gewisse Spannung in dir zu erzeugen. Ich will dir Disziplin beibringen.»

«Ja. Diese Spannung habe ich bemerkt. Unglaublich. Du bist wahnsinnig.»

«Ich? DU bist wahnsinnig gekommen.»

Verschämt antwortet sie: «Klaus! Ja, ich gebe es zu. Du hast mich zum Wahnsinn getrieben.»

«Ja. Das wollte ich. Und das werde ich oft mit dir machen.»

«Klaus!»

«Ich hatte nicht den Eindruck, dass es dir unangenehm war.»

«Du bist unglaublich. Ja, es stimmt. Das war schön.»

«Siehst du. Unterwerfung kann sehr schön sein.»

«Oh, wie das klingt.»

«Klingt doch erotisch. Ich verlange von dir, dass du dich mir unterwirfst.»

Wir küssen uns unglaublich lange und innig. Ich glaube, ich habe sie soweit. Wenn sie jetzt auch noch brav die Peitsche akzeptiert, kann sie zu mir ziehen.

«Ja, Sir. Ich unterwerfe mich.»

«Brav. Ich werde dir sagen, wann die Pause beendet ist und du deine Bestrafung erhältst.»

«Ich bitte um Gnade, Sir.»

«Ja, mein Liebling. Die werde ich dir gewähren. Nach der Bestrafung.»

«Oh!»

«Geh und hole meine Sporttasche!»

Aus der Tasche entnehme ich die Tawse und reiche sie ihr.

«Das ist die Tawse. Ich will, dass du sie dir ansiehst, Marion. Sie ist ein Disziplinierungsinstrument.»

Marion nickt, ergreift den roten, polierten Holzgriff und betrachtet das Leder. Sie schaut auf. «Ein Disziplinierungsinstrument?», wiederholt sie nachdenklich.

«Damit wurde in Schottland in den Internaten

den Mädchen Disziplin beigebracht. Auch den Ehefrauen.»

«Wirklich.»

«Auch heute noch.»

«Das Leder ist weich.»

«Weiches Wildleder. Es ist eine zarte Peitsche.»

Etwas von ihrer Nervosität ist verschwunden. Das ist gut. Sie weiß nicht, was ich für sie im Sinn habe. Ich strecke meine Hand zu ihr aus und streichle ihre erröteten Wangen.

Aus meiner Tasche hole ich das Lederhalsband mit der Leine hervor.

Entsetzt ruft sie aus. «Ein Hundehalsband mit Leine. Das kann nicht dein Ernst sein!»

Ich bleibe ruhig und streiche über die Lederleine.

«Das ist kein Hundehalsband. Es ist dein Halsband. Das nur dir gehören wird und du nur tragen wirst, wenn ich es verlange.»

Sie holt tief Luft, als ich sage, dass ich es jetzt verlange.

«Sag, Bitte, Sir!»

«Sir, bitte.»

Ich lege es um ihren Hals und schnalle es hinten fest. Vorne, am Ring, hängt die Leine und als ich aufstehe, habe ich deren Ende in der Hand.

«Übergebe mir die Tawse, damit deine Bestrafung beginnen kann.»

Ich nehme die Tawse und ziehe sie an der Leine hoch.

«Das Halsband ziert dich. Es macht dich begehrenswert.»

«Danke, Sir.»

Ich dimme das Licht am Schalter, ziehe sie zum breiten Wohnzimmerfenster und bleibe davor stehen. In einiger Entfernung sieht man erleuchte Fenster in Häusern der gegenüberliegenden Wohnblockseite. Sie hält ihre Hände vor ihre Scham.

«Sir. Die Leute gegenüber!»

«Dich sieht hier keiner. Strecke deine Arme hoch! Dann beugst du dich vor und stützt dich mit deinen Händen auf dem Glas ab.»

Sie gehorcht tatsächlich.

«Komm etwas zurück und beuge dich tiefer vor. Damit du mir deinen süßen Po anbieten kannst.»

Ich weiß, dass es bei dieser Bestrafung nicht darum geht, unnötigen Schmerz zu geben, es geht nicht darum, dass sie sinnlose Tränen weint. Es geht auch nicht darum, ob das eine oder andere Fehlverhalten wirklich bestraft werden muss. Es geht darum, auf die intensivste Weise zusammenzukommen, die wir in diesem Moment haben können. Die dann bei ihr zu der Erkenntnis führt, dass der Traum innigster Verschmelzung unserer Gefühle, durch eine Peitsche zur Realität werden kann.

Ich tätschle ihren Po und streichle ihre Scham.

«Du bist sehr schön, Marion.»

Sie sieht zu mir zurück.

«Danke, Sir.»

«Nun, Marion, ich möchte, dass du dir einen Moment Zeit nimmst, um darüber nachzudenken, warum wir heute zusammen sind. Wir sind hier, um über die Disziplin nachzudenken, die du in einem Leben mit mir brauchst. Die wir für unsere Partnerschaft benötigen, um uns gegenseitig zu verstehen. Ich möchte, dass du auch an Verantwortlichkeit denkst, an unsere Beziehung arbeitest, in der du zur Rechenschaft gezogen wirst, wenn du auf irgendeine Weise in bestimmten Situationen ungehorsam bist. Ich will, dass du in einer Situation, wie dieser, genau das machst, was dir gesagt wird.»

«Jawohl. Sir!»

Der Ton ihrer Worte ist fester geworden und hat nicht mehr den weichen, lässigen Akzent, den sie benutzte, als sie dieselben Worte vorhin sagte.

«Ich möchte, dass du breitbeiniger stehst.»

«Ein schöner Anblick. Dein Po, deine nackte Muschi. Du erregst mich ungemein. Ist es nicht erotisch, in dieser Stellung gehorsam vor mir zu stehen?»

«Oh ja. Sir.»

«Magst du es, wenn ich, so wie jetzt, deine Muschi streichle?»

«Sir! Ja, Sir.»

«Sehr brav.»

«Ich kann mich nicht erinnern, jemals eine solche perfekte Schönheit vor mir gehabt zu haben. Dein Po ist rund, fest, so sphärisch, der mich von Anbeginn an fasziniert hat. Es gibt ihm einen Anschein von Zerbrechlichkeit, aber auch eine wunderschöne Weiblichkeit dank der schlanken Hüften und der gut geformten Rückseite. Deine Muschi fühlt sich traumhaft an, so zart und weich.»

«Danke, Sir.»

Ich verliere fast den Überblick darüber, warum sie sich mir für einige Sekunden so präsentieren muss, komme aber schnell zu mir. Ich kann jetzt sehen, dass sie die Situation akzeptiert hat. Sie stöhnt unter meiner streichelnden Hand.

«Ich wollte, dass du über Disziplin nachdenkst. Wirst du das jetzt tun?»

«Ja, Sir.»

Ich hole mir einen der beiden Clubsessel nah heran, setze mich und trinke einen Schluck Champagner. Sie sieht zur Seite, erblickt mich und errötet. Ich betrachte mit Wonne ihren Po, so offensiv, dass sie es erkennen muss; sie ist vollkommen still.

«Ich möchte, dass du diese wenigen Momente nutzt, um dich von deinem täglichen Leben, deiner Routine zu lösen. Ich möchte, dass du die Vorstellung in dich aufnimmst, dass du einer strengen Bestrafung unterzogen wirst, und dich so gut wie möglich darauf vorbereitest.»

Ich halte immer noch die Tawse in der Hand. Marion wird versohlt werden und dann sehen wir, was passiert. Ich kann ihre Reaktion noch nicht abschätzen. Wie bereit sie wirklich ist.

Gut fünf Minuten sind vergangen, Marion ist immer noch vollkommen ruhig und blickt durch das Fenster.

«Es ist Zeit.»

Ich stehe auf, lege die Tawse flach über ihre beiden Pobacken und drücke sie fest gegen die Haut.

«Wir beide wissen, was jetzt beginnen wird», fahre ich fort. «Ich möchte dich daran erinnern, dass dies mehr als nur eine Einführung in das Spanking für dich ist, es ist deine Einführung in die Disziplin. Das haben wir in den letzten Wochen besprochen. Natürlich werde ich während deiner Bestrafung daran denken, dass dies neu für dich ist, aber erwarte nicht, dass du wie ein kleines Mädchen behandelt wirst. Du wirst als voll erwachsene Frau gewürdigt und auf eine strenge und gründliche Weise behandelt. Verstehst du?»

«Ja, Sir, das tue ich.»

Ich gebe ihr ein paar ganz leichte Schläge über die Mitte ihres Pos und sage ihr, dass sie ihren Körper tiefer beugen soll, damit sie mir ein volleres Ziel präsentieren kann.

Dann schlage ich zu. Es klatscht laut und sie schreit entsetzt auf. Aua!

Ich fange an, sie mit leichten Schlägen zu belasten, die mit mittleren Schlägen gespickt sind, da ich ihr helfen will, ihre Akzeptanz für die Hiebe aufzubauen. Nach ein paar Minuten reagiert sie neben den Auas mit leisem Stöhnen. Immer wieder streichle ich zwischen den Hieben mit der linken Hand ihre Muschi. Es beruhigt sie jedes Mal.

«Wir beide haben das Spanking-Universum betreten, ein wundersamer Ort, ein Ort der Lust.»

Einige Minuten sind vergangen und ihr Hintern ist ein hübsches, einheitliches Rosa. Das Stöhnen wird hörbarer und sie beginnt, ihre Hüften zur Seite zu bewegen, als wolle sie dem strafenden Leder ausweichen. Ich gebe ihr einen harten Schlag. Sie schreit laut.

«Auaaa!»

«Ich erinnere dich daran, dass du dir deine Strafe erleichtern und nicht verhindern sollst. Sonst muss ich dich mehr schlagen.»

«Sir! Sir! Sie schlagen mich!»

Ich muss lächeln. Der Satz kam von ihr, als würde sie erst jetzt überrascht feststellen, dass sie wirklich geschlagen wird.

«Ja. Du bekommst Schläge auf deinen Po. So verlange ich es.»

Sie bekommt weitere fünf Minuten Hiebe im Gleichtakt, dann höre ich auf.

«Stell dich aufrecht, mein Mädchen.»

Sie steht ungeschickt auf ihren Füßen, ihre Beine sind steif, starrt mich mit neugierigen Augen an und reibt sich mit beiden Händen ihre Pobacken.

«Du darfst ein paar Sekunden deinen Hintern reiben, Mädchen.»

«Danke, Sir», und sie reibt langsam mit offenen Handflächen ihre beiden Pobacken mit einer Auf- und Abwärtsbewegung und versucht, das Unbehagen von ihrem Spanking zu mildern. Sie hadert nicht und schreit mich nicht vor Wut an.

Ein gutes Zeichen. Nach ungefähr einer Minute habe ich das Gefühl, dass es reicht. Ich will sie unbedingt mit ein paar härteren Hieben testen.

«Genug. Hände vor zum Fenster, beuge dich tief, strecke deinen Po hoch und spreize die Beine!»

«Nochmal, Sir?»

«Ja! Gehorche!»

Ich lasse sie eine ganze Minute warten und entscheide, dass sie bereit für die nächste Stufe ist. In den nächsten Minuten gebe ich ihr Hiebe, von ungefähr der gleichen Intensität wie die, die sie bisher erlebt hat, aber deutlich schneller. Ihre stimmliche Reaktion ist sofort lauter. Ihr ganzer Körper windet sich jetzt in einem vergeblichen Versuch, die Wirkung meiner Schläge abzuschwächen, und ich bin für ein paar Sekunden von der Schönheit ihres Tanzes fasziniert. Ich dehne die Zeitspanne zwischen ein paar harten Hieben und amüsierte mich, wenn sie vor Schmerzen ihr Beim hebt.

«Bleib ruhig, Mädchen, oder ich werde dich härter schlagen», und ich gebe ihr eine gute Probe meiner Drohung, die einen Schrei tief in ihr auslöst.

Sie beruhigt sich, als ich ihre Schamlippen mit der Tawse berühre und streichel. Ich setze das Spanking mit der gleichen Geschwindigkeit fort. Zehn Minuten und sie beginnt kurze spitze Schreie auszustoßen und ich höre wieder auf.

«Wie geht es uns, mein Mädchen?»

«Ich bin ... mir geht es ..., Sir, mir geht es gut.»

Ich reibe ihren entblößten Hintern langsam und er ist jetzt heißer und samtiger. Ich reibe noch ein wenig länger und kreise um ihre Schamlippen.

Der Hieb der Lederklatsche schallt laut. «Auaa!» Bin zufrieden, als ich den Schrei höre. Ich setze die Hiebe mit harten Schlägen fort, platziere sie genauer und steigere die Intensität. Sie soll es wissen. Ich erlangte ihre volle Aufmerksamkeit, fast jeder Schlag wird von lauterem Stöhnen beantwortet. Die Schläge sind scharf, bedecken die gesamte Oberfläche ihres Hinterns und treffen gelegentlich auf die Unterseite ihrer Oberschenkel. Ich fühle, dass ihre Temperatur steigt. Ich erhöhe das Tempo.

SMACK, SMACK, SMACK, SMACK, ..., Aua, Aua, Aua! Ich habe jetzt sowohl die Intensität als auch die Geschwindigkeit erhöht und bin in einen wilden Galopp geraten, von dem ich weiß, dass er einem bleibenden Eindruck hinterlassen wird. Ihre Schmerzensschreie sind sehr laut, fast konstant. Ich weiß, dass sie keine Kontrolle mehr über sie hat. Jeder Teil ihres Körpers erfährt den Einschlag schmerzhaft, wenn er sich im Körper ausbreitet. Ich stehe neben ihr, presse meine linke Hand auf ihren Rücken, schlage zu und halte es in Gang. Mit einem Fuß ziehe ich ihre Beine weiter auseinander, weil sich ihre Füße und Beine unkontrolliert bewegen. Sie versucht mit ihrer rechten Hand ihren Po zu reiben. Ich schlage auf ihre Hand und sie stützt sich schnell wieder ab.

Sie fleht um Gnade. Ihr Hintern ist karmesinrot und zeigt ein Leuchten, dessen Hitze ich fast durch den Raum fühlen kann. Ich nehme noch einen Schluck Champagner und er schmeckt jetzt noch besser.

«Sei still, Mädchen! Ich möchte, dass du all deine Kraft, die du in dir hast, beschwörst, damit du mir in diesem Moment unterwürfig gegenüberstehst.»

Ich beobachte Marion, während sie ihre Gedanken sammelt. Ich kann nicht anders, als fasziniert zu sein von dem kontrastreichen Bild, das sie mir vor dem Fenster präsentiert. Das hochgeschobene Kleid, die Stümpfe und der leuchtend rote Po.

Den Holzgriff der Tawse festhaltend, schlag ich zu.

«Oh, nein, bitte Sir, es tut so weh!»

Ich reduziere das Tempo. Ich möchte, dass sie das Leder akzeptiert, sich mit der Berührung vertraut macht. Ihre Haut zeigt dunklere Flecken. Ich denke, dass einer hellhäutigen Blondine, das sehr einheitliche hellrot bewundernswert steht. Ich beschleunige den Rhythmus und es wird jetzt reine Disziplinierung. Erbarmungswürdige Auas folgen und sie weint, wie ein kleines Mädchen.

«Ich muss es richtig machen, ich möchte deine Unterwerfung durch Disziplinierung erreichen.»

Ich will sie das brennende Leder spüren lassen

und höre schließlich nach zehn weiteren harten Schlägen auf, als ich sehe, dass sie es nicht mehr aushält. Ich will sie nicht überfordern. Das wird noch kommen.

«Marion?»

Sie dreht ihr Gesicht zur Seite und schaut auf, um mir in die Augen zu sehen. Ihre Wimperntusche ist total verschmiert und die Tränen fließen immer noch.

«Ja, Sir?» Eine sanfte, kaum hörbare Stimme.

«Du warst sehr tapfer, mein Mädchen. Ich bin stolz auf dich!»

Ich richte sie auf, aber lasse sie ein paar Minuten in Ruhe stehen, berühre die Haut sehr vorsichtig und versuche, etwas von ihrem Schmerz wegzureiben. Der Tränenfluss verlangsamt sich.

Ich drehe sie zu mir. Sie umarmt mich, umarmt mich fester, als ich es für möglich gehalten habe mit der letzten Kraft, die sie noch hat.

«Ich hätte nie gedacht, dass ich es bis zum Ende schaffen würde.» Ich kann ihre letzten Worte kaum verstehen.

«Es ist vorbei, Mädchen. Ich möchte, dass du dich wieder mit mir versöhnst, da uns jetzt etwas verbindet, das du nie vergessen wirst.»

Ihre Lippen berühren meine, ihre Zunge gleitet gegen meine Zunge. Wir küssen uns heftig.

Ich ziehe sie an der Leine vom Fenster weg zu dem Sessel und setze mich.

«Knie dich hin!»

Ich öffne meine Beine und ziehe ihr Gesicht

mit der Leine zur Ausbeulung in meiner Hose.

«Jetzt möchte ich, dass du dich für die Schläge bedankst und mich deine Dankbarkeit spüren lässt.

Sie hat verstanden. Sie lächelt. Sie greift nach meinem Gürtel, löst die Schnalle und knöpft dann meine Hose auf.

Mein Schwanz schnellt heraus und wird liebevoll von ihrem Mund empfangen.

«Danke Sir. Danke für die Bestrafung.»

Ihr Mund fährt an meinem Schwanz auf und ab.

«Das ist sehr brav!»

Ich stehe auf und ziehe sie in ihr Schlafzimmer, ein frisches, romantisches Zimmer im Landhausstil, das durch das scheinbar bequemste Bett, das ich je gesehen habe, mit sechs dicken Kissen und einem großen braunen Teddybär hervorgehoben wird.

Sie muss sich aufs Bett knien, sich mit den Armen abstützen und mir ihren hübschen roten Hintern anbieten.

Ich lobe ihre Rötung und dringe in sie ein. Ein paar mal schlage ich leicht mit der Hand auf diesen bezaubernden Po. Ich liebe sie so heftig, wie ich nur kann. Habe sie fest an der Taille ergriffen und ziehe sie förmlich immer wieder und wieder auf meinen Schwanz. So hart ich sie geschlagen habe, so hart dringe ich unaufhörlich tief in sie hinein. Sie mag es. Sie stöhnt, sie jauchzt, sie keucht, sie schreit – vor Lust. Am ganzen Körper zitternd kommt sie unter meinen Stößen.

Ich mache weiter. Nicht nur ihre Lustschreie heizen mich an. Ich weiß, was ich morgen Vormittag mit ihr machen werde. Der Gedanke an diesen Genuss spornt mich immer mehr an. Ich muss wissen, woran ich bei ihr bin. Ich lasse sie nicht los und bestürme sie mit meinem Schwanz. Nach herrlichsten Minuten schreit sie wieder. Ihre stützenden Arme versagen, sie fällt mit dem Kopf aufs Bett. Aber sie streckt mir nach wie vor ihren Hintern entgegen. Der Po, auf dem sie morgen ihre ernste Bewährungsprobe erhält.

Sie zittert am ganzen Leib und als sie von einem erneuten Orgasmus erfasst wird, halte auch ich mich nicht mehr zurück.

Vollkommen erschöpft liegen wir beide lange zusammen, eng aneinander gekuschelt, sagen uns liebevolle Geilheiten – und schlafen zufrieden und befriedigt ein.

*

Zärtlich küsse ich sie am nächsten Morgen. Ich möchte nicht zu lange schlafen. Ich habe noch etwas vor. Ich ziehe ihre Decke zurück, betrachte ihre nackte Silhouette und sie wacht auf.

«Na, mein Schatz, wie hast du geschlafen?»

Sie streckt sich und ich gebe ihr einen Kuss.

«Ohhh. Wahnsinn. Ich habe fest geschlafen.»

Brav hat sie mit dem Halsband geschlafen. Nächste Woche werde ich die Kette mit kleinen Vorhängeschlösser an dem Halsband und an dem

Bett befestigen. Sie soll lernen, wem sie gehört.

«Mein Liebling. Du hast gestern auch viel erlebt.»

«Klaus! Ich bin zweimal gekommen. Wahnsinn.»

«Das freut mich so sehr für dich. Du bist lieb. Hast auch brav die Bestrafung über dich ergehen lassen.»

«Das hat weh getan.»

«Marion! Ja», ich mache eine Pause und überlege, was ich ihr antworte, um sie nicht zu erschrecken.

«Aber die Salbe hat dir doch gutgetan und nachher im Bett war doch alles wieder vergessen.»

«Ich habe das schon gespürt. War ja auch nicht zu überhören.»

«Du warst brav und das zählt. Ich liebe dich.»

«Ich dich auch, mein Schatz, obwohl ich dich zeitweise verflucht habe.»

«Du hast dich aber ganz lieb bei mir bedankt.»

Ihr Gesicht wird knallrot.

«Du warst wohl von den Schlägen so geil geworden, dass du zweimal gekommen bist.»

Sie kichert in sich hinein. «Ja. Unglaublich. Hab ich noch nie gehabt.»

«Lass uns zusammen Frühstück machen und fahren. Weil du brav warst, darfst du mit zu mir. Wir haben heute noch viel vor.»

«Ich ziehe mich schnell an.»

«Nein, Marion. Du wirst nackt mit mir frühstücken!»

Sie schaut mich ungläubig an.

«Ich habe verlangt, dass du mir bis heute Mittag gehorsam dienen musst. Du wirst mich auch wieder mit Sir anreden!»

«Ja, Sir.»

Sie lächelt.

«Die Strümpfe haben Laufmaschen, Sir.»

«Stimmt. Zieh sie aus. Du bekommst heute Nachmittag neue. Einen ganzen Stoß.»

«Danke, Sir.»

«Wenn wir gleich zu mir fahren, wirst du nur dein Kleid überziehen. Sonst gar nichts. Wir werden dir alles notwendige am Nachmittag neu kaufen.»

«Ich freue mich, Sir.»

Auf der Fahrt nach Köln zu meinem Haus, sitzt sie brav auf dem Beifahrersitz und hat artig ihr Kleid bis zur Taille hochgezogen, damit ich an ihrer Muschi spielen kann.

«Das ist sehr unanständig.»

Ich blicke kurz zu ihr und ziehe die Augenbraue hoch.

Schnell fügt sie hinzu: «Verzeihung, Sir. Ich danke Ihnen, das Sie an meiner Muschi spielen.»

«Das ist eine Antwort, die mir gefällt. Marion, dafür erhältst du einen Bonus.»

Auf der A3, kurz vor Leverkusen habe ich sie soweit. Sie kann es nicht verhindern, da ich ihr meine Finger aufzwinge und sie mehrmals aufgefordert habe, ihre Schenkel artig zu öffnen, sich entspannter zurückzulehnen und mir ihre Muschi anzubieten. Sie protestiert nicht mal. Es ist beruhigend, wie leicht sie sich geil machen lässt. Sie wirft ihren Kopf in den Nacken, stöhnt heftig mit offenen Mund und kommt.

«Mein Gott. Im Auto», haucht sie, als ich in die Stadt abbiege. «Während der Fahrt. Was machst du mit mir? Äh, Verzeihung, Sir. Was machen Sie mit mir?»

«Du gehörst mir. Dein Körper und deine Lust gehören mir. Du hast zu gehorchen.»

«Oh. Wahnsinn. Dazu gehorche ich gerne, Sir.»

An einer Ampel anhaltend, blicke ich sie an und lächle. So kann ich sie gebrauchen.

*

Mein Garagentor öffnet sich automatisch und ich fahre hinein. Ich steige aus, geh um den Wagen und öffne ihr hilfreich die Türe. Sie hält sich am inneren Türgriff fest und setzt einen Fuß aus den Wagen.

Blitzschnell lass ich eine Handschelle um ihr Handgelenk zuschnappen und klinke den anderen Teil der Handschelle mit dem kurzen Stück Kette in den Türgriff.

Die Überraschung ist mir gelungen und ich sehe das Entsetzen auf ihrem Gesicht.

Ich nehme ihre andere Hand und lege ihr eine zweite Handschelle an, die ich dann an das Handgelenk der Hand am Griff befestige. Ich nehme ein weiteres Handschellenpaar und befestige es an ihren zarten Füßen. Ich löse die erste

Handschelle vom Griff und ziehe sie an der Leine aus dem Wagen.

«Du sprichst kein Wort. Bis heute Mittag nicht. Es sei denn, ich erlaube es dir. Sei gehorsam.»

Es sieht geil aus und gefällt mir wahnsinnig. Nur unsicher kann sie mit den Handschellen an ihren Füßen stehen, sodass ich sie stützen muss.

An der Leine gezogen, kann sie nur ganz kleine possierliche Trippelschritte machen. Es fasziniert mich und ich gehe sehr langsam, belustigt zurückblickend. Ich führe sie im Untergeschoss zu einem Raum, den sie noch nicht kennt.

«Mach deinen Mund auf!», sage ich und stecke ihr einen roten Gagball tief in den Mund und schnalle ihn, trotz heftiger Bewegungen ihres Kopfes, mit den Lederriemen hinter ihrem Kopf fest. Sie protestiert heftig, aber das kann man nicht verstehen.

Dann erst nimmt sie wahr, dass in dem bewusst nicht hell ausgeleuchteten Raum, ein Bock in der Mitte steht. Mein Zuchtbock, gepolstert und an den Holzbeinen mit vielen dicken Ringen versehen.

Ich führe sie mit ihren süßen Trippelschritten vor den Bock. «Eine Bestrafung besteht aus drei Teilen. Die Vorbereitung mit der Hand. Eine gemäßigte, wie gestern Abend. Und eine dritte, mit der Peitsche.»

Sie will etwas sagen, aber durch den Ball in ihrem Mund kann ich es beim besten Willen nicht verstehen. Will es auch nicht.

Ich sehe ihre entsetzten Augen, hebe ihren Rock hinten hoch bis zu ihren Schultern und schlage auf den nackten Po.

Es ist schwierig, sie über den Bock richtig zu beugen und ihre Arme und Beine zu befestigen.

Als ich sie aber trotz aller Gegenwehr endlich bewegungsunfähig festgeschnallt habe, knie ich vor ihrem Kopf und zeige ihr die einen Meter lange geflochtene schwarze Peitsche, die ich aufgerollt in der Hand halte.

«Meine liebe Marion. Schau mich an. Ich werde dich jetzt den dritten und wichtigsten Teil einer Bestrafung spüren lassen. Sieh, was ich in der Hand habe. Das ist eine einsträngige Peitsche, eine Singletail SM Lederpeitsche, 90 cm lang, zwölffach geflochten aus feinstem Leder. Eine hochwertig verarbeitete Premium-Singletail, sie besitzt eine besonders feine Flechtung mit einer wunderbar geschmeidigen Oberfläche und begeistert, da sie sich gut führen und gezielt einsetzen lässt. Ich werde dir jetzt eine Kostprobe geben und dich dann fragen, wie du darüber denkst.»

Marion schüttelt heftig ihren Kopf, aber ich stelle mich neben sie und setze den ersten Hieb.

Der Hieb sitzt, genau und richtig und sie versucht, wie am Spieß zu schreien, aber ich höre nur entsetzte gutturale Laute.

Ich löse den Riemen ihres Gagballs, sodass ich ihn aus ihrem Mund ziehen kann. Es macht mir mehr Spaß, ihre Schreie zu hören.

«Mach mich los! Mach mich sofort los! Du bist

ein Ungeheuer», schreit sie.

Ich streichle ihre Muschi und versuche sie zu beruhigen. Ich setze den nächsten Hieb und höre ihr erbärmliches Aua.

«So habe ich es gewollt», sage ich betont ruhig zu ihr. «Vollkommen unvorbereitet sollst du die Peitsche schmerzhaft spüren. Nur dann ist es eine nachhaltige Bestrafung.»

Sie windet sich, sie schreit: «Mach mich los!»

Sie muss es kennenlernen. Zwei kräftige Peitschenhiebe folgen. Sie schreit und keucht. Tränen kommen aus ihren Augen. Ich gebe ihr zwei weitere Hiebe. Die Schreie sind unüberhörbar. Sie zerrt an den Manschetten. Ich muss es tun, weil ich nachher von ihr eine Entscheidung will.

Ich schlage wieder zu. Drei gesetzte Hiebe, die laut und brennend auf ihrem Po einschlagen. Ich bin sehr zufrieden mit mir, als ich sehe, dass sich die Striemen rot färben.

Ich gehe um den Bock und beuge mich ganz nah zu ihrem Gesicht. Sie weint, sie keucht und schnappt nach Luft

«So lernst du bei mir Disziplin. Nur mit der Peitsche. So mag ich es und so habe ich es von Anbeginn geplant. Es ist eine Prüfung, bei der ich dir richtig weh tun muss.»

Sie ist fix und fertig. Sie bekommt kein Wort heraus.

«Liebe Marion. Dies ist eine Prüfung, deine Prüfung, ob ich mit dir zusammenleben kann. Ich würde dich sofort losmachen. Du ziehst dein

Kleid an. Ich gebe dir Geld für ein Taxi und damit kannst du nach Hause fahren. Willst du das? Wenn du nicht antworten kannst, dann nicke mit dem Kopf und ich mach dich los.»

Sie schweigt und beginnt heftig zu weinen. Ich streichle ihre Wangen und küsse ihre Tränen.

«Marion. Es ist meine Art, wie ich mit einer Frau zusammenleben werde. Ich werde meine Frau mit der Peitsche bestrafen. Ich werde sie auch dann mit der Peitsche disziplinieren, einfach, wenn ich es für notwendig halte.»

Das soll sie wissen. Ich schaue sie ruhig an.

«Ich verlange von meiner Frau, dass sie schmerzhafte Peitschenhiebe akzeptiert. Wenn du das nicht möchtest, kann ich dich jetzt losmachen.»

«Sir. Sir», stammelt sie nur.

«Ich weiß, Marion. Das ist eine schwere Entscheidung für dich.»

Sie weint wieder bitterlich.

«Wenn du bei mir bleiben möchtest, dann bitte mich jetzt um weitere Hiebe.»

Sie reißt ihre Augen auf. Tränen kullern herunter und tropfen auf den Boden. Sie antwortet nicht und ich lasse ihr Zeit.

«Marion, es ist ein Spiel, was uns zusammen bringen soll. Was mich hochgradig erregt. Mein Schwanz ist steif. Wenn du mich bittest, hier bleiben zu dürfen, dann werde ich dich peitschen und dich anschließend so heftig ficken, dass du nicht mehr zu Sinnen kommst. Ich werde dich nicht täglich peitschen, nicht wöchentlich, aber ab und zu, wenn du Disziplin brauchst. Ficken werde ich dich jeden Tag, den Gehorsam werde ich von dir verlangen. Wenn du mich jetzt lieb um weitere Hiebe mit der Peitsche bittest, werde ich dich dieses Wochenende nur noch verwöhnen und du wirst nicht mehr gezüchtigt.»

Nach einer langen Minute höre ich ihre schwache Stimme.

«Bitte, Sir. Bitte. Seien sie gnädig.»

«Heißt das, du möchtest, dass ich dich losmache?»

Die Antwort dauert noch länger.

Sie schüttelt kaum wahrnehmbar mit dem Kopf. «Bitte. Die Peitsche ...!», und sie bricht in einem Weinkrampf aus.

Ich lass die Peitsche zärtlich über ihren Po laufen.

«Du erfreust mich und weil du mich so lieb bittest, bin ich gnädig. Du erhältst nur noch ein halbes Dutzend Hiebe.»

Sie schreit schon vorher, als ich die Peitsche schwinge, dass es pfeift. Ich schlage zu. Die ersten drei, und zwar heftig. Hieb für Hieb. Damit sie so richtig spürt, was eine Peitsche ist. Mit aller Kraft; hart und beißend. Sie soll lernen, wie Disziplin von mir gefordert wird. Mit schmerzhaften Hieben. Sie bäumt sich mit ihrem Körper auf, reißt ihren Mund weit auf und kann fast keinen Ton herausbringen. Erst dann kommt ein markerschütternder langanhaltender Schrei - und sie fällt in sich zusammen.

Ich bin zufrieden. Genau so wollte ich es. Seit Tagen. Wenn sie gleich nicht fluchtartig aus dem Haus läuft, darf sie bei mir bleiben und ich kann sie mir heranziehen. Mit der Peitsche. Aber nur dann und wenn sie sich lieb bedankt. Dann werde ich sie mir mit Züchtigung veredeln. Sie wird mich eines Tages auf Knien darum bitten, von mir schmerzhafte Hiebe zu bekommen.

Ich sage ihr, wie zufrieden ich mit ihr bin und setze zielgenau die letzten drei Hiebe, die alles übertreffen sollen.

Ihr Körper bebt, sie bekommt kaum Luft.

Ich streichle ihre Muschi. Immer fester, bis sie genügend nass wird. Diesen Po will ich ficken. Ich dringe in sie ein. Der Druck gegen ihre roten Poflächen lässt sie wieder vor Schmerzen schreien. Aber ich fick sie weiter, bis sie ruhiger wird, das Weinen weniger und sie anfängt zu stöhnen. Ich weiß, dass die Hiebe auch geil machen. Das soll sie erleben. Das werde ich ihr antrainieren. Nach zwanzig Minuten habe ich sie wieder soweit, dass sie am ganzen Körper zittert und kommt. Sie kommt und ihre Muschi wird klatschnass. Ihr Orgasmus entlädt sich. Ich habe, was ich will und bin so geil, dass ich ihr meinen Samen hineinpumpe.

Vollkommen ermattet hängt sie über dem Bock. Teils weint sie, teils stöhnt sie. Ich hole eine lindernde Salbe. Als ich sie zärtlich auftrage, schreit sie.

«Es ist Hirudoid forte Gel. Es wird angewendet

zur lokalen Behandlung von Hämatomen und hilft bei angehenden blauen Flecken. Merkst du auch die kühlende Wirkung?»

Ein zauberhafter Anblick. Der Po, ganzflächig rot und von links nach rechts ziehen sich tiefrote, blutunterlaufene Striemen. Das Eincremen ist nebenbei noch ein schöner schmerzhafter Nachklang der Session, wie ich an ihren Schreien bemerke.

«Dein Po hat wunderbare Striemen, die mich stolz machen», sage ich zu ihr und sie muss wieder heftig weinen.

Ich schnalle sie nach und nach los. Helfe ihr auf die wackligen Beine und nehme sie in die Arme.

«Du bist ein wundervolles Mädchen. Eine begehrenswerte Frau. So mutig. Sei stolz. Möchtest du mit mir hoch ins Wohnzimmer kommen?»

Sie nickt mit dem Kopf und ich küsse ihre Tränen. Sie läuft nicht fort, sie schimpft auch nicht, sie weint nur. Mit beiden Armen trage ich sie hoch ins Wohnzimmer. Ich ziehe ihr Kleid aus, lass sie sich nackt mit dem Bauch auf das lange Sofa legen und hole ihr ein Glas Wasser. Ich creme nochmals ihren Po ein. Sie beruhigt sich langsam und atmet gleichmäßiger.

«Nicht abdecken. Die Salbe muss einwirken. Deinen Po schön frei lassen.»

Ich setze mich so zu ihr, dass sie ihren Kopf seitwärts auf meinen Schenkel legen kann. Sie schaut mich kurz mit ihrem völlig verweintem Gesicht und Tränen behangenen Augen an und schluchzt laut.

«Ich liebe dich, Marion. Ich möchte dich immer lieben.»

Sie heult richtig los und ich muss sie trösten. Reiche ihr das Glas Wasser und helfe ihr beim Aufrichten, um zu trinken.

Jetzt möchte ich es von ihr wissen. «Möchtest du ein Taxi, das dich bis nach Hause nach Düsseldorf fährt?»

Fast erschrocken schaut sie auf.

«Oder möchtest du als mein Liebling bei mir bleiben?»

Kaum verständlich kommt es von ihr. «Ich möchte dein Liebling sein.»

«Auch wenn ich von dir das verlange, was ich eben mit dir gemacht habe? Ich will es von dir wissen.»

Sie antwortet nicht direkt.

«Marion. Wenn ich von Disziplin rede, meine ich die Peitsche. Wenn du das Wort Disziplin hörst, sollst du wissen, dass ich einzig und allein die Peitsche meine und dass sie dir weh tun wird. Wenn wir beide eine ernsthafte und intensive Beziehung aufbauen können, und das möchte ich mit dir tun, weil ich dich liebe, dann musst du dazu bereit sein.»

Sie beginnt wieder heftig zu weinen.

«Marion. Ich bin sehr anspruchsvoll, in puncto Unterwerfung. Es ist für dich ungewöhnlich, dass ich so was verlange – und ich verlange sehr viel von dir. Aber ich kann mit dir nur zusammen sein, dich lieben, wenn du dich mir dazu hingibst.»

«Was hast du mir angetan?», flüstert sie.

«Tja. Marion. Ich weiß, es war belastend für dich.»

«Belastend? Es hat höllisch weh getan. Jetzt auch noch.»

«Dein Po hat wunderschöne Striemen.»

«Jetzt machst du dich auch noch lustig.»

«Nein. Ich meine das alles sehr ernst.»

«Dir hat es gefallen, mich zu peitschen. Nicht wahr?»

«Ja. Das will ich nicht leugnen. Es verschafft mir eine zusätzliche innere Befriedigung, dass ich meine Geilheit an einer Frau befriedigen kann, die sich meiner Peitsche unterworfen hat.»

Schluchzend schüttelt sie ungläubig den Kopf. «Und das erwartest du jetzt von mir immer?»

«Ja, Marion.»

«Ich muss erst schlucken. Das muss ich erst verdauen.»

«Das kann ich verstehen, deshalb möchte ich es dir so angenehm wie möglich machen.»

«Das ist jetzt sarkastisch gemeint.»

«Nein, Marion. Sehr ehrlich. Ich achte darauf, dich nicht zu verletzen.»

«Na, das tröstet nicht wirklich.»

«Wir werden uns mit der Zeit öfter darüber unterhalten, inwieweit du bereit bist, dich meinem Willen zu unterwerfen. Langsam, Schritt für Schritt. Das kann ich dir zusagen.»

«Und wenn ich mich nicht unterwerfen lassen will, dann schickst du mich nach Hause.»

«Ja. Marion.»

«Da habe ich ja nicht viele Wahlmöglichkeiten.»

«Doch. Du hattest auf dem Bock die Wahl und hast Ja gesagt. Du hast jetzt die Wahl, hier zu bleiben oder nicht. Wenn du hier bleibst, sind wir ein Paar und du bist meine Freundin. Als meine Freundin wirst du regelmäßig gepeitscht. Weil ich es will und du es brauchst – und dazu wirst du mir gehorsam deinen Po anbieten.»

Ein nächster Weinkrampf erfasst sie. Ich genieße es.

Ich nehme ihre Hand. «Ich liebe dich. Sag mir, willst du bei mir bleiben?»

Lange Minuten warte ich auf ihre Antwort.

Sie küsst meine Hand und flüstert. «Ich möchte bei dir bleiben!»

Ich denke, es ist geschafft. Sie ist bereit, sich meinem Willen zu unterwerfen und ist sich der Konsequenzen bewusst. Sie weiß jetzt, was Disziplin bei mir bedeutet. Sie kann mir nicht vorwerfen, dass ich sie darüber im Unklaren gelassen habe.

Ich streichle ihre Wange und sage nur: «Brav!»

Ihre großen glasigen Augen schauen mich an.

«Muss ich mich bei meinem Herrn für diese Bestrafung bedanken?»

«Ja! Das erwarte ich. Aber lass dir ruhig Zeit.»

Wieder küsst sie meine Hand und blickt mir in die Augen. Schneller als ich es erwartet habe, sagt sie: «Ich danke Ihnen, Sir.»

«Du bist die Frau, die ich liebe!»

Sie überschwemmt meine Hand mit Küssen.

«Marion. Du hast dich sehr artig bedankt. Damit hast du deinen Gehorsam gezeigt und die Bestrafung ist beendet. Du bist mein Liebling.»

Ich lege ihr einen Eisbeutel auf den Po. «Die Kälte reduziert die Durchblutung und vermindert Blutungen. Nicht länger als 15-20 Minuten lang auf die Haut halten, um eine Gewebeschädigung zu vermeiden. Ich werde aber aufpassen.»

Es tut ihr gut, ich bemerke es. «Die niedrige Temperatur bewirkt ein Zusammenziehen der Blutgefäße und begrenzt Schwellungen.»

Nach einer viertel Stunde nehme ich den Eisbeutel von ihrem Po. «In einer halben Stunde nochmal.»

«Du bist sehr erfahren.»

«Ja. Möchtest du dich im Schlafzimmer aufs Bett legen und etwas schlafen?»

«Schick mich nicht weg», bittet sie mich, nimmt meine Hand und legt sie sich auf ihre Wange. «Ich möchte ganz nah bei dir sein.»

Ich sehe es ein, dass sie jetzt meine Nähe braucht.

«Eine so schöne Frau, die sich mir zu so unanständigen Dingen unterwirft, schicke ich nie mehr fort.»

«Oh. Klaus. Das hört sich so schön an, wenn du das sagst, aber ...»

«Kein Aber!»

«Dass du so ein unanständiges Gerät da unten

in diesem Raum stehen hast. Ungeheuerlich.»

«Es ist ein Zuchtbock, der nur dafür da ist, eine Frau darauf festzuschnallen, damit sie Disziplin erfährt.»

«Ein Zuchtbock. Wie sich das anhört. So brutal.»

«Marion. Ja, es hört sich schlimm an. Auf einem Zuchtbock wird eine Frau mit der Peitsche gezüchtigt. Man sollte es auch nicht jedem erzählen. Viele haben kein Verständnis dafür, dass ein Mann so was tut.»

«Von mir verlangst du, dass ich dafür Verständnis habe!»

«Ja, Marion. Ich verlange es!»

«Wann war denn zuletzt eine Frau auf dem Bock geschnallt?

«Vor einem halben Jahr. Aber sie wollte, dass ich sie nach den ersten Hieben losschnalle. Ich habe sie danach nie wieder gesehen.»

«Und davor?»

«Vorletztes Jahr habe ich mich ein Jahr mit einer Freundin getroffen. Sie war verheiratet. Sie wollte gepeitscht werden, regelmäßig. Wollte sich aber nicht scheiden lassen.»

«Das gibt es?»

«Das Forum, das du kennst, ist voll davon. Ich möchte deinen Po nochmal eincremen!»

So zärtlich, wie möglich verreibe ich das Gel. «Tut es gut?»

«Es lindert ein wenig. Schlimm, wenn das jemand sehen würde, dass ein Mann den wunden Po seiner Frau eincremt, den er zuvor heftig gepeitscht hat.»

«Du hast einen wunderschönen Po. Den hast du mir geschenkt.»

*

«Ich mache uns was zu essen. Bleib liegen.»

«Nein. Ich komme mit.»

Ich freue mich, dass sie bei mir sein will und helfe ihr beim Aufstehen. Gemeinsam stehen wir in der Küche und bereiten uns eine Spaghetti Bolognese zu. Sie sieht zauberhaft aus, als sie sich hochreckt, um aus dem Oberschrank das Geschirr herauszuholen und ich ihren roten Po betrachten kann.

Wir stellen die Teller auf den flachen Glastisch vorm Sofa. Sie kniet auf dem Boden beim Essen, da sie noch nicht sitzen kann. Es belustigt mich, wie sie nackt bei mir kniet und wir gemeinsam essen.

«Wir können heute Nachmittag nicht in die Innenstadt gehen.»

«Meinst du, wegen deines Pos? Der ist bis spätnachmittags wieder okay. Die Läden haben bis 20 oder 21 Uhr auf.»

«Nein, mein Kleid ist vollkommen zerknittert. Ich muss es aushängen lassen.»

«Komm nach dem nächsten Eisbeutel mit mir, in meinen Umkleideraum.»

«Och», staunt Marion, als sie die auf einem Tisch ausgebreiteten Sachen sieht.

«Hier, das habe ich schon letzte Woche besorgt. Deine Größe.»

Sie sieht es. Eine sexy geöffnete Underbust Bustier-Corsage aus Satinleder. «Woh. Unglaublich.»

Daneben liegt eine Schachtel von La Redoute Collections. Ebenfalls ein Unterbrust Bustier aus Spitze und Tüll mit kurzen Stäbchen unterstützt.

«In diesem Bustier fühlst du dich absolut sexy und das strahlst du dann auch aus! Das Bustier ist mit sexy Motiven versehen und hat extra lange Strapse. Kombiniere das Bustier mit einem Paar schicker schwarzer Strümpfe. Beide Bustiers sind kurz, damit sie deinen Po schön frei lassen und hervorheben.»

«Für die Disziplin.»

«Ja. Für die Disziplin.»

«Keine Slips oder sexy Höschen?»

«In diesem Haus wirst du nie einen Slip tragen. Ich möchte dich immer mit nackter Muschi und nacktem Po wissen. Auch keine Strumpfhosen, nur Strümpfe. Im Winter darfst du draußen natürlich Winterkleidung tragen.»

Ich reiche ihr ein schickes schwarzes Kleid, sehr kurz, mit weißem Kontrastkragen, mit Rückendekolleté und durchgehendem Reißverschluss.

«Zieh es nachher an, wenn wir in die Stadt fahren. Du bekommst viele geile Sachen von mir. Ruh dich noch etwas aus. Ich creme dir nochmal den Po ein. Wir gehen dann bummeln. Du brauchst Schuhe. High Heels. Die musst du vorher anprobieren.»

Mit Einkaufstüten voll beladen, mit Schuhen, neuen Kleidern und noch mehr Dessous sind wir doch wieder zu meiner Wohnung zurückgekehrt. Marion hatte in dem Café die harten Stühle gesehen und ihr zuliebe haben wir darauf verzichtet und die Schuhe konnte sie im Stehen anprobierten.

Jens hatte mich angerufen, als wir in dem letzten Laden, der Wolford Boutique echte Strümpfe aussuchten und er mich heute Abend zum Essen eingeladen hatte. Jutta, seine Frau, ist eine hervorragende Köchin und mir war eine neue Idee gekommen.

Wieder zu Hause hat Marion das neue Kleid von Zara ausgezogen und ein T-Shirt übergeworfen.

«Leg dich aufs Sofa. Ich werde dir nochmal den Po eincremen. Das Höschen musst du aber jetzt wieder ausziehen!»

«Danke, dass du mir erlaubst hast, zum Shopping doch ein Höschen tragen zu dürfen und mir ein luftiges gekauft hast.»

«Du solltest dir nicht die Kleider versauen und Polster beschmutzen. Es ist eigens für Tage nach einer Disziplinierung.»

«Da hast du das schon geplant?»

«Ja, Marion. Ich hatte mir vorgenommen dich zu prüfen und wusste, dass du dann Schwierigkeiten hast zu sitzen.»

«Das ist ja unglaublich von dir! Aber die Salbe ist ausgezeichnet. Er tut nämlich immer noch furchtbar weh.»

Ich lache.

Ich habe ein kleines Kissen auf meinem Schoß liegen, auf dem sie ihren Kopf legen kann. Es ist ein so friedliches Bild. Nur mit dem T-Shirt, dem vom Gel glänzenden roten Po, ihren ausgestreckten langen Beine, liegt sie auf dem Bauch vor mir. So möchte ich es oft erleben. Es gibt mir ein heimliches Vergnügen, diesen Po zu betrachten, da ich an den Spuren der Züchtigung erkennen kann, wie heftig die Peitschenhiebe gewesen waren und welch eindrucksvolles Erlebnis es für Marion gewesen sein muss. Wenn sie auf dem Bock gespannt ist, wird sie mir noch oft den Genuss bieten können, meine Lust mit ihrem Körper in allen Spielarten zu befriedigen. Sie wird es mir gehorsam bieten. Ich werde sie für heute Abend noch überraschen. Sie soll einen wirklich schönen Abend erleben, da sie es verdient hat. Der sie nicht mehr belastet, sondern sie bestimmt glücklich macht. Ich werde es ihr gleich sagen, wenn die Gelegenheit kommt.

Wenn sie zu mir aufschaut, strahlt sie mich so lieb an, dass ich ihr einen Kuss geben muss.

«Bist du immer so großzügig? Du hast mir so viel gekauft. So teure Kleider. Das von Pierre Balmain ist der Wahnsinn. »

Ich fahre mit meiner Hand unter ihr T-Shirt und streichle ihren Rücken. So, wie sie mit ihren dankbaren Augen neben mir liegt, ist sie mehr als begehrenswert; wie es sich für eine unterwürfige Frau gehört, die gezüchtigt worden ist.

«Wie denkst du jetzt über gestern Abend und heute Vormittag? Ich möchte deine ehrliche Antwort. Ich möchte mich mit dir aussprechen.»

«Gestern Abend war schön. Es hat mir gefallen. Es war sogar sehr erotisch. Vor dem Fenster. Du bist unmöglich.»

«Ja, du sahst wunderbar aus.»

«Du weißt aus den vielen Mails, dass ich eine starke Hand möchte, die mir Halt gibt. Es hat mich sehr angemacht.»

«Ich habe es bemerkt.»

«Wahnsinn, wie ich gekommen bin.»

«Spanking auf den Po fördert das sexuelle Verlangen bei vielen Frauen, wenn sie bereit sind, sich das einzugestehen und einen Mann an der Seite haben, der es erkennt und rücksichtsvoll fördern kann.»

«Das willst du bei mir fördern?»

«Ja, das werde ich.»

«Die Klapse, die du mir schon an den Wochenenden gegeben hattest, hatten mich sehr erregt. Ich wusste, dass Männer gerne mit der Hand auf den Po einer Frau schlagen und das richtig dominante Männer auch mal kräftig zuschlagen. Ich habe mich sogar danach gesehnt. Aber heute Morgen, das war schwierig.»

«Wie meinst du das?»

«Nun ja. Das hat verdammt weh getan. Dass du eine Peitsche benutzt, hatte ich nicht erwartet.»

«Du bist danach wunderbar gekommen.»

«Meinst du, die Peitsche hilft dazu?»

«Ja, Marion. Das ist erwiesen.»

«Das wird sehr schwierig für mich.»

«Das glaube ich. Vertrau mir.»

«Ich weiß, du machst es zur Bedingung. Das ist schwer zu verarbeiten.»

«Aber du bist bereit dazu, oder?»

«Klaus. Ich bitte dich, sei rücksichtsvoll zu mir, dann bin ich bereit, dir zu dienen. Zu allem.»

«Das weiß ich an dir zu würdigen. Deshalb bist du auch ein Schatz für mich, den ich behüten möchte. Du brauchst eine starke Hand, auch Hiebe, um dich ganz hingeben zu können. Sei ehrlich.»

«Ja. Das ist richtig. Ich glaube, ich brauche das.»

«Wir werden zueinanderzufinden. Ich verspreche dir, wir werden uns oft darüber unterhalten und aussprechen, wie ich von dir Disziplin verlange. Wir werden uns insbesondere offen darüber austauschen, dass ich die Peitsche benutzen muss und du es zu akzeptieren hast. Ich weiß, was ich von dir verlange. Es ist für mich aber ein ganz wichtiges Thema.»

«Ja», stöhnt sie. «Ich bin mir aber auch bewusst, welche Konsequenzen es für mich hat.»

«Das kann ich mir denken. Aber ich möchte, dass du akzeptierst, dass ich das Verlangen habe, dich zu peitschen. Mit oder ohne Grund. Ich möchte es nicht nur, ich verlange es.»

«Das ist eine ehrliche Aussage, Klaus. Ja, das habe ich schon bemerkt. Ich danke dir, dass du ehrlich zu mir bist. Du sollst wissen, das ich Verständnis für dein Verlangen habe.»

Das ist es, was ich von ihr hören möchte.

«Lieb!»

«Klaus. Ich akzeptiere dein Verlangen, auch wenn es für mich schwer ist und du mir furchtbar weh tust.»

«Dafür liebe ich dich über alles.»

«Danke, mein Sir. Diese Singletail. Ist das eine besondere Peitsche? Sie war höllisch.»

«Die Singletail wird heutzutage ausschließlich von Männern zur Züchtigung ihrer Frauen benutzt und ist weit verbreitet.»

«Wirklich?»

«Es gibt viele Frauen, die die erotisierende Wirkung dieser Peitsche mehr als lieben.»

«Hmmm. Gehöre ich dann auch dazu?»

«Noch nicht so richtig.»

«Wie meinst du das?»

«Nun ja. Du hast sie heute zum ersten Mal erlebt. Durch die Schmerzen kommt man in einen Rausch. Wie bei einer Droge. Viele erfahrene Frauen lieben diesen Zustand. Es ist kein Auspeitschen, sondern ein Aufpeitschen der Lust, im wahrsten Sinne des Wortes und ein Genuss.»

«In diesen Rausch willst du mich bringen?»

«Ja!»

«Oh!»

«Du bist ein Mädchen, dass sich diesen Rausch im Unterbewusstsein wünscht. Ich werde dich sehr behutsam dahin führen.»

«Mit der Peitsche!»

«Mit Disziplin! Alles andere ist Vanilla. So

nennt man das.»

Sie kuschelt sich eng an mich.

«Aber du wirst mich dabei sehr lieb haben?»

«Das schwöre ich dir. Ich liebe dich. Ich möchte dir ganz viele schöne Kleider kaufen, schicke Schuhe und erotische Dessous. Ich möchte eine wunderschöne Frau. Ich möchte mit dir aufregende Tage in interessanten Metropolen erleben. Eine elegante Frau, die an meiner Seite ist. Ich möchte dich glücklich machen.»

Sie stützt sich mit den Armen ab und kommt hoch zu mir. Überschüttet mich mit Küssen. «Ich liebe dich. Du bist so lieb zu mir. Ich möchte an deiner Seite sein. Dich auch glücklich machen. Ich bin auch bereit, mich deinem Verlangen hinzugeben. Ich möchte dir immer wieder meine Liebe beweisen. Immer wieder beweisen, dass ich dir gehöre.»

Ich lächle sie an. «Wie würdest du mir deine Liebe beweisen, mein Schatz?»

«Ich gehöre dir. Du kannst mit mir alles machen. Ich will dir einen Liebesbeweis nach dem Anderen geben.»

«Auch mit Disziplin?»

Sie küsst meine Hand. «Ich gebe mich dir hin. Wann immer du es willst. Ich will dir beweisen, dass ich dir gehöre. Du bist mein Herr!»

«Auch wenn Disziplin die Peitsche bedeutet?»

Sie schaut mich fragend an und antwortet leise: «Auch wenn es die Peitsche bedeutet.»

«Würdest du mir jetzt deine Liebe beweisen wollen?»

Sie ist erschrocken. «Jetzt?»

«Es wäre ein großer Liebesbeweis von dir, mir jetzt zu zeigen, dass du mir gehören willst.»

Ihr Augen werden glasig. «Mit der Peitsche?»

«Ja. Marion. Mit der Peitsche.»

Ich streichel ihre Wangen und sie weint.

«Geh zu dem Wohnzimmerschrank. Zieh unten die oberste Schublade auf. Innen liegt eine Singletail. Wenn du mir deine Liebe wirklich beweisen willst, hole sie, knie dich vor mir und überreiche sie mir.»

Lange Minuten verstreichen und sie schluchzt. Dann holt sie die Singletail und überreicht sie mir heftig weinend in demutsvoller Haltung.

«Dreh dich herum, beug dich vor und biete mir deinen Po an!»

Der Anblick erregt mich ungeheuer, aber ich habe mich im Griff. Ich lasse die Peitsche zärtlich über ihren Po und ihrer Muschi gleiten.

«Dein Po ist noch wunderbar rot. Das heißt, er ist immer noch gut durchblutet und ideal um ein paar weitere Hiebe zu vertragen.»

Sie heult richtig. «Sir! Bitte! Gnade! Ich liebe Sie! Ich möchte Ihnen meine Liebe beweisen.»

Jetzt gehört sie mir richtig. Sie ist so süß. Ein ganz liebes Mädchen.

«Marion! Das ist ein großartiger Liebesbeweis. Ich liebe dich dafür. Weißt du, was ich heute Morgen, als ich dich gepeitscht habe, zu dir gesagt habe?»

Sie kann nicht antworten. Das verstehe ich.

«Ich hatte dir versprochen, wenn du mich

brav um weitere Hiebe mit der Singletail bittest, ich dich dieses Wochenende nicht mehr peitschen werde. An dieses Versprechen werde ich mich halten. Komm hoch zu mir. Du hast mir mit deiner Bereitschaft deine Liebe eindrucksvoll bewiesen.»

Unsicher schaut sie sich um, wischt sich ihre Tränen weg, erhebt sich vom Boden und fällt mir in die Arme.

«Klaus! Klaus!», stammelt sie. «Wie lieb du bist. Ich liebe dich. Ich kann es gar nicht glauben, wie lieb du bist. Ich würde dir alles schenken.»

«Ich möchte, dass du mir vertraust.»

«Ich liebe dich! Ich liebe dich! Danke für deine Liebe!»

«Von jetzt an gehörst du mir. Ich werde über dich verfügen, wann immer ich will. Du wirst mir gehören, dein Körper wird mir gehören. Du bist mein Eigentum.»

«Klaus! Ich bin dein Eigentum. Mein Körper ist dein Eigentum. Verfüge über ihn. Ich werde dir gehorchen! Liebe mich!»

In ihrem euphorischen Überschwang sagte sie noch weitere solcher Sätze und ist sich nicht der Konsequenzen bewusst. Sie ist einer rauschhaften romantischen Verliebtheit verfallen, mir gehören zu wollen; die durch die neue Art der Liebe und geiler Befriedigung verstärkt wird. Aber es gefällt mir. Bei der nächsten Session wird sie spüren, was es bedeutet, mir gehorchen zu müssen.

«Wenn du so lieb bist, werde ich dich immer lieben.»

«Danke. Mein Herr und Meister. Klaus! Du machst mich so glücklich.»

Ich will sie bremsen. Ich will sie auch mit Worten erziehen. Deshalb hole ich sie auf den Boden der Tatsachen zurück.

«Du wirst von mir oft die Gelegenheit bekommen, mir deine Liebe auf dem Zuchtbock beweisen zu können.»

Sie blickt mich mit ihren von Tränen verschmierten großen Augen an und es dauert eine ganze Weile, bis in ihr Bewusstsein gedrungen ist, welche schwerwiegende Ankündigung in diesem Satz liegt. Wohl bedacht füge ich keine Erklärung hinzu, sehe mit Genugtuung, wie es in ihren Kopf arbeitet, die Tränen wieder mehr werden und sie sich dann mit ihrem Kopf auf meine Brust wirft und bitterlich weint.

Ich erhebe mich und setze mich neben ihren Po. Spreize mit meiner Hand ihre Schenkel, schiebe meine Finger zwischen ihre Schamlippen, kreise kräftig über ihren Kitzler und dringe mit einem Zeigefinger tief in sie hinein. Sie soll lernen, wie eng Disziplin und Wollust einträchtig zusammengehören.

Nicht lange. Nur, bis ihre Erregung die Angst vor der Peitsche verdrängt hat.

Ich rücke wieder hoch, hebe schweigend ihr Gesicht an. Sie erwidert nichts. Sie hat die Bestimmtheit meines Satzes begriffen und weiß, was es für sie ankündigt. Das genügt mir.

«Als wir die Strümpfe gekauft haben, hat mich ein Freund, Jens, angerufen. Jens und seine

Frau Jutta haben mich zum Abendessen eingeladen. Ich würde dich ihnen gerne vorstellen. Das wären die ersten Außenstehenden, denen ich meine große Liebe zeigen möchte.»

Ihr Gesicht erhellt sich.

«Du würdest mir eine große Freude machen, mich als meine liebste Freundin zu begleiten. Jutta ist eine brillante Köchin und sie wird sicher ein dickes Kissen für deinen Stuhl haben.»

«Du willst mich wirklich mitnehmen und jemandem vorstellen?»

«Ja», antworte ich, mit breitem Grinsen. «Du gehörst mir ja jetzt und da möchte ich ihnen mein Eigentum zeigen.»

Sie lacht. «Danke, Klaus. Danke, dass du mich mitnehmen willst. Ich werde neben dir sitzen, um dir zu beweisen, wie sehr ich dich liebe. Du sollst auf mich stolz sein.»

«Ich liebe dich!»

«Was soll ich denn anziehen?»

Als wir uns später fertig machen, helfe ich ihr, die aufregende, schwere Corsage aus Lederimitat aus Evi's Dessous Laden anzuziehen und schnüre die Bänder auf ihrem Rücken.

«Das Balmain Kleid hat ein schönes Dekolleté. Die Corsage wird deine süßen Brüste hoch pressen. Du kannst zeigen, wie schön du bist. Zieh ein Paar von den verführerischen halterlosen schwarzen Strümpfen an und die neuen High Heels.»

«Wo ist dein Halsband?»

«Ich soll das Halsband anziehen?»

«Ja. Jens und Jutta sind sehr enge Freunde. Du möchtest doch sicherlich zeigen, dass du jetzt mir gehörst.»

«Ja, Sir.»

«Du brauchst mich bei denen nicht Sir zu nennen. Sie sind sehr diskrete und einfühlsame Leute. Das Halsband wird ihnen genügend sagen. Sie lieben Eleganz und haben Stil.»

Ich kann sehen, wie sehr Marion beeindruckt ist, als wir in das riesige moderne Haus von Jens und Jutta eintreten. Überaus freundlich wird sie von Jutta begrüßt, an die Hand genommen und in deren Wohnzimmer geführt.

Jens murmelt sehr leise zu mir: «Gratuliere. Sie ist bildhübsch.»

Marion setzt sich auf das Sofa neben mich. Sie verzieht etwas das Gesicht, ist aber sehr mutig. Dabei versucht sie fast vergeblich den Saum ihres engen kurzen Kleides nach vorne zu ziehen, weil der untere Teil des breiten Spitzenabschlusses der halterlosen Strümpfe hervorlugt, was mich und auch Jens, der es schnell bemerkt hatte, köstlich amüsiert.

Stolz stelle ich Marion bei einem Glas Champagner vor. Marion strahlt mich an. Sie ist ganz hingerissen, als ich sage, dass sie meine große Liebe ist und wir ein Paar sind. Es freut mich, wie sichtbar glücklich ich sie machen kann, als ich Jens und Jutta erkläre, dass sie demnächst zu mir ziehen wird und wir zusammen leben werden. Da Jens und Jutta um meine Passion Bescheid wissen, entwickelt sich schnell eine lockere, nicht unerotische Unterhaltung und die beiden wollen von ihr alles wissen, wer sie ist, was sie macht und wie wir uns kennengelernt haben. Natürlich strahlt Marion ganz besonders, als Jutta ihre Bewunderung für ihr Kleid ausdrückt und sie stolz erklären kann, dass ich es ihr heute in einer Edel-Boutique in der Ehrenstraße gekauft habe. Begeistert hört sie, wie Jens vorschlägt, was wir vier dann gemeinsam zukünftig unternehmen könnten, Konzerte, Theater und nächste Woche zu einer Vernissage in einer Galerie.

Nach einigen Minuten bittet Marion mich, aufstehen zu dürfen, um die vielen großflächigen Bilder an den gegenüberliegenden Wänden näher zu betrachten. Da sie in Wahrheit nur ihren Hintern entlasten will, wofür ich Verständnis habe, rutscht mir eine Bemerkung heraus.

«Marion und ich haben heute unsere gegenseitige Liebe gefestigt. Sie hat mir in bezaubernder Art ihre Liebe bewiesen. Sie hat noch ein paar Probleme mit dem Sitzen.»

«Klaus!», ruft Jutta aus. «Warum hast du das nicht gesagt! Ich habe dicke Kissen.»

Jutta geht zu Marion und umfasst sie an der Schulter. «Ist es so schlimm?»

Tapfer antwortet sie. «Verzeiht mir. Es geht schon wieder. Ich kann mich gleich wieder setzen.»

Jutta schaut mich fragend an.

«Marion», rufe ich. «Zieh bitte dein Kleid hoch und zeige Jutta deinen Po.»

Marions Gesicht läuft rot an und Tränen kommen.

«Marion. Du brauchst dich nicht zu schämen. Jutta ist Ärztin.»

«Verzeihung», murmelt sie mehrmals und versucht das enge Kleid hochzuziehen.

Als sie das Kleid über ihren Po gezogen hat und Jutta den immer noch roten Po zeigt, der mit ein paar dunkleren Striemen durchzogen ist, zeigt sich Jutta entsetzt.

«Oh weh! Klaus!», sagt sie sehr vorwurfsvoll zu mir. «Mein Gott. Das ist aber mehr als heftig. Wann war die Züchtigung?»

Marion erschrickt, als sie das so offen ausgesprochene Wort Züchtigung aus Juttas Mund hört.

«Heute Mittag, kurz vor zwölf.»

«Womit?»

«Mit meiner Singletail.»

«Eine schlimme Züchtigung! Das sieht man. Ein paar drastische Hämatome.»

Marion fällt Jutta in die Arme und weint.

«Die Arme, Klaus!»

«War notwendig gewesen.»

«Hat sie eine kalte Kompresse bekommen?»

«Ja. Eine halbe Stunde nach der Salbe. Zweimal im Abstand einer halben Stunde. Dann waren wir in der Stadt und sie hat wieder eine bekommen.»

«Klaus, da muss ich was tun. Ich gebe ihr eine

warme Kompresse. Im Gegensatz zur kalten Kompresse sind warme Kompressen in der Genesungsphase nach einer solchen Züchtigung vorteilhafter, weil sie die Blutgefäße erweitern und so die Durchblutung und Nährstoffzufuhr erhöhen, die für das Reparieren notwendig sind. Marion, hast du noch arge Schmerzen?»

«Nur, wenn ich sitze.»

«Komm mit mir. Ich gebe dir auch eine Ibuprofen. Meine Herrn, entschuldigen Sie uns, es dauert eine viertel Stunde.»

Sichtlich amüsiert schaut Jens Marion hinterher

«Ein süßer Po! Ein wunderbar gezeichneter Hintern, Klaus. Alle Achtung!»

«Sie ist traumhaft. Sie ist unvorstellbar brav und ich habe mich echt verliebt.»

«Mensch! Ich gratuliere dir. Hast du endlich deine Traumfrau gefunden. Ich freue mich richtig für dich.»

«Danke. Ich sage dir, es wird richtig ernst mit uns beiden. Ich will sie ganz für mich.»

«Du bist ja hoffnungslos verliebt!»

«Ja. Das stimmt.»

«War das heute die erste große Züchtigung?»

Ich nicke mit dem Kopf. «Eine Prüfung. Vielleicht etwas zu heftig, aber ich wollte ihre wirkliche Bereitschaft und Akzeptanz erkennen.»

«Und? Akzeptiert sie es?»

«Herzzerreißend. So lieb. Du glaubst es nicht. Sie hat geheult, wie ein Schlosshund und sich so lieb bedankt, dass ich vollkommen weich geworden bin.»

«Wirst du sie uns mal vorführen?»

«Jens! Das ist jetzt noch zu früh. Gib mir noch einen Monat. Das war heute ihre erste Bekanntschaft mit der Singletail. Ich werde sie mir heranziehen und ich denke, es wird mir mit ihr gelingen. Sie ist handzahm und absolut gehorsam. Ich werde sie in unsere Welt einführen. Sie ist jetzt willig und bereit dazu, sich mir ganz zu unterwerfen.»

«Ich würde gerne sehen, wie belastbar du sie hinbekommst. Da wird sich Jutta freuen, eine echte Freundin und Leidensgenossin zu bekommen.»

Als Marion mit Jutta Hand in Hand zurückkommt, kann ich an ihrem strahlendem Gesicht sehen, dass die beiden sich verstanden und zueinander gefunden haben. Marion kniet sich vor mir, nimmt meine Hand und küsst sie vor Jutta und Jens. «Mein Herr, danke für die Erlaubnis, dass Jutta mich behandeln durfte.»

Ich bin gerührt. Sie hat sich mit ihrer Rolle abgefunden.

Jutta ist ganz erfasst. «Ach, ist das süß. Klaus, Marion ist ein ganz liebes Mädchen. Du hast sie wirklich sehr hart gezüchtigt und das beim ersten Mal. Es war ganz schlimm für sie. Sie hat es mir gesagt. Sie ist so tapfer, sie liebt dich über alles.»

«Ja, es war eine besondere Züchtigung. Aber sie musste mir ihre Bereitschaft und ihre Liebe zeigen. Das hat sie mir danach eindrucksvoll bewiesen. Sie ist ein wahnsinnig liebes Mädchen.»

«Ich freue mich für euch, dass ihr zwei euch gefunden habt. Ihr passt zusammen.»

Sichtlich stolz küsst Marion wieder meine Hand.

«Es ist so entzückend euch zu sehen», begeistert sich Jutta. «Es hat eben etwas länger gedauert. Ich habe sie kreisend massiert, um die Durchblutung zu verbessern und den venösen Rückfluss zu erhöhen. Sie bekommt zum Essen ein ganz dickes Kissen von mir. Morgen kann sie wieder schmerzfrei sitzen.»

«Danke Jutta. Marion war ganz brav nach der Züchtigung. Sie ist stolz auf ihren roten Po, nicht wahr, mein Schatz?»

«Ja, Sir. Ich danke Ihnen.»

«Och, wie süß sie das sagt. Klaus, du kannst glücklich sein.»

«Sie macht mich gerne glücklich. Nicht wahr, mein Liebling?»

«Ja, Sir. Mein Herr. Ich möchte Sie glücklich machen.»

Ich beuge mich weit vor zu ihr und gebe ihr einen intensiven Zungenkuss. Sie hält meine Hand und bleibt bis zum Essen vor mir knien. Sie hat ihre Rolle verinnerlicht und möchte sich, hoch erregt, was ich an ihren roten Wangen sehe, am liebsten als mein totales Eigentum zeigen und ihre Unterwerfung demonstrieren. Ich bin mächtig stolz auf sie und lasse es Jens und Jutta wissen.

Schon im Taxi zurück zu mir, erzählt mir Marion begeistert, wie gut sie sich mit Jutta verstanden hätte. Als Jutta sie massiert hatte, habe sie ihr gesagt, dass sie ihrem Mann genauso gehorsam in Disziplin dienen muss, wie sie. Jutta hätte ihr angedeutet, dass sie letzten Sonntag nach einer Züchtigung auch nicht habe sitzen können. Marion gestand mir, dass sie das als wahnsinnig erregend empfunden hatte. Eine so gebildete und elegante Frau, eine Ärztin. Während des Essens habe sie andauernd daran denken müssen. Mir war es nicht anders ergangen. Die tollen Speisen, die unterschwellige erotische Atmosphäre, die feinfühligen Andeutungen von Jens und Jutta und dass Marion so artig auf ihrem Stuhl saß, hatten mir schon mehrmals einen Steifen beschert.

Mehr als bereitwillig, auf allen Vieren kniend, mit heftigem Verlangen, empfängt sie mich mit nasser Muschi im Bett.

«Sir, mein Herr. Nehmen Sie mich von hinten. Verfügen Sie über mich.»

«Das Abendessen hat dich geil gemacht, nicht wahr?»

«Es ist so aufregend, zu wissen, dass Jutta Jens gehört.»

Ich klopfe ganz vorsichtig auf ihren Po, dessen Rötung bis auf die Striemen langsam verblast und streichel ihre einladende Muschi.

Hoch erregt und bebend vor Lust, lockt sie mich. «Fick mich, Klaus! Fick mich! Ich bin dein Eigentum. Ich gehöre dir!»

*

Sie ist zu mir gezogen, hat ihren Job bei der Buchhandlung in Düsseldorf gekündigt und hat einen gut bezahlten Sekretärinnen Job in meiner Kanzlei bekommen. Einmal in der Woche prüfe ich ihre Disziplin mit der Singletail und sie zeigt mir jedes Mal, wie dankbar sie für meine Liebe ist.